乡村振兴
专家深度解读

张孝德 / 主编

人民东方出版传媒

东方出版社

图书在版编目（CIP）数据

乡村振兴专家深度解读 / 张孝德主编 . —北京：东方出版社，2021.10

ISBN 978-7-5207-2374-9

Ⅰ . ①乡… 　Ⅱ . ①张… 　Ⅲ . ①农村—社会主义建设—研究—中国　Ⅳ . ① F320.3

中国版本图书馆 CIP 数据核字（2021）第 181287 号

乡村振兴专家深度解读

（XIANGCUN ZHENXING ZHUANJIA SHENDU JIEDU）

- -

主　　编：张孝德
责任编辑：孔祥丹　温帮权　陈钟华
责任校对：金学勇
出　　版：东方出版社
发　　行：人民东方出版传媒有限公司
地　　址：北京市西城区北三环中路 6 号
邮　　编：100120
印　　刷：环球东方（北京）印务有限公司
版　　次：2021 年 10 月第 1 版
印　　次：2021 年 10 月北京第 1 次印刷
开　　本：710 毫米 ×1000 毫米　1/16
印　　张：20
字　　数：300 千字
书　　号：ISBN 978-7-5207-2374-9
定　　价：68.00 元
发行电话：（010）85924663　85924644　85924641

- -

序

我对乡村问题的关注，缘于我长期对生态文明的研究。通过对生态文明的研究，我发现，乡村具有搞生态文明建设成本低的诸多禀赋优势。从40多年前的安徽小岗村，到今天习近平总书记"两山理论"诞生地浙江余村，我认为，迈向生态文明新时代从乡村开始，预示着中国又一个新的"农村包围城市"战略的出现。中央提出的乡村振兴的五个方面，恰恰与中央提出的"五位一体"总体布局高度契合。生态文明建设与乡村振兴都必须关注乡土文化、乡村经济、乡村社会、乡村历史、乡村教育等领域。我感谢乡村，通过研究乡村，我成了一个杂家。

也许正是这个缘故，这本书的一个特点就是杂，换另外一个说法就是全面。党的十九届五中全会提出，要"优先发展农业农村，全面推进乡村振兴"。本书正是根据全面推进乡村振兴的要求，设计了组稿范围。本书共八章，基本涵盖了全面振兴乡村的主要方面。我喜欢常讲的一句话是：乡村有乾坤，事关天下事。作为携带着中华文明基因的乡村，作为中国基本国情的乡村，作为承载着中国未来的乡村，决定了乡村振兴是一个系统工程。乡村振兴的标志不是单纯的产业发展，更不仅是村容村貌的改变，而是文化、经济、教育、社会与生态的全面振兴。本书虽然不能在所有的方面都详尽解读，但本书释放出一种理念，就是全面振兴乡村，需要走出单极化思维，以系统、辩证的思维推进乡村振兴。

本书另外一个特点，就是土，也就是接地气。本书的专家，大部分是我认识多年的熟人。而且成为熟人的机缘，恰恰与乡村有关。因为这些专家属于典型的乡土专家、用脚做学问的学者。正是在乡土调查、乡野研讨、乡下开会等场合相识，我有一种他乡遇故知的感觉。所以本书的文章，大都是基于他们的乡土感受、有感而发的思考和解读。习近平总书记关于乡村振兴的重要论述，高瞻远瞩，有一个重要的特色就是接地气，有土味，讲的全是老百姓听得懂的实话与真话。党的十九大报告明确提出，实施乡村振兴战略，培养造就一支懂农业、爱农村、爱农民的"三农"工作队伍。其实乡村振兴也需要一批爱农村、爱农民的乡土专家。虽然本书尚不具有开创乡村振兴研究的乡土之风的作用，但希望本书能为推动乡土之风的研究作点贡献。

最后，由于本书是专家学者的文章汇编，有了杂与土，不免就有多样性。与土相对应的是洋，洋的特点就是标准化，而土产品的特色就是独特性和多样性。所以，基于不同的情景、不同的研究方向和专业视角，对同样的问题，难免就会形成不同的看法。在此特别说明，此次汇编收录文章的观点，不代表主编本人的观点。这也许是本书的一个特色，就是本书为读者提供的是一种思考与实践的思路，而不是应对考试的只有唯一答案的教科书，是为乡村研究者和工作者提供了创新解决问题的新视角，给他们一种启迪，而不是照单全收的工作手册。

本书能够出版，感谢为本书提供文章的各位专家的支持。同时感谢东方出版社领导和编辑的精心策划和厚爱，让我全权为此书组稿，一并表示感谢。

2021 年 8 月 21 日于北京

目　录

第一章

大国之本
复兴之根

陈锡文

十三届全国人大农业与农村
委员会主任委员

乡村振兴应重在功能

　　"三农"问题之所以在党和国家工作大局中受到如此重视，不仅仅是因为乡村本身的发展问题，更是因为从整体看，乡村所特有的应当和必须发挥好的功能尚未得到充分发挥。乡村特有的功能主要体现在三个方面：一是保证国家粮食安全和重要农产品供给的功能。这个功能是城镇所不具备的。城镇越发展，乡村的这一功能就越重要。二是提供生态屏障和生态产品的功能。城镇在国土总面积中所占比例很低，能够起到维护整个国家生态安全功能的主体必然是乡村。三是传承国家、民族、地方优秀传统文化的功能。乡村具有城镇所不具有的植根于本土、传承于历史的民族性、地域性特征文化。发挥好乡村的这些特有功能，对于国家抵御国际风云的变幻和实现中华民族的伟大复兴都是必不可少的。

　　2020年12月28日，习近平总书记在中央农村工作会议上的重要讲话中指出："脱贫攻坚取得胜利后，要全面推进乡村振兴，这是'三农'工作重心的历史性转移。"此前，习近平总书记强调，坚持把实施乡村振兴战略作为新时代"三农"工作的总抓手。这次，他又强调要从两个视角来看待新形势下"三农"工作的极端重要性：一是从中华民族伟大复兴的视角看"三农"，得出的结论是"民族要复兴，乡村必振兴"；二是从世界百年未有之大变局的视角看"三农"，得出的结论是"稳住农业基本盘、守好'三农'基础是应变局、开新局的'压舱石'"。"三农"问题之所以在党和国家工作大局中受到如此重视，不仅因为不少地方农业农村发展、农民生活质量还滞后于全面建设社会主义现代化国家新征程的要求，更因为从整体看，乡村所特有的应当和必须发挥好的功能尚未得到充分发挥。

　　城镇与乡村具有不同的功能，只有充分发挥好城镇和乡村各自的功能，整个国家才能持续健康地发展。因此，从国家和民族发展的角度看，城镇与乡村就是相互依存的命运共同体。这就如同一个人，有五脏六腑、四肢五官，每个器官都各有各的功能，缺一不可，相互之间难以替代。人的哪个器官如果缺失或不能正常发挥功能，就会成为病人、残疾人。无论城镇或者乡村，如果应有的功能得不到充分发挥，那么这个国家的发展进程就将是病态的、残缺的。正因为如此，讲乡村振兴，固然离不开加快乡村的建设和发展，但更重要的还是着眼于振兴乡村所特有的功能。

　　城镇的功能主要在于集聚、融合，乡村的功能则主要在于守护、传承。城乡都要创新，但前提不同，城镇的创新建立在吸引各方要素并集聚的基础之上，通过融合来自四面八方的资金、劳动力、技术等要素来形成创新活力，不断推出新技术、新理念，不断创造新的生产和生活样式，从而成为引领一个地域乃至一个国家经济社会发展的增长极。乡村的创新，则必须建立在守护和传承一个地域、一个国家生存发展的根脉之上，从而成为在社会变迁中维系民族和国家基因的锚链。具体看，乡村特有的功能主要体现在三个方面：一是保证国家粮食安全和重要农产品供给的功能。这个功能是城镇所不具备的。城镇越发展，在城镇集聚的人口越多，乡村的这一功能就越重要。二是提供生态屏障和生态产品的功能。城镇在国土总面积中所占比例很低，能够起到维护整个国家生态安全功能的主体必然是乡村。三是传承国家、民族、地方优秀传统文化的功能。

城镇的文化具有包容性，是多元化、多样性融合而成的文化；乡村的文化则更多地体现植根于本土、传承于历史的民族性、地域性特征。显然，乡村的这些功能都是城镇所不具备的，发挥好乡村的这些特有功能，对于国家抵御国际风云的变幻和实现中华民族伟大复兴都是必不可少的。

一、保证国家粮食安全和主要农产品供给的功能

1949 年，我国粮食总产量只有 2264 亿斤，1978 年为 6095 亿斤，2020 年达到了 13390 亿斤。从 70 多年来我国粮食不断增产的角度看，应当说乡村始终在努力发挥着这方面的功能。也应当看到，虽然 2020 年我国粮食总产量再创历史新高，但当年我国粮食的进口量（包括大豆）也创下了历史的新高。这表明，我国自己生产的粮食和其他重要农产品的供给增长，赶不上国民消费需求的增长。这里既有总量问题，更有品种结构问题。

当前，我国粮食供求紧平衡的格局没有改变，结构性矛盾刚着手解决，总量不足问题又重新凸显。今后一个时期粮食需求还会持续增加，供求紧平衡将越来越紧，再加上国际形势复杂严峻，确保粮食安全的弦要始终绷得很紧很紧。我国目前食物供求的总体状况是：口粮自给有余，但饲料粮和油、糖、肉、奶等重要副食品自给不足，对国际市场的依赖度正在提高。目前进口农产品的数量，如按我国现有的生产水平计，相当于在境外利用 10 亿亩以上的农作物播种面积。我国目前农作物播种总面积约在 25 亿亩左右，而满足国内居民的食物消费需求需要 35 亿亩以上的播种面积。因此，从资源和技术的角度看，我国对国际农产品市场的依赖度已近 30%。我国人均耕地和淡水资源的占有量，分别不足世界人均水平的 50% 和 30%，在经济全球化和我国居民食物消费水平不断提高的背景下，要求我国对所有农产品都实现自给，既不现实，也无必要。但是，我国作为一个有着 14 亿人口的大国，在保障国民的食物供给安全方面，必须设定自身的底线，那就是：确保谷物基本自给、口粮绝对安全。

为此，习近平总书记特别强调，要解决好种子和耕地问题。在落实最严格的耕地保护制度基础上，不断推进以良种培育为代表的农业科技进步，才能切

实做到"藏粮于地、藏粮于技",使中国人的饭碗牢牢端在自己手上、碗里装的主要是中国粮。显然,在这两方面,我们一刻也松懈不得。

二、提供生态屏障和生态产品的功能

习近平总书记提出的"绿水青山就是金山银山"的理念,受到全社会的普遍认同,这对于促进我国生态环境的改善起到了决定性的作用。但很多历史遗留的问题积重难返,不是一朝一夕就能解决的,而对于工业化在生态环境方面造成的影响,更需要以科学的态度和行为来应对。1909 年,时任美国农业部土壤所所长、威斯康星大学教授富兰克林·H. 金携妻子考察中国、日本和朝鲜半岛的农业,回去后出版了《四千年农夫》一书。在富兰克林笔下,20 世纪初的中国农民和农业,本身就构成了整个生态平衡的一环:人从土里出生,食物、燃料和织物取之于土,泄物、灰烬和破布还之于土,人的一生结束,又回到土中。一代又一代,正是靠着这个周而复始的循环,中国人在这块土地上耕耘了几千年。因此,当时中国的农业不是和土地对立的农业,而是人、土和谐的农业。富兰克林还在书中深情地写道:"假如能向世界全面、准确地解释仅仅依靠中国、朝鲜和日本的农产品就能养活如此多的人口的原因,那么农业便可当之无愧地成为最具发展意义、教育意义和社会意义的产业。"

回顾 100 多年前的我国农业农村,绝不是要回到只靠人力、畜力、自然力的自然经济去。但值得我们深思的是,距富兰克林访华仅仅过去了 112 年,我国农村的生态系统和农业所处的自然环境就已经发生了深刻的变化。别的不说,仅是弃用农家肥和大量使用化肥和农药所引发的南方土壤酸化、北方土壤盐碱化、东北黑土地退化,就已经到了相当严重的程度。2019 年,全国耕地的平均等级为 4.76 级(最高为 1 级、最低为 10 级)。对这些状况如再不加以重视,我们的祖先曾经使用了 5000 年的土壤还能再持续使用多久?

碧水青山、蓝天绿野,这是乡村应有的自然景观,也是人们所追求的幸福生活中的一份向往,但要发挥好乡村作为生态环境守护神的功能,我们显然还有很长的路要走。

三、传承优秀传统文化的功能

习近平总书记曾指出："乡村文明是中华民族文明史的主体，村庄是这种文明的载体，耕读文明是我们的软实力。"[1] 我国传统文化大体可以分为三个层次：理念、知识、制度。

理念，通俗地说就是做人的道理，是待人接物处世的规矩。我国乡村的传统文化中就包含着大量这样的道理和规矩，如天人合一、师法自然、耕读传家、勤俭持家、尊老爱幼、邻里和睦、守望相助等。这些理念，都是我国人民在长期的生产、生活实践中积累养成的民族品格，是宝贵的民族精神财富。当然，在传统文化的理念中，既有精华也有糟粕，而传承优秀历史文化的使命，关键在于取其精华、去其糟粕。

知识，是人们在漫长的生产、生活实践中积累起来的对事物规律性的认识。我国乡村传统文化中有大量的知识传承，如把握气候变化的"二十四节气"，以贾思勰的《齐民要术》、徐光启的《农政全书》等为代表的大量传授农业知识和技能的古农书，各地农民总结的丰富的农业谚语等，北京颐和园里宫廷画师和工匠奉命制作的《耕织图》石刻画廊等，都是人类知识的传承。积累和传授农业生产知识和技能，是我国乡村文化历史传承的一大特色，它使我国的传统农业发展到了登峰造极的高度。以今天的眼光来审视，我国历史悠久的传统农业所积累的经验，又在为突破"石油农业"的局限，开创绿色农业、生态农业的新局面提供深厚的知识和技能底蕴。

制度，是对机构和人的行为的强制性、约束性规范。我国历史上形成的大量制度，有成文法，也有习惯法；有对政府行政行为的规范，也有对百姓民事行为的约束，其中有些制度对后世有着深刻的影响。例如，中国古代政府运用"籴"（粮价过低时买入）、"粜"（粮价过高时卖出）之法，平衡市场粮食供求和粮价的举措，就为现代国家调控粮食市场提供了重要借鉴。20 世纪 30 年代，

---

① 《十八大以来重要文献选编》（上），中央文献出版社 2014 年版，第 605 页。

美国为应对经济大萧条而推出的"罗斯福新政"中，有一项作用巨大的农业政策"无追索权贷款"（农民可按预期的粮价向政府的农产品信贷公司贷款用于生产，收获后如粮价高于预期，农民可向市场销售后归还政府贷款，从而获得盈利；如粮价低于预期，农民则可将粮食按预期价格卖给政府而不须归还贷款，从而避免亏损），是由时任美国农业部部长华莱士提出的。华莱士在其日记中坦言，他是在读到中国留学生陈焕章的博士论文《孔门理财学》后，受到中国古代政府在这方面做法的启发而提出此项政策。推而广之，"籴""粜"之法也可被看作现代各国政府在市场调控中采取"反周期"措施的鼻祖。

　　又如，关于民间借贷的利率管控。2020 年 8 月 20 日，最高人民法院作出新规定：民间借贷双方约定的利率，不得超过人民银行授权全国银行间同业拆借中心每月 20 日发布的一年期贷款市场报价利息的 4 倍。而此前，我国法律对民间借贷是否属于"高利贷"的认定，是年利率 24%—36%，即民间借贷的年利率原则上不得超过 24%（月息 2 分）。而对于年利率在 24%—36% 的，可酌情认定；但年利率超过 36% 的（月息 3 分），即可认定是应当打击的"高利贷"。这里的"月息 2 分""月息 3 分"从何而来？其实就来自我国的古代法律。例如，《大清律例》第一百四十九条第一项"违禁取利"中规定："凡私放钱债及典当财物，每月取利并不得过三分。年月虽多，不过一本一利。违者笞四十，以余利计赃；重者坐赃论罪，杖一百。"这就是说，民间借贷，月息不得超过 3 分（年利率 36%）。同时，每一笔贷款，其获取的利息合计不得超过本金。1926 年国共两党合作期间，共产党向国民党提出减租减息建议。当时提出的"减息"，就是要求将民间借贷利率降为月息 2 分，而国民党虽然同意，但并未实行。到抗日战争时期，共产党领导的根据地实行减租减息，在减息措施上就实行了月息降为 2 分。同时规定，承贷方所付利息如已相当于本金，停息还本；承贷方所付利息如已两倍于本金，则本息一并勾销。如今，我国资本市场的状况已经发生了极为深刻的变化，不应该也不可能再去照搬清乾隆时期制定的法律，但在上述的那些变化过程中，仍不难看出《大清律例》在这方面的规定对后世所产生的深刻影响。

　　再如，时下一些地方出现的所谓"长租公寓暴雷"问题，这实际上涉及不动产的租赁和转租规则。我国历史上在这方面有着明确的制度设计（包括成文法和习惯法）：对于普通租赁（自租自用），成约后承租者按约定交纳租金（一般为按月、季或年）；对于要获得转租权利者（俗称"二地主"或"二房东"），承租者除按约定交纳租金外，成约时还须交纳相当于不动产价值一定比例的押金（也有的地方称作"顶金"），俗称"押租"。这样的规则是基于社会常识而形成的制度，违者岂能不尝苦果？

我国历史上形成的制度，固然存在一定的糟粕，但也有不少体现的是维系人们正常生活的社会常识。绵延了数千年的中华法系中，至少那些强调法治与德治相结合、诚信乃立身之本的精神，是我们应当挖掘和传承的宝贵财富。

党中央提出的乡村振兴的总要求是：产业兴旺、生态宜居、乡风文明、治理有效、生活富裕。这实际上就阐明了乡村应当发挥好的三大功能。同时指出，乡村振兴要靠生活在乡村的居民，因此又要完善乡村的社会治理、增进乡村居民的福祉，这才能调动乡村居民的积极性，努力发挥好乡村应有的功能，为国家兴旺、民族复兴提供坚实的支撑。

在特定的历史阶段，由于各种各样的原因，有些乡村可能凋敝、衰败，甚至灭失，但就整体而言，作为一个国家的乡村永远都不可能灭失。乡村之所以不灭，根本原因就在于它所特有的、无可替代的这些功能，因为这不仅是乡村也是城镇乃至国家持续发展都不可或缺的功能。从这个意义上，我们可以说，乡村存在的价值就在于发挥它所特有的功能。因此，不能把乡村振兴简单地等同于加快乡村的建设和发展，而是重在振兴乡村所特有的功能。

温铁军

中国人民大学教授、北京大学习近平新时代中国特色社会主义思想研究院乡村振兴中心主任、中国农业经济学会副会长

21世纪最重要的发展是乡村

中华民族伟大复兴的主要内容之一就是乡村振兴。东西方文明最根本的差异在于原生农业的差异。世界上有三种类型农业：一是典型的西方殖民地大农场农业，二是殖民地宗主国的小农场农业。三是东亚以原住民村落和农户为主体的兼业化社会农业。中国的原生农业是一种集生产、生活、生态于一体的"三生"农业，"三生"农业的出路就是中央提出的生态文明。我国历次的经济危机，都是因有乡村作为"海绵社会"，以乡村作为软着陆的载体，才能过得去。当代中国面临前所未有的重大挑战，中央把乡村当作经济软着陆的基础，练好内功，夯实基础，才能使以国内大循环为主体的发展战略得以确立。从乡土社会入手，推动乡村振兴才是中华民族伟大复兴的基础。21世纪最重要的发展还是乡村。

目前，乡村振兴和生态文明在国家战略层面和学界研究领域的关注度较高，借助世界乡村复兴大会召开的契机，我们将其放在一起探究。中华民族伟大复兴的主要内容之一就是乡村振兴。

我国的农业是一种集生态、生产与生活于一体的"三生"农业。上万年以来，我们的先民都是以一定的生态条件来形成一定的生活方式，并为了维持这种生活方式而开展农业生产。我国的农业从来不是孤立的，不能就农业谈农业，自有农民这个名称以来，就是"三生合一"的。由此来看，乡村振兴就是中华民族伟大复兴的主要内涵。

当然，我们也不可以忽略其他载体。比如，存在了几千年的城市文明，和乡村承载的万年农业文明相比，仍是比较短的，尤其是到近代和工业化结合在一起的城市发展，它造成的问题恐怕远比它解决的问题更多。所以，我们今天谈乡村振兴，应该是和中华民族伟大复兴紧密结合在一起的。

一、回顾与展望：21 世纪最重要的发展是乡村

习近平新时代中国特色社会主义思想的确立和马克思主义中国化的实践过程是紧密结合的，尤其是与中华民族的伟大复兴这个新时代的目标紧密结合。何况，现在是中国面临前所未有的重大挑战的时候，中央把乡村当作软着陆的基础，练好内功，夯实基础，才能使以国内大循环为主体的发展战略得以确立。总之，21 世纪最重要的发展是乡村。

我国历次的经济危机，都因有乡村作为"海绵社会"，且以乡村作为软着陆的载体，才能过得去。如果过于激进地破坏乡村，那在遭遇前所未有的重大的全球化解体的危机挑战的时候，恐怕难以面对。国家一系列政策的调整是我们今天能够有应对全球化挑战的基础，我们是从什么时候开始的呢？大家应该知道，是从本世纪之初。2003 年正是中国外向型经济和外资占比较高的工业化高速成长的年份，当年中国外商直接投资（FDI）成为世界第一。也是在这一年，中央提出了放弃单纯追求国内生产总值（GDP）的发展方式，转而追求科学发展，那就要强调可持续和包容性。2004 年提出社会主义和谐社会；2006年提出"两型经济（资源节约型和环境友好型）"；2008 年要求农业首先向"两型农业"（资源节约型和环境友好型）转变；2010 年提出了生态文明发展理念。

这一系列战略转型，需要我们一代接着一代干。

党的十八大以来，以习近平同志为核心的党中央，正式把生态文明建设确立为国家发展的战略目标之一，此后发生了中国特色的转型。因为，过去100多年中国人追求的主要是工业文明，从清末的洋务运动开始，一直到本世纪之初，都是在追求工业化，从追求工业化的形成和工业化的扩张，到工业化的结构调整。21世纪第二个10年之初，即2007年党的十七大，国家正式把建设生态文明作为发展战略之一。这意味着在工业化时代100多年所形成的各种利益结构需要进一步调整，为维护原有利益结构而形成的法律、制度、政策等也需要调整。这也是2015年深化生态文明体制改革难度非常大的内因。从哪里调整难度小一些？那就是制度成本相对低一点的地方——乡村社会。

2005年，中央先提出建设社会主义新农村的战略作为当时八大战略之首，2008年又确立了"两型农业"目标，2017年提出"农业供给侧改革"的同时确立了乡村振兴战略。总之，从乡村社会入手，推动乡村振兴才是中华民族伟大复兴的基础。

新时代中国的战略转型使政策语境发生了重大改变，中央政策话语中已出现了一系列西方话语解释不了的概念。比如，"三农"问题怎么翻译成英文？又如，城镇化怎么翻译？城乡融合怎么解释？如果用教科书的概念，其大部分知识体系是从英文搬过来的，无法解释中国现在的发展战略。

我们都知道，美国没有村落，没有农民，只有农场和农场主。美国的农业生产单位叫"farm"，译为"农场"，农场所有者"农场主"的英文单词是"farmer"。但被译成中文后我们却把"farmer"（农场主）直译成"农民"，中国的农民可以叫"farmer"吗？中国的农民是没有美国式农场的。所以，国情不同，不能对应的概念就会造成话语混乱。

再如，中国的城市化是要靠城镇化来实现，怎么翻译？城市化被翻译成"urbanization"，城镇化还译成"urbanization"？那不就是城市化要靠城市化实现了，这样就解释不了政策。在政策话语方面，中国早已"去殖民化"，但是在少数学术领域仍然是"殖民化"知识体系占据主导地位，这就是我们现在面临的话语困境。如果高校知识分子放弃了从本土实际出发进行知识生产的责任，就难以改变学生厌学的困境。社会上确有很多人对现在的知识生产能力表示质疑。因此，我们必须努力推进知识创新，唯其如此，才能解释中国经验、讲好中国故事。

二、溯源与反思：东亚原生农业与西方殖民农场农业

世界上原生农业有两处，都在亚洲，一处位于亚洲的西部，一处在亚洲东部。中国本属于东亚原生农业典范模式。西亚的原生农业，即幼发拉底河和底格里斯河——两河流域的原生农业。

西亚农业发生在 9000 年到 1 万年之前。欧洲大陆则是次生农业。目前居于世界主流的是从欧洲大陆到美洲的农业，因其消灭了很多原有的美洲原住民，所以从欧洲转移到美洲和大洋洲的是次次生农业。

而在东亚，因为有青藏高原的隆起，形成"亚洲水塔"，所以可以在北纬 30 度线到 37 度线这一带形成原生农业带，其渐次向东北亚、东南亚蔓延，变成了朝鲜半岛、日本列岛和东南亚及中南半岛的次生农业，这是世界农业文明的极简史。

人类告别蒙昧进入文明，乃是作为原生农业的派生现象。据此，东西方文明最根本的差异在于原生农业的差异。比如，我们生存在北半球，山西是中国农业文明的重镇。那是因为沿着青藏高原下来的一个水系——黄河水系形成了原生农业，是以北方干旱地带的黍稷这类作物为主的。同理，南方则是长江和珠江水系，主要是水生作物。亚洲东方两大河流，其流域面积非常广大，所以南方有长江自青藏高原下来带出来一系列的湿地和湖泊，主要是稻作（灌溉）农业带动了很多动物蛋白质的生成，那就是小鱼、小虾、泥鳅、黄鳝之类。所以，水生农业是多元的，能够养育更多的人口。因此，每当北方发生游牧部落和农耕文明之间的冲突的时候，大量的农耕家族都向南迁徙，于是就有了"客家"，有了次生、次次生农业的发展。

客观地看，东西方文明的差别取决于人类不可能拔着自己的头发离开地球，青藏高原的地理条件决定了以中国为中心的文明永远不会西方化，因为原

生农业的根不是西亚两河，那里流域狭小，单一品种逐渐蔓延到欧洲的次生、美洲和大洋洲的次次生，还是单一品种为主，漫坡种地。在东亚则是灌溉农业形成聚落群居的客观需求。因此，中国人的文化基因是群体的而不是个体的。

　　我们把生态文明作为国家发展重大战略转型的时候，应该知道，生态文明的主要内涵是多样性，这取决于中国三个台阶式的地理分布被五大气候带所覆盖。因此，气候的多样性导致浅表地理资源的多样性，而这些多样性决定了东亚地区人类生存方式的多样性。简单地说，就是你永远忘不了家乡饭菜的味道。文明演进是被什么决定的呢？被浅表地理资源所决定——当地的农业一定是与气候和地理条件直接相关的——就产生这种作物、就产生这种食物！所以，我们都说饮食文化，十里不同风，就是忘不了这种多样性的表达方式。什么是老家的味道？那就是舌尖上的感觉，深入人的内心深处，永远也忘不了这种饮食文化对你甚至对你的子女一生的决定性。所以说，中华文明的不间断，就在于其灌溉农业是主流，人类聚集于社区才能够有效地使用水资源。

　　以水利作为基础，农业文明才能长期存在。同时，防治水患也成为一种群体文化的重要功能而维持农业文明的发展。中国这个农业文明的不间断，取决于人们只能聚居才能够有效地使用水利和防治水患。因此，这是群体延续，并非西方文明的个体为基因，所以两种不同基因决定的东西方文明具有本质不同。

　　当人们说只有一个真理的时候，说的恐怕是西方一元论给定的"条条大路通罗马"，只许相信一个神，绝对真理只有一个。但是，东方本来就是多元的，多信仰的。中华文明不间断的原因在于聚居的农业社会所内在的群体文化基因。

　　世界发生现代工业社会的巨大变化，早期产生于殖民化，殖民化产生于东西方贸易中西方的长期逆差，遂导致西方不得不大量向东方输送白银。因为中国自宋代以来主要是以海外输入白银作为货币的。欧洲不得不向中国大量输出白银，导致白银短缺而发生"白银战争"，因战争而失败的国家便去海外掠夺盛产白银的美洲地区……这一系列地缘政治格局的演变，产生了欧洲因穷困而进行殖民化。但殖民化的后果之一，就是使世界的农业形成了三大类。

　　第一类是典型的殖民地大农场农业。因殖民者不承认原住民的任何权益，甚至对他们进行屠杀，外来的殖民者占有当地的农业资源，逐渐形成了欧洲白人作为农场主的大庄园、大农场——这是现在照搬来的教科书给定的我国农业发展的主要方向，麻烦在于你没法先把自己干掉，因为你就是原住民。诚然，只有屠杀掉原住民才有大农场。所以，南美、北美、大洋洲这些大农场国家全部都是殖民地。

第二类是殖民地宗主国的小农场农业。虽然欧洲输出大量人口，但其自身仍有相当大的人口规模，那就只能经营小农场。当然这比不了他们移民海外的后代形成的大农场和大种植园，于是欧洲这些小农场经济纷纷转型为"市民兼业"为主的绿色经济。

第三类是东亚以原住民村落和农户为主体的兼业化社会农业。因为，中国大部分地区依靠青藏高原供应水源，尽管亚洲也在 19 世纪以来发生了被殖民化的过程，但是没有完成像美洲那样被大规模杀戮的殖民化，亚洲还是人口密集、资源短缺的状况。这样的客观条件就不可能有殖民地那种大农场。这本是个简单的道理，就像我们不能拔着自己的头发离开地球一样。

东亚社会，包括中国、朝鲜半岛加上日本列岛，再加上东南亚的少数地区，如越南，在 15 世纪之前，基本上属于儒家文化圈。到了第二次世界大战以后，这些国家都完成了儒家文化长期传承的基本理念，就是"耕者有其田"。这就是土地改革，无论在中国还是在日本，只要在东亚，儒家文化圈都干了一件事——平均分配土地，从此这些国家都不应该再有所谓绝对贫困，因为只要分了地就是小土地所有者，按照阶级定性就是小资产阶级。恰恰就是这个世界上唯一平均分地的东亚地区才全部进入工业化。这其实是东亚的基本经验，但很少有西方人认识到，我们的高校也少有人讲这个传承两千多年的儒家基本理念。

三、中华民族的伟大复兴要以乡村社会的振兴为基础

21 世纪，全球出现三大资本过剩：产业资本过剩、金融资本过剩、劳动力过剩。农业在过剩资本的打击之下，成了承载资本危机的载体，这才显出问题在农业上。我们从来都说跳出"三农"看"三农"，不要简单地说是农业的危机，而首先是资本主义在产业资本阶段的大生产危机。

很多发展中国家是按照西方的所谓自由资本主义的模式在走，典型的如拉美地区，很多人在说委内瑞拉现在是国家危机，但当我们很多人都在强调加快城市化的时候，很少有人关注委内瑞拉危机有一个重要的内因——城市化率高达 92%。

这次新冠肺炎疫情带来的大危机考验了中国，真应该发一个大大的奖章给农村！为什么？

2020 年春节，3 亿打工者中不少于 2/3 的人回到家乡，他们花很多钱搞防疫了吗？疫情暴发的时候，大量的人口回到农村，发病率最低，死亡率极低，几乎没有死亡。靠什么方式？调集几十个省的医疗队和几千亿的国家财政投进去的是城市，而不是农村。为什么农村能够低成本防疫成功？当 2 亿多人回乡的时候，农村人口增加占多少比重？全国约 55% 的人口近乎低成本防疫，难道不该给它一个大大的奖章吗？

疫情得到控制之后，我的非洲学生打来电话，说他看西方媒体的报道不认可中国这么少的死亡人数，他周围也没人相信，都认为我们说谎。我回复说，你们有没有人知道，中国约 60% 的人是不用防疫的，因为他们在乡村社会人口密度小的条件之下，就算有点儿病毒也都死在清新空气之中了。

过多人口集中的城市才会暴发大规模疫情。所以，现在这个世界上真正防疫成功的主要经验是什么？中国没有那么多穷人集中在城市的大型贫民窟。那为什么其他发展中国家抗不了疫？因为过多的人口集中在城市贫民窟里，完全没有宽敞的住所，他们躲不开疫情，当然就集中暴发了。因此，中国抗疫的真正经验还是要从中华文明的伟大复兴中去找，从乡村社会和自然生产、生活、生态"三生合一"的基础上去找，这是中国人抗疫成功的最主要经验。

我们跟一般发展中国家靠大型贫民窟来推进城市化的发展道路完全不同。但是，我们在教科书上能看到对这种经验的分析吗？我们讨论中国这个农村基本制度的时候，大多数主流学者都认为只要把农村土地私有化，再通过市场方式把它集中起来，然后让绝大多数农民都进城变成打工者，中国的"三农"问题就解决了。

我比较了解印度，先后去过 10 次。大家都知道，印度的土地是私有的，有 34% 的农民无地,甚至更多。这些人生活无着落,进城打工不具备就业条件,因为印度不是一个完成工业化的国家。随之而来是大量的劳动人口流向海外市场,而文化程度不高的人流向海外都困难,于是就衍化成社会冲突,演变成武装斗争。印度 30 多个邦,2/3 的邦有农民游击队,农村基层是一个奇妙的社会组合,有的地方白天归警察局管,晚上归游击队管,构成了这样一种非常复杂的社会状态。

中国现在的主要问题是,在一个相对有限的资源条件下,过快地完成了工业化和城镇化。2020 年,我国常住人口城镇化率已高达 63.89%,工业化快速发展的时候,产业集群是叠加在城市带上的,只有这样,我们的一小时都市圈和工业圈才会带来快速成长。因此,也一定造成严重的污染。

中华民族的伟大复兴要以乡村社会的振兴为基础才有可能实现。因此,我们早在 20 年前就开始推进前辈开展过的"乡村建设",已经在复杂制度环境中坚持了 20 年,乡村建设一定是城乡融合。所以,习近平总书记说,农村发展和城镇化应该相得益彰、相辅相成。

如前所述,我们面对的全球化挑战是非常严峻的。因此,2020 年 12 月,中央提出党政机关要坚持过紧日子。我们的紧日子怎么过?这是一个问题。中央提出了一系列措施应对全球化退潮造成的挑战,美国带领西方强使中国硬脱钩,让美国主导的整个西方世界实现"去中国化"。当然,不能简单地仅从经济理性出发,这个世界上还有政治理性,服从的是意识形态内在的政治正确;局势是复杂的,挑战是严峻的。

我国的"三农"发展,可借鉴欧洲的城乡融合发展模式。我们借鉴这个城乡融合发展模式,最近十几年形成了一个案例叫 CSA(Community Supported Agriculture)项目,翻译为"社会生态(支持)农业",国内从 2008 年开始做,到 2018 年加上 PGS(Participatory Guarantee System),是食品安全的社会化参与式保障体系。这些都需要动员城乡才能完成,我们已经召开了 12 届中国社会生态农业 CSA 大会。所以,与城乡融合有机联系的乡村文明振兴是整个中华民族应对全球化挑战的真正基础。

今天的乡村振兴,不是简单地用农业产业化的方式来搞乡村的产业发展,而是要有多样的社会参与来形成一二三产业融合，甚至是多产业融合发展。我们在各地与农民联合开展的业态创新多种多样。包括做乡村土建筑，使用可回收建材，不造成任何建筑污染的形式；也有开展文化活动，推进市民参与式的社会化农业，还有志愿者下乡搞的民宿开发。总之，既要满足农民作为乡村主体的需要，又要从市民的需要出发推动乡村振兴。尤其是 2019 年中央一号文件提出全面深化农村改革，深化农村土地制度改革，深入推进农村集体产权制度改革，通过发展农民合作社来重构新型集体经济的政策以来，各地多元化的业态创新已经非常普遍。

　　还有人跟进乡村数字化工程，其实以现有的技术手段是可以实现的。因为，乡村基础设施条件基本具备，"五通"下乡进村，从 2005 年开始社会主义新农村建设到现在，"三农"开支已经成为国家财政最大项开支，其中"五通"进村已经开始逐渐从进行政村变成了进自然村。再进一步将会实现"五通到户"。现在，乡村社会已成为创业创新的最好领域，因为它的进入成本低、环境好，所以返乡创业已经成了一个新的潮流。但是，各种适合市民下乡的政策还没有到位，因为我们过去只是鼓励农民走出去，现在没有政策鼓励他们走回来。既然各种情况其实都是在变化之中，动态管理就是最有效的，数字化乡村目前在各地蔚然成风。这些也是今天乡村振兴的一个重要内涵。

四、生态文明视野下的乡村振兴之路

　　生态文明时代的乡村振兴和过去的工业化时代的生产力要素结构完全不同。习近平总书记讲过"两山理论"，即"绿水青山就是金山银山"。他到东北考察调研时说"冰天雪地也是金山银山"，这意味着什么？意味着他把生态文明时代形成生态产业化财富的生产力要素拓展了，山水林田湖草沙包括冰天雪地。既然生产力发生了结构性改变，那么生产关系一定要跟着发生变革才行。也就是说，我们提出的建立质量效益型的三级市场体系才能适应生产力和生产关系的变革。这个方面我们已经有研究成果，大家看《中国软科学》2018 年第 12 期发表的关于三级市场的文章《乡村振兴背景下生态资源价值实现形式的创新》，希望各位有学术爱好的人可以找来看看。在实践中我们也在各地开展以县为单位的试验。我在山西大宁县时，跟县委领导班子交换了如何进一步完善三级市场试验的方案。重庆市城口县也是以一个县为单位的试验。怎样把山水林田湖草沙都变成可以货币化的生产要素，怎样让它可标可交易？用什么样的金融工具做杠杆来撬动这些要素，以变成新的财富？怎样使农民得到长期的财产性收益？所有这些事情都在试点县的考虑之中。这些深化改革的市场经济创新，也是我们乡村振兴的重要内容。

张孝德

中共中央党校（国家行政学院）教授，
原国家行政学院经济学教研部副主任，
中国乡村文明研究中心主任

大历史观视野下
乡村振兴的使命与前途

　　全面准确认识中央提出的乡村振兴战略，必须走出乡村看乡村，把乡村置于历史深度、广度和时代的高度来认识。这种走出乡村看乡村的认识观，就是习近平总书记在2020年中央农村工作会议上提出的大历史观。在大历史观视野中的乡村，是一个承载着历史、承载着未来的乡村。古老的乡村文明的复兴和乡村振兴，是关系到中华民族的伟大复兴、关系到21世纪人类文明发展走向的大事。从大历史观视野看到的乡村振兴，必须是中央提出的"五位一体"全面振兴的乡村，而不单纯是产业振兴的乡村。只有经济、政治、文化、社会与生态文明全面振兴的乡村，才能担当起时代与历史赋予其的使命。

一、从大历史观视野看乡村：民族要复兴，
乡村必振兴

　　如果从单纯物质主义、创造GDP价值看乡村，乡村不具备承载现代工业

经济的功能，乡村也不是创造 GDP 的地方。按照这样一种价值观，乡村未来的命运就是被城市所代替，乡村未来的功能就是为城市生产粮食。按照这种价值观看乡村，乡村最有价值的东西，不是其承载的历史与文化，而是乡村所占有的耕地、宅基地。按照这种价值观，乡村则被认为是经济增长和社会发展的负担，所以解决"三农"问题的出路，就演化为农村人口越少越好，城市化率越高越好。而且，这种价值观认为，这是世界城市化潮流的规律决定的，近代以来西方的城市化道路就是这样走的，中国也不能例外。在这种认识指导下，许多地方的乡村振兴，已严重扭曲为单纯追求提高乡村经济价值的振兴。能否创造出经济价值，成为衡量乡村存在的唯一标准，成为衡量乡村是否振兴的唯一标准。按照这个逻辑，就出现了目前盛行的，以搞工业经济和城市经济的思维、搞 GDP 的思维去搞乡村产业、搞招商引资。我们并不是简单地反对发展乡村经济，因为按照这种思路走下去的乡村振兴，可能是经济发展了，五千年文明传承的乡村却没有了。

当我们审视这些现象时，就可以发现，习近平总书记提出的从大历史观视野看乡村是多么重要。如果走出单纯的经济学思维，把乡村放在五千年中华文明的大历史观视野来看时，恰恰会发现另一个有价值的乡村，这就是承担着中华文明永续发展之根、文化传承之载体的乡村，蕴藏着中华民族从哪里来、到哪里去的乡村，也是我们认识中国的过去、现在和未来即认识中国的最大国情的乡村。这些价值和功能才是乡村振兴的第一要义。

什么是中国的国情，对此可以有多种解释，但从中华民族五千年的文明来看，乡村是中国的国情。中华民族五千年的文明是根源于农耕经济，以乡村社会为主要载体的文明。乡村是中华文明之根，蕴含着中华文明的基因。虽然中国古代也曾有过世界上发达和繁荣的城市，但中华文明的基因携带者是乡村而不是城市。自秦统一中国以来，在两千多年的朝代更替中，战争使城市遭受了一次又一次的毁灭，但中华文明的传承没有中断，因为中华民族文明的种子在乡村，只要乡村存在，中华文明就会一次又一次劫后重生，延续下去。从这个意义上看，高度分散的乡村文明，成为规避文明火种传承中断的有效载体，成为世界长寿文明的秘密所在。

当我们从中西方文明比较的大历史观视野看乡村，就会发现，发现中华文明与西方文明属于两种不同类型的文明。以农耕为本、乡村为根的中华文明属于世界上成熟度最高、最具有持续性的乡村社会主导的文明。与此相对应，2500 多年前，诞生于地中海，起源于古希腊、古罗马的西方文明，从一开始就是建立在工商业经济基础上的另一种形态的文明，这就是城市文明。如果说中国创造了世界上悠久、成熟、发达的乡村文明，那么西方则创造了世界上最发达的城市文明。

从大历史观视野看现代城市化之路，可以发现，西方城市化道路并不是人类文明的普世之路。近代以来，在乡村是中国国情这个大背景下，中国在追赶西方现代化道路上，一直走着不同于西方的、具有中国特色的道路。毛泽东领导的新民主主义革命，走的是一条不同于西方依靠城市工人阶级的道路，是一条符合中国国情的、由中国共产党领导的以工农联盟为基础的农村包围城市的革命道路。1978 年以来，邓小平领导的改革开放，创造了中国经济发展的奇迹，改革首先从农村开始，然后才扩展到城市，走的同样是农村包围城市的改革之路。乡村作为中国的国情，既是中华文明发展的基础和前提，也是中国发展的原动力所在。我们发现，从古代到近代，无论时代发生了什么变化，乡村兴则中国兴，一直是中华文明演化和传承所遵循的规律。

党的十八大以来，以习近平同志为核心的党中央提出的实现中华民族伟大复兴的中国梦，是基于大历史观视野提出的迈向新时代的新目标。中华民族的伟大复兴，经济强大是基础，但绝不是只想成为经济强国。中华民族伟大复兴是新时代基于中国智慧与文化探索的中华文明的复兴，其内涵是经济、政治、文化、社会与生态文明全面发展的复兴。

文化自信与中华民族五千年优秀传统文化的复兴，是中华民族伟大复兴的重要内容，也是中华民族伟大复兴的精神之源。而中华优秀传统文化生发与五千年农耕文明，扎根于中华民族古老的乡村文明中。由此决定了中华民族伟大复兴是以乡村文明复兴为根的复兴。

正是在这样的背景下，党的十八大以来，以习近平同志为核心的党中央，从历史与文化传承的高度关注中国乡村与城市化发展，关注中国乡村命运和乡村地位问题。在新的历史条件下，明确乡村在全面建设社会主义现代化国家新征程中的地位，从乡村本位出发探索解决"三农"问题之道、探索具有中国特色的城镇化之路，成为解决"三农"问题的新思维。

总之，在大历史观视野下的乡村振兴，是党的十九大提出的"产业兴旺、生态宜居、乡风文明、治理有效、生活富裕"全面振兴，而不是单纯的经济发展。在大历史观视野下的乡村，产业兴旺作为乡村振兴的经济基础，决定了乡村产业发展必须促进乡村集体发展、乡土文化复兴、乡村教育复兴，农民回归家园、建设家园。只有这样的乡村振兴才能承担起时代与历史赋予乡村的使命；只有这样的乡村振兴，才能使乡村成为中华民族伟大复兴的基础。

二、从百年未有之大变局看乡村：乡村是当代中国应变局、开新局的"压舱石"

在 2020 年中央农村工作会议上，习近平总书记从世界百年未有之大变局，提出了乡村是当代中国应变局、开新局的"压舱石"的观点，这是习近平总书记从国际历史大视野，对乡村功能认识的新视角、新定位。从百年未有之大变局来看，乡村的"压舱石"功能主要表现在三个方面。

第一，世界百年未有之大变局凸显乡村是化解当今世界诸多关系失衡危机的"压舱石"。环境危机已使大家意识到工业文明的危机。其实，基于天人对立的自然观和二元对立的哲学观构建起来的现代工业文明给人类带来的不仅仅是环境危机，而是整个文明的危机。目前，我们生活在诸多关系对立与失衡的世界中：人与自然失衡导致了能源危机，工业与农业失衡导致了全球粮食危机，传统与现代失衡导致了世界多样性文化被破坏的危机，物质与精神失衡导致了世界性精神缺失的危机，南方与北方失衡导致了全球贫富两极分化的危机。

我们发现，这些危机的背后都与乡村与城市关系的失衡密切相关。城乡对立的现代文明，使当今世界处在一个充满诸多问题的满的城市和同样留下诸多问题的空的乡村。在开放系统中，城市具有自我扩张性，一方面需要农村持续供给廉价的劳动力；另一方面，城市资本的扩张，必须有消费市场不断扩大来跟进，这就需要有更多的农民变成市民来满足这种需求。城市化导致的农民进城，又为资本进入农业领域创造了条件。城市化的过程就变成了一个城市替代农村、乡村逐渐消亡的过程。而乡村消亡，又导致了供给城市资本的廉价劳动力的短缺，由此形成了当今世界问题城市与问题乡村并存的困境。

化解当前人类文明危机，需要重建均衡的城乡关系。复兴与拯救乡村文明，是化解当前人类文明危机的"压舱石"。在人类面临诸多危机的困境中，我们作出的一个基本判断就是，源自西方的城市主导的工业文明正在式微，城市化给当代人类带来的代价已经大于收益。城市化不是未来人类文明发展的大趋势，因为全球的城市化已陷入高成本、低收益、负效应的困境。化解人类文明危机，需要重建新型的城乡关系，而构建这种新型的城乡关系，世界需要古老的乡村文明的复兴，需要乡村这块"压舱石"来解决文明世界的失衡。

第二，世界百年未有之大变局凸显出乡村是中国贡献给世界新文明模式的"压舱石"。化解当代工业文明的危机需要乡村这块"压舱石"，那么这块"压舱石"从哪里去找？矫正当代失衡文明的力量只能是古代农耕文明发源地的东方。为失衡的文明世界注入新文明要素，提供新文明解决方案，这是时代赋予当代崛起的中国的重要使命之一。

无论是从世界百年未有之大变局看，还是从中华民族发展看，都决定了中华民族的伟大复兴不再是赶上西方或超过美国而已，而是要为这个失衡的世界贡献一种新文明成长的新载体。这个新载体不是城市，而是历史留给中华民族的最大遗产和财富——乡村。在一个城市与乡村已经失衡的世界中，世界需要崛起的中国不是重复西方式的城市化，让这个世界更加失衡，而是需要中国担当起矫正世界文明发展方向的使命。作为世界乡村文明发展历史最悠久、最成熟的国家，作为初步完成现代化的世界经济大国，作为一直在探索城乡均衡发展的现代化国家，无论是历史，还是现实，中国都具有承担这个使命的条件。从这个意义看，党的十九大提出的乡村振兴战略，不仅是解决中国特色城乡融合发展的"压舱石"，也是贡献世界新文明发展模式的"压舱石"。

乡村对于矫正失衡的城乡关系所具有的"压舱石"作用，在中国已经不是理论或概念，而是有一系列的事实证明。2008年国际金融危机期间，中国有

2000多万农民工失业返乡。这意味着2008年国际金融危机，我们是用零成本解决了农民工失业问题。在这样一种背景下，才有可能拿出4万亿元人民币刺激经济增长。如果没有乡村这个化解风险的蓄水池，面对2000多万滞留在城市失业的农民工，我们首选的不是刺激经济，而是解决就业问题。

目前新冠肺炎疫情正在世界蔓延，中国成为世界上最早实现较好控制疫情的国家。同样不能忘记，中国的农村对控制疫情所发挥的"压舱石"作用。农村具有自足体系功能，控制出入的乡村几乎是低成本完成了自我供给。乡村特有的自然屏障，大幅度降低了病毒的传播率。2020年春节期间，从人口分布看，至少一半人在农村，一半人在城市。从这个意义上讲，中国农村的自足性、天然免疫的功能使中国应对疫情的成本很低。

乡村是中国政治、经济和社会安全的保险阀，化解危机的"压舱石"。越是在中国出现风险和危机的时候，乡村的这个功能就越凸显。中华民族是长寿的民族，其重要秘密是乡村。在几千年的历史中，中华民族曾遭到来自外部一次又一次的侵扰。但是，在一次又一次的侵扰后，中华民族都能够劫后重生的原因在于分布在无垠土地上的乡村。乡村不仅成为这个民族危难时的避难所，而且成为这个民族保留文明的种子库。

历史证明，一种可持续发展的文明形态，是乡村和城市均衡发展的形态。古希腊、古罗马文明之所以成为断代的文明，就是因为它们是单一的城市形态文明。5世纪，日耳曼民族把罗马城毁灭之后，古罗马文明就中断了。

21世纪以来，我们在追赶西方城市化过程中，似乎忘记了这个历史经验和教训。把中国的城市化目标定位于学习西方城市化，追求城市化率越高越好。在这种思维的推动下，中国乡村几千年的价值被严重低估。习近平总书记从世界大变局提出中国乡村的"压舱石"功能，值得我们深度反思与研究。

第三，世界百年未有之大变局凸显乡村是解决当今中国粮食安全的"压舱石"。世界百年未有之大变局，"东升西降"必然引发世界格局大调整中的摩擦与对抗。从失衡世界走向新均衡、新秩序、新和谐过程中出现的摩擦与对抗，对国家安全提出了新要求，粮食安全就是其中的重要内容之一。从世界大变局的高度关注并把控中国粮食安全，是以习近平同志为核心的党中央一直重视的大事。

粮食安全是世界性的重大课题。以历史和系统的观点看，粮食安全不单纯是粮食本身的问题，而是一个粮食生产方式的问题，也是一个乡村发展的问题。

经济学研究证明，在提高土地粮食产出率上，小农经济高于大规模资本农业。全球近 5 亿小型家庭农户供养了十几亿人口。中国的经验也证明，满足中国粮食安全和粮食生产的主体是经营规模在 50 亩以下的小农户经济。截至 2016 年底，占农户总数的 97% 左右的 2.6 亿小农户，经营的耕地面积占全国耕地总面积的 82% 左右，户均耕地约 5 亩。国际农业发展基金负责人曾讲：小农经济是解决非洲粮食安全问题的关键。

小农经济与乡村社会是一对孪生兄弟，相互依存。所以，在世界百年未有之大变局背景下，中国粮食安全问题的本质是依靠谁来生产粮食，以什么方式生产粮食。要落实习近平总书记"中国人的饭碗牢牢端在自己手中"的要求，必须确保中国粮食生产的主体是农民、粮食生产有效的组织是以家庭为单位的小农户。只要这样，乡村社会的发展也就有了经济基础，乡村社会就成为中国粮食安全的"压舱石"。

三、从社会主义看乡村，乡村是新时代中国特色社会主义的重要阵地

党的十九大提出进入新时代的乡村振兴战略，十九届五中全会明确提出要全面实施乡村振兴战略，坚定走中国特色社会主义乡村振兴道路。这为新时代乡村振兴确定了遵循方针、指明了发展方向。为什么乡村振兴必须走中国特色社会主义道路？这是由中国国情和社会主义制度的性质决定的。

第一，从社会主义看乡村，乡村是中国革命发展壮大的根据地，农民为中国革命作出了重大贡献。乡村是中国的国情，不认识乡村就无法认识中国、不认识乡村也无法认识中国特色社会主义。中国特色社会主义道路，是从毛泽东领导的农村包围城市的革命道路中走出来的。抛开乡村无法建设中国特色社会主义，同样，抛开了中国特色社会主义，乡村也无法发展。在发展社会主义市

场经济、现代化大工业发展的时代背景下，分散、封闭、自给自足的乡村，明显不占优势。这也正是在西方资本主义国家工业化进程中城市统治农村，农村被蚕食、解构的根本原因。相反，社会主义中国走出了一条城乡均衡、融合发展道路。

在现代化、工业化的大背景下，如何让处在劣势地位的乡村融入现代文明并分享现代化成果，这是自新中国建立以来，中国共产党一直高度重视的大问题。实践证明，中国乡村融入现代文明，只有一条出路，那就是必须走中国特色社会主义道路。根据乡村的特性和实践，我们探索出了一条适合乡村走向社会主义的道路，即必须坚持土地集体所有制和生产上的家庭联产承包责任制与合作经济。

由此可以理解，党的十九大报告明确提出"必须始终把解决好'三农'问题作为全党工作重中之重"；习近平总书记一再强调，"农业强不强、农村美不美、农民富不富，决定着亿万农民的获得感和幸福感，决定着我国全面小康社会的成色和社会主义现代化的质量"。党的十九届五中全会再度明确指出，"共同富裕是社会主义的本质要求，是人民群众的共同期盼。我们推动经济社会发展，归根结底是要实现全体人民共同富裕"。保证乡村发展的共同富裕之路是集体与合作发展之路。

第二，从社会主义看城乡融合，城乡关系不是单纯的经济关系，而是在工农联盟大背景下城乡互助、共生发展的政治关系。党的十九届五中全会对城乡关系理论的最大突破，就是把城乡关系归结到工农关系上。而这里的工农关系，绝不仅仅是经济学所讲的农业与工业的产业关系，而是具有中国特色的政治关系，即分别构成城市与乡村的两个主体——工人和农民的关系。

《中华人民共和国宪法》在总纲中明确规定："中华人民共和国是工人阶级领导的、以工农联盟为基础的人民民主专政的社会主义国家。"这是从国体上对中国特色城乡关系的规定。将中国城乡关系的本质规定为工农联盟关系，这不仅是一个单纯的理论和政治术语，而是由中国新民主主义革命和社会主义的历史决定了的。工农联盟构成这个国家的政治基石。

中国的城乡关系，首先是一种政治关系，其次才是经济关系，这才是最具有中国特色的城乡关系，这种关系在西方资本主义国家是绝对没有的。这种因中国国情和历史形成的工农联盟的城乡关系，是新时代重建城乡新型关系的大前提，离开了这个大前提，城乡发展之路就会走偏。

党的十九届五中全会提出"推动形成工农互促、城乡互补、协调发展、共同繁荣的新型工农城乡关系"，为新时代在经济与政治的结合上巩固工农联盟提出新内容和新目标。这也是对把城乡融合关系看作单纯的经济关系、资本下乡关系观点的重大矫正。如果把城乡关系看作单纯的通过市场来解决的经济关系，在这样一种优胜劣汰的竞争关系下，乡村肯定不是城市的竞争对手。如此下去，中国的城乡关系就会从城乡融合变成城市资本蚕食、掠夺乡村的关系。这显然不是中国特色社会主义的乡村振兴之路。要保证中国特色社会主义乡村振兴之路不走偏，就必须推动形成新型工农城乡关系。

总之，乡村与社会主义的关系，是一个乡村需要社会主义、新时代社会主义建设离不开乡村的关系。一方面，乡村的发展，需要借助社会主义的力量实现同现代社会与经济的融合；另一方面，中国作为世界传统农耕经济、乡村社会占重要地位的大国，决定了农业农村现代化是中国特色社会主义的基础和根基。中国乡村与社会主义的这种关系，从毛泽东领导的新民主主义革命、社会主义革命和建设到邓小平领导的改革开放，被历史一再证明，是中国必须遵循、必须解决好的关系。党的十九届五中全会提出走中国特色社会主义乡村振兴道路，正是基于大历史观视野下、进入新时代的必由之路。

四、从新时代的高度看乡村，乡村是生态文明 建设的福地与源地

中央提出的世界百年未有之大变局，有两大标志：一是"东升西降"，世界文明中心从西向东转移；二是世界文明形态从工业文明向生态文明转型。党的十八大提出的生态文明建设，是基于中国智慧探索不同于工业文明的新文明之路。如果从工业文明看，因为乡村不能够承载现代化产业，所以乡村被城市逐步替代，走向萧条和终结。但是从生态文明看，生态文明建设成本最低、效

果最好、最丰富的资源在乡村。习近平总书记提出的"两山理论"源于乡村，也意味着生态文明建设潜力最大的是乡村。乡村逢工业文明衰，遇生态文明兴，是 21 世纪乡村的命运。中国迈向生态文明，面临着第三次农村包围城市。迈向生态文明的新时代乡村具有以下独特禀赋和功能。

第一，乡村蕴藏着医治现代工业文明病的解药。当代人类面临的危机，不仅有自然生态环境失衡的危机，还有人类文化生态失衡的危机。西方工业文明全球化的过程，使有万年之久的农业文明所创造的多样性的文明与文化遭到了浩劫。缺乏精神与文化制衡的物质财富无限制增长的现代化，不仅吞噬了大量的资源，造成资源环境危机，而且吞噬了人类的精神能量，使人类文明在物质主义、消费主义、GDP 主义的死胡同中越走越远。

医治工业文明病的解药，不仅在西方文明世界中找不到，在今天的中国城市中也找不到。医治当代人类文明危机的解药，就在中国乡村中。在几千年的农耕经济中，中国先民发现，虽然大自然给人类提供的物质财富是有限的，但它提供给人类的精神财富是无限的。医治当代人类自利贪婪的解药，就蕴藏在古老的多样化乡村文明之中。

古代农耕文明留下的多样性文化，恰恰是医治与矫正现代工业文明最需要的东西。天人合一的宇宙观、自然观是对天人对立自然观的重大矫正；万物有灵的生命平等观，恰恰是对工业文明时代狭隘的人权平等的重大矫正与补充。道法自然的整体认识论，是对二元对立哲学、碎片化思维的矫正。利他共生的伦理观是医治自私贪欲的最好解药。多元共存的文明观，是对单极化霸权文明观的重大矫正。

第二，农村具有使用新能源的独特优势，实现清洁能源的自给自足将会在农村首先出现。以太阳能为主的新能源革命，正在从根本上改变着中国乡村在工业化与城市化冲击下的边缘地位。石油和煤炭等传统能源的非均衡分布、集中开发、高成本运输，使分散居住的农村处在分享工业化好处的边缘地位。相反，太阳能、风能、地热能、生物能等新能源高度分散性、相对均衡分布，越是人口密度低的地方，人均可利用的新能源越多。新能源的这种特性使农村获得了城市不具备的新优势。而且，农村使用新能源的优势在当代中国已经成为现实。目前，我国已成为世界上最大的太阳能热水器生产和消费国，而太阳能热水器90%以上的市场在中国农村。20世纪70年代末80年代初发展起来的中国农村沼气，现在也显示出良好的发展前景。新能源在生活领域的使用，有利于改变中国农村的生活方式。按照这个趋势发展下去，新能源将从根本上改变中国农村的命运。如果综合利用各种新能源，中国农村将会实现新能源的自给自足。

第三，基于自然资本的乡村绿色产业发展潜力巨大、魅力十足。乡村不具备承载现代工业产业的优势，但乡村具有发展生态产业的优势。习近平总书记提出的"两山理论"，为生态文明时代的乡村走绿色发展道路提供了理论指导、指明了发展方向。在传统生产方式下，自然资源的功能主要表现在土地的价值上，但在"两山理论"的指导下，乡村产业发展了服务功能。绿水青山不仅能够生产粮食，还是乡村发展生态旅游产业、自然教育、林地经济等生态产业的重要依托。

党的十九届五中全会提出，"坚持绿水青山就是金山银山理念""促进经济社会发展全面绿色转型""建设人与自然和谐共生的现代化""加快推动绿色低碳发展"。在推进经济社会全面绿色转型发展中，中国乡村独特的绿色发展担当着重要使命。在"两山理论"的指导下，大力推进乡村绿色发展转型，实现生态产业化发展，是"十四五"时期乡村发展的新机遇。

第四，乡村生活恰恰是生态文明需要的低碳、健康、幸福的生活方式。从生态文明的消费观来看，乡村生活恰恰是一种符合生态文明要求的绿色低碳、健康幸福的生活方式。被GDP增长和资本增殖所捆绑和刺激起来的高成本、高消费、高能耗的现代生活，加剧了能源和环境危机。环保部门披露的数据显示，2016年中国城市的人均能耗是农村的三倍。目前，农村居民的人均收入虽然没有城镇居民的收入高，但农村居民享有城镇居民用货币无法买到的另一种福利，这就是人类幸福生活所需要的清洁空气、宁静和生态化食品等。从工业化、城镇化的发展要求来看，农村的低消费不利于GDP增长，但从生态文明建设来看，乡村低成本、低能耗、低消费的生活模式恰恰是需要倡导的新生活方式。

乡村有乾坤，事关天下事。大历史观视野下的乡村，是一个承载着历史、承载着未来的乡村。古老的乡村的文明复兴和乡村振兴，是关系到中华民族伟大复兴、关系到 21 世纪人类文明发展走向的大事，是给危机重重、冲突不安的世界带来新文化、新哲学、新科技、新希望的伟大复兴。

源于西方的城市文明是少数国家独享的文明，而乡村文明将是全人类共享、共建的文明。乡村文明振兴，不是要重新回到农业文明时代，也不是不要现代化的城市文明。新时代乡村文明振兴的使命，是矫正当今单极化城市文明，在城市与乡村融合发展、均衡发展、共生发展的基础上，找到人类未来发展的新文明模式。

这个新文明模式，将是农业与工业、物质与精神、东方与西方、人类与自然和谐发展的新文明之道。从这个意义来看，乡村振兴意味着不是我们拯救乡村，而是乡村拯救我们。

第二章

产业发展
振兴之基

张红宇

清华大学中国农村研究院副院长、
中国农业风险管理研究会会长

促进农民收入增长：
阶段、路径与政策建议

　　增加农民收入是"三农"工作的中心任务。"十四五"时期如何继续保持农民增收的好形势，为实现共同富裕夯实基础，事关重大。当前，农民收入水平已经站上新的历史起点。今后影响农民增收的外部形势更加复杂，将对农民收入走势产生深刻影响。促进农民收入增长，必须破除城乡二元结构，促进城乡融合发展，为缩小城乡收入差距创造必要前提。深化重点领域和关键环节改革，促进城乡要素双向自由流动和平等交换，实现资源要素优化配置是增加农民收入的宏观条件。推进城乡基础设施一体化发展和基本公共服务均等化，提升农村社会事业发展水平，增强农民群众的幸福感是增加农民福利的重要保证。把促进农民增收作为城乡融合发展的重要衡量指标，是考核政府绩效的新内容。

　　"凡治国之道，必先富民。"增加农民收入是"三农"工作的中心任务。党的十八大以来，国家不断加大强农惠农富农政策力度，农民收入实现较快增长，农民收入增速多年超过经济增速和城镇居民收入增速，城乡居民收入相对差距呈现逐步缩小的良好态势，农民增收出现少有的好形势。面向"十四五"时期，如何继续保持农民增收的好形势，为实现共同富裕夯实基础，事关重大。对此要科学分析、冷静面对，合理预判农民增收走向。同时，应创新思路、积极应对，着力稳固农民增收良好势头。

一、农民增收形势正在发生阶段性变化

2004 年以来，农民收入增长实现"十七连涨"，过去十年农村居民收入增速连续高于城镇居民收入增速。2019 年，农村居民人均可支配收入比 2010 年实际增长 104%，提前一年实现党的十八大提出的翻一番目标。特别是 2020 年农村居民人均可支配收入 17131 元，比 2019 年名义增长 6.9%，扣除价格因素实际增长 3.8%，城乡居民人均收入之比为 2.56∶1，比 2019 年缩小 0.08%，为全面建成小康社会打下坚实基础。当前，农民收入水平已经站上新的历史起点。今后一段时期，影响农民增收的外部形势更加复杂，将对农民收入走势产生深刻影响。

（一）国民经济增长放缓将对农民收入增速形成制约

农民收入增长在根本上是经济发展的结果，宏观经济形势对农民增收的作用不容低估。经济发展可以深刻影响农产品需求和价格、农民就业和工资等，农民增收无法与宏观经济基本面产生长期的明显背离。现阶段，我国经济已经由高速增长变为中高速增长，由前些年的 10% 以上回落到 7% 以内。农民增收与宏观经济密切相关。据计算，2010—2019 年农民收入增速和 GDP 增速的相关系数高达 0.87。受经济下行影响，同期农民收入增速由 11.4% 下降到 6.2%。稳定增长应成为今后一段时期内农民增收的主基调。

（二）新型城镇化将为农民增收注入持久动力

改革开放以来，农村劳动力转移在为我国经济增长提供充足人口红利的同时，也为农民收入创造了强劲增长点，工资性收入在农民收入中已占优势地位。提高农民收入依然要将优化农村劳动力资源配置作为重点，依托新型城镇化带动农民实现高质量充分就业，并提高农业劳动生产率。《2019 年度人力资源和社会保障事业发展统计公报》数据显示，2019 年末第一产业就业人员占 25.1%，这比第一产业 GDP 占比高 18 个百分点。《2019 年农民工监测调查报告》显示，全国农民工总量比 2018 年增长 0.7%，农业劳动力转移还在继续。如果将常住人口城镇化率从 2019 年的 60.60% 提高到 70%，还将增加约 1.4 亿农村人口进城就业生活。可见，我国城镇化提升空间还很大，对农民就业增收的带动作用也很强。

（三）农村改革和城乡融合发展将为农民收入增长创造难得机遇

农村拥有丰富的资源要素，农村改革为激活农村要素提供了良好的制度环境，城乡融合发展为优化配置农村要素提供了广阔的舞台。目前，农村居民人均可支配收入中财产净收入仅占 2.3% 左右，主要原因是与城镇居民相比，农民的土地、房屋等财产权利不完整、权益不平等，束缚了财产权益的发挥。据农业农村部数据，截至 2019 年，全国农村集体经济组织资产总额高达 6.5 万亿元，其中经营性资产为 3.1 万亿元。随着乡村振兴战略的深入实施，特别是城乡融合发展体制机制和政策体系的建立健全，要素市场化配置水平的不断提高，以及农村集体产权制度等改革的不断深化，农民的财产性收入增长潜力将得到充分释放。

（四）传统农区和小农户将成为农民收入增长的难点和重点

基于我国特殊国情，以小规模农户为主体的经营结构将长期存在，靠农业收入让普通农户增收致富的难度很大。据计算，2013—2019 年，农村居民人均第一产业经营净收入年均名义增速仅为 4.7%，低于人均可支配收入年均名义增速 4.5 个百分点，占比由 30.1% 下降到 23.3%。按照收入五等份分组，有大约 60% 的农户人均可支配收入低于全国平均水平。2019 年贫困地区农村居民人均可支配收入 11567 元，仅为全国平均水平的 72%。中低收入农户大多位于传统农区和欠发达地区，对农业收入的依赖程度较高，既是农民增收工作的重点群体，也是难点所在。

从上述变化看，农民收入又到了一个关键转折期，增收的环境和动力正在发生调整，阶段性特征正在积累形成，对此需要高度关注。未来一段时期，对农民增收的最大利好是乡村振兴战略实施和城乡融合发展。坚持农业农村优先发展，有利于强化各方对"三农"工作的重视，为农民增收营造良好氛围；城乡融合程度不断加深，有利于生产要素流入农业农村，为农民增收注入强劲动力；城乡居民消费结构加快升级，有利于推进农业结构调整，为提高农业经营效益创造基本条件；国民经济结构调整深入推进，有利于新产业新业态孕育发展，为农民拓宽就业渠道；农村产权制度改革逐步推开，有利于激活沉睡的资源资产，为农民增收开辟重要来源。加快推进农业农村现代化，将进一步激发农村内生动力，促进农村经济社会全面发展，推动形成农民增收新局面。

二、农民增收影响因素的历史变化与政策启示

农民收入增长受到多种因素的影响。在经历 20 世纪 80 年代前半段的超常规增长和后半段的低速增长甚至负增长之后，20 世纪 90 年代以来，农民收入进入稳定较快增长时期，这主要得益于农业结构调整、粮食价格放开、劳动力转移加快、财政支农支出增加等因素的共同作用。从增收贡献来看，可以把这一时期划分为三个阶段。需要说明的是，本部分所用数据主要来自有关部门公开的数据，以及我根据历年农村居民收入数据计算的结果。

（一）家庭经营收入增长为主的阶段（1990—1997 年）

这一阶段，农民人均纯收入年均实际增速达到 6.6%。其中，家庭经营收入年均实际增长 5.5%，工资性收入年均增长 9.6%。家庭经营收入是农民收入的主要来源，占纯收入的比重一直在 70% 以上，增收贡献率平均为 68.0%。工资性收入贡献率只有 26.8%，转移性收入和财产性收入的贡献率合计只有 5.2%。从家庭经营各业对农民增收的贡献来看，第一产业贡献率为 54.4%，第二产业贡献率为 4.0%，第三产业贡献率为 9.5%。第一产业中，种植业贡献率最高，为 45.0%，畜牧业贡献率为 7.6%。

（二）工资性收入增长为主的阶段（1998—2003 年）

这一阶段，农民收入增长进入徘徊期。农民纯收入年均实际增长率仅有 4.0%。其中，家庭经营收入年均实际增长 0.9%，工资性收入年均实际增长 10.3%，转移性收入年均实际增长 3.5%，财产性收入年均实际增长 18.8%。家

庭经营收入仍是农民收入主要来源，占 60% 左右，但贡献率仅有 12.9%，而工资性收入的贡献率升至 75.9%，财产性收入和转移性收入的贡献率合计为 11.2%。工资性收入成为这一阶段促进农民增收的主要动力。与前一阶段相比，这一时期工资性收入年均实际增速仅比上一阶段提高 0.7 个百分点，但贡献率提升近 50 个百分点。原因主要是家庭经营收入增长近乎停滞，尤其是种植业收入贡献率为 −17.0%。

（三）多轮驱动农民增收阶段（2004 年以来）

2004 年以来，农民收入进入持续较快增长阶段。基于农民收入同口径比较，可以将这一时期分为两个阶段。一是 2004—2013 年，农村居民人均纯收入年均实际增速为 9.0%。其中，家庭经营收入年均名义增速为 5.6%，工资性收入年均名义增速为 11.8%，转移性收入年均名义增速为 18.9%，财产性收入年均名义增速为 12.0%。二是 2013—2019 年，农村居民人均可支配收入年均实际增长 7.2%。其中，家庭经营净收入年均名义增速为 6.6%，工资性收入年均名义增速为 10.3%，转移性收入年均名义增速为 12.3%，财产性收入年均名义增速为 11.6%。这一阶段，工资性收入的增收贡献率达到 40% 以上，仍是农民增收的大头；家庭经营收入贡献率在 25% 以上，仍是农民增收的基石；转移性收入贡献率上升到 27% 左右，成为农民增收的重要渠道；财产性收入贡献率为 3% 左右，是农民增收的有益补充。

从农民增收渠道逐步拓宽、增收动力逐渐多元化的过程，可以得出以下几点结论。

第一，制度创新激发了农民增收内生动力。改革是发展的最大红利来源。20 世纪 80 年代农民收入超常规增长，得益于农村基本经营制度确立；从 20 世纪 90 年代持续至今的农民工资性收入快速增长，得益于建立和完善城乡平等就业制度。纵观 40 多年历程，以激活主体、激活要素、激活市场为主要目标的农村改革，如家庭联产承包责任制、允许创办乡镇企业和农村个体私营经济、农产品流通体制、农村劳动力就业制度等，从根本上破除了生产要素身上的"枷锁"，市场经济的实在利益唤起了农民对美好生活发自内心的渴望。

第二，工业化和城镇化优化了农民收入结构。改革初期，农村经济结构和农民就业结构比较单一，农民收入基本上都是农业收入，增长潜力与空间都相对有限。随着工业化和城镇化的加快推进，越来越多的农村劳动力进入生产效率更高的行业和领域就业，农民能够更好地分享经济发展成果，农民收入增长渠道不断拓宽，工资性收入在农民收入中的比重跃居第一，并保持较快增长态势。

第三，政府作用有效发挥夯实了农民收入增长基础。政府致力于破除影响市场正常运行的制度障碍，深化改革、完善政策，为农民增收创造了良好的环境和条件。农业支持保护政策不断完善，有力保障了农业收入这一农民收入的基本盘。农村基本公共服务保障标准和水平的不断提高，为促进农民转移性收入增长提供了强劲动力。脱贫攻坚战略深入实施，为农村贫困人口收入增长提供了全方位支持。

第四，城乡要素流动通道的打开奠定了农民收入稳定增长格局。城乡分割状态的有效打破，为以土地、人才、资金等为代表的生产要素流动创造了可能，提高了要素配置效率。随着要素价格市场化改革的深入推进，农村要素配置效率的提高，不仅推动了城乡经济发展的质量变革、效率变革、动力变革，而且直接增加了农民收入，让农民收入增长潜力在一个城乡贯通融合的大平台、大空间上得到尽可能充分的挖掘，从而具备了摆脱低水平收入陷阱的条件。

第五，实现农民收入持续增长仍是艰巨任务。"十四五"时期是我国进入全面建设社会主义现代化国家的关键时期，这既对农民增收提出新要求，也为农民增收奠定新的起点，农民收入增长从数量目标到质量动力都需要有一个全新的变化。但是，我国是一个国情极其特殊的发展中国家，农业发展水平还不高，农业劳动力比重偏大，农村依然相对落后，城乡差距远未消除，农民收入增长的不确定性、脆弱性还比较明显。

三、促进农民收入较快增长应成为战略目标

党的十九届五中全会对增加居民收入提出明确目标，要提高人民收入水平，扎实推动共同富裕，"十四五"时期居民收入增长和经济增长基本同步，

分配结构明显改善，到 2035 年，城乡居民收入再迈上新的大台阶，中等收入群体显著扩大，基本公共服务实现均等化，城乡区域发展差距和居民生活水平差距显著缩小。因此，在全面建设社会主义现代化国家时代，促进农民收入较快增长、持续缩小城乡收入差距，应该成为"三农"工作的中心任务和战略选择。

（一）缩小城乡收入差距是解决"三农"问题的核心

第一，缩小城乡收入差距关系到我国的小康是全面小康还是有"短腿"的小康，是高质量小康还是低水平小康。只有不断缩小城乡收入差距，才能体现社会主义公平发展的本质，才能建成惠及包括广大农民在内的更高水平的全面小康社会。

第二，缩小城乡收入差距是实施扩大内需战略的根本途径。党的十九届五中全会提出，坚持扩大内需这个战略基点，畅通国内大循环，促进国内国际双循环，全面促进消费，拓展投资空间。近几年，拉动经济增长的"三驾马车"中，投资和出口已经很难保持高速增长，拉动经济增长必须更多依靠消费。

第三，缩小城乡收入差距是跨越"中等收入陷阱"的关键因素。从现阶段到未来一个时期，我国处在跨越"中等收入陷阱"的关键阶段，人均 GDP 刚刚突破 1 万美元，距离高收入国家门槛还有一定差距。缩小城乡收入差距，顺利跨过"中等收入陷阱"，我国经济发展就能再上新的平台，就可以进入发达国家行列；收入差距持续扩大，跌入"中等收入陷阱"，就可能出现经济停滞不前的局面。

第四，缩小城乡收入差距是实现城乡融合发展的重要抓手。加快农民收入增长，要求加大农业农村投入力度，夯实农村产业基础，改善农村基础设施和公共服务，建立城乡平等就业制度，推进农村土地制度和产权制度改革，完善要素市场化配置机制。这些措施有助于从根本上破除城乡二元结构，逐步实现城乡发展规划、基础设施、公共服务一体化，实现城乡要素平等交换和公共资源均衡配置，促进城乡融合发展体制机制和政策体系进一步健全完善。

（二）促进农民增收要把握重大问题和关键因素

第一，结合经济社会发展阶段制定农民增收战略。从发展阶段看，当前我国已经成为中等偏上收入国家，并转向高质量发展阶段，解决农业农村发展不充分、城乡发展不平衡、城乡收入差距大等问题，具有多方面优势和条件。必须坚持正确的战略指导思想，在坚持把解决好"三农"问题作为全党工作重中之重的同时，把农民增收置于"三农"工作重中之重的位置，使国民收入分配格局向农民倾斜，继续推动农民收入增速超过经济增速和城镇居民收入增速，为实施乡村振兴战略、促进城乡融合发展奠定坚实基础。

第二，关注产业和就业结构变动对农民收入的影响。避免农民收入增速徘徊甚至下降，必须推动农民家庭经营收入加快增长。为此，应推动农民分工分业。一方面，利用专业化带动农业生产的规模化、集约化，使务农收益水平达到甚至超过外出务工收入水平，同时加快培育农民专业合作社、家庭农场、农业产业化联合体等多种形式农业经营主体，充分发挥其示范带动作用，优化农业资源要素配置，促进资源集约节约利用；另一方面，继续推动农业转移人口市民化，实现人口自由迁徙，促使产业结构、就业结构和收入结构均衡发展。

第三，国民收入分配格局调整要向农民倾斜。应加强农民增收的顶层设计，推进体制机制改革，完善扶持政策体系。初次分配是决定收入水平的关键环节。在初次分配领域，应建立合理的农产品价格形成机制，引导农产品价格合理调整，使其反映要素稀缺程度和生产成本。同时，建立农产品价格和低收入群体生活补助联动机制，提高各方面对农产品涨价的容忍度。在再分配领域，应有针对性地出台差别化的补贴政策。新增农业补贴向主产区倾斜、向山区牧区渔区垦区倾斜、向贫困地区和边远地区倾斜；既充分发挥财政转移支付的作用，缩小农民内部收入差距，又进一步强化政策激励效应，促进农业生产发展和生态环境保护。

第四，通过城乡融合，改善农民增收的外部环境。推动形成党的十九届五中全会提出的"工农互促、城乡互补、协调发展、共同繁荣"的新型工农城乡关系，健全完善城乡融合发展体制机制和政策体系，需要从三个层面入手。首先，推进城乡要素平等交换。重点是改革农村土地参与市场交换的方式，充分体现土地的财产属性。其次，推进公共资源均衡配置。提高农村教育、医疗、社保等公共服务水平，减少农民生活开支，间接提高农民收入，让农民获得更多发展机会，实现城乡居民权利平等、机会平等。最后，加强农村基础设施建设。进一步把固定资产投资重点转向农村，科学编制乡镇村庄建设规划，合理安排乡村空间布局，完善生产生活基础设施和服务设施，降低农民生产生活成本，推动农村产业发展，夯实农民增收基础。

（三）完善农民增收政策要达成几个共识

现阶段，影响农民增收的因素错综复杂，不仅来自农产品供给，也来自农产品需求；不仅来自农业自身，也来自二三产业；不仅来自国内，也来自国际。促进农民增收，要立足我国实际，加大支持力度和创新支持方式。进一步完善农民增收政策，需要在以下几方面深入探讨，逐步达成共识。

第一，突出农民增收政策的差异性。长期以来，由于农民收入水平普遍较低，农民增收政策中普惠性政策多、投入大，差异性政策少、投入小。从未来看，大力发展农村新产业、新业态，激活农村资源资产，潜力最大、最有希望的仍然是经济发达地区、大中城市郊区等，广大传统农区和普通农户的增收问题会愈发突出。因此，应适时调整农民增收政策，更加鲜明地指向农村低收入群体，采取更加有针对性的措施，将有限的政策资源更多地向增收困难区域和群体倾斜，加快提高他们的收入水平。

第二，突出财政支撑方式的引导性。以往，财政主要是通过提价、补贴等方式直接带动农民收入增长，但这种"直给"的做法已经难以为继。我国农村人口数量庞大、人均农地资源非常有限，如果单纯依靠现行的直接补贴来促进农民增收，难以摆脱补不起、补不到位的"厨师困境"，更需转变财政支持方式。发挥财政资金的撬动作用，利用市场机制吸引更多金融资本和其他社会资金共同促进农民增收，应当成为下一步政策创设调整的重要方向。

第三，突出市场配置资源的关键性。目前农民收入的四大来源中，除部分转移性收入外，三大来源都是由市场决定的。进一步拓宽农民增收渠道，根本上还是要依靠市场。近年来，随着各种新理念、新技术、新模式、新要素的不断进入，农村新产业、新业态层出不穷，为农民增收创造了新的机会；一些地区积极探索激活农村产权，通过土地入市、股份合作等，为农民带来了长期稳定的收益。市场拓渠道、政策给空间，应当成为下一步农民增收工作的基本原则。

第四，突出社会保障的城乡融合性。从目前情况看，短时间内显著缩小城乡收入差距面临很大困难，但是通过加快完善农村社会保障制度，能显著增强农民的获得感和幸福感，尤其是能使低收入群体感受到最直接的实惠和真正的生活保障。下一步，应将社会保障摆在更为优先的位置，按照"完善制度、统一政策、提高水平、加快并轨"的原则，加快健全多层次农村社会保障体系，让农民有稳定的生活预期，不致因收入波动而陷入困顿焦虑。

四、实现农民收入较快增长的政策建议

从国内外促进农民增收实践看，比较成功的做法就是通过建立市场主导、政府支持的机制，构建广覆盖、可持续、有实效的农民收入保障安全网。为此，需要从两方面努力：一方面，制定农民增收中长期目标。"十四五"时期乃至到2035年，作为基本实现社会主义现代化的关键阶段，应明确新阶段农民收入增长目标和城乡居民收入差距缩小目标。从发展经验看，农民增收长期目标应该是约束性的，可以提出下一个农民收入倍增计划，并在2035年将城乡收入比缩小到1.5：1左右。另一方面，明确农民增收思路举措。具体来说，要在优先发展农业农村、全面推进乡村振兴、加快城乡融合发展的进程中，推动现代农业提质增效，促进农村劳动力高质量就业，拓宽农民财产性收入来源，加大农民增收直接支持力度，建立和完善农民收入稳定增长的长效机制。

（一）挖掘农业内部增收潜力

当前，农业收入占农村居民收入的比重大约是1/4，尽管这一比例可能继续缓慢下降，但农业对农民增收的作用依然不可忽视。在农业供给侧结构性改革深入推进的过程中，农业高质量发展对农民增收仍然会起到重要作用。

第一，夯实农业基础。多年来，国家加大投入，强化农业基础能力建设，农业生产条件明显改善，但农业软硬件水平还不足以支撑现代农业发展。今后，应在建立粮食生产功能区和重要农产品生产保护区制度的基础上，实施更加严格的耕地保护制度。加快以现代种业、农业机械化、耕作技术、基础研究等为重点的农业科技创新。始终把保障国家粮食安全作为发展现代农业的首要任务，

不断完善粮食主产区利益补偿机制，加大对产粮大县的有效激励，使主产区真心重农、安心抓粮。进一步完善国家粮食储备调控制度，改善其他重要农产品市场调控，确保农产品市场平稳运行。

第二，发展富民乡村产业。应将富民乡村产业视为战略性产业纳入中长期发展规划，丰富乡村产业内涵外延，从"产业兜底"向"产业富民"转变，从短平快发展向可持续发展转变，培育管根本管长远的富民产业。完善富民乡村产业支持体系，探索乡村产业发展立法的可能性，采取更加灵活的财政支持方式，坚持目标导向和责任导向，为各级政府发展富民乡村产业提供一定自主权，赋予统筹整合支农资金的权力，解决项目资金专项专用与实际需要的偏差问题。落实好土地出让收入用于农业农村比例的相关政策。加快构建以财政资金撬动社会资本流向富民乡村产业的体制机制，加强乡村投资的产权保护，提振社会投资主体的信心。探索建立农业农村发展用地保障机制，将年度新增建设用地计划指标确定一定比例用于支持农村产业发展，允许村庄土地综合整治节约的建设用地采取入股、联营等方式，重点支持农村产业融合发展。建立富民乡村产业人才的"内培外引"机制，解决乡村产业发展面临的人才短缺问题。

第三，延伸农业价值链利益链。建立农产品优质优价正向激励机制，支持新型经营主体发展"三品一标"（无公害农产品、绿色食品、有机农产品和农产品地理标志），打造区域公用品牌，提高产品档次和附加值。支持发展适度规模经营，鼓励采用节本增效技术，培育农业社会化服务组织，开展农业废弃物资源化利用，降低农业生产成本。推动"互联网＋现代农业"，大力发展农产品电子商务，发展农业新型业态。推动一二三产业融合和产村产镇融合，形成"一村一品""一镇一特""一县一业"的发展格局。

第四，大力发展农业收入保险。近年来，一些地方开展的粮食作物完全成本和收入保险试点，迈出了我国农业保险由"保成本"向"保收入"的关键一步。我建议在总结经验、深入研究的基础上，利用5—10年时间推动农业收入保险的开发、试验和推广，使其尽快成为我国农业保险的主要险种，充分利用市场机制为农民的农业收入保驾护航。一方面，扩大农产品期货交易规模，完善农产品期货市场机制；加大收入保险宣传力度，调动农民参保积极性；实施严格的法律规范和保险监管，有效防范保险机构和农户的道德风险。另一方面，为农业收入保险发展提供政策支持；建立和完善农业大灾风险分散机制，包括再保险、大灾风险准备金等，鼓励保险机构开展农业收入保险产品创新。中央和省级财政设立农业收入保险保费补贴专项资金，支持地方开展收入保险项目，在粮食作物收入保险试点的基础上逐步扩大试点的品种和区域范围，探索支持农业收入保险开展的成熟模式和经验。

（二）促进农村劳动力高质量就业

就业是最大的民生。党的十九届五中全会对强化就业优先政策、实现更加充分更高质量就业提出了明确要求。让农村劳动力到效率更高的领域和部门就业，是增加农民收入的必然选择，也是市场机制作用的必然结果。

第一，继续引导农村劳动力外出就业。推动形成平等竞争、规范有序、城乡统一的人力资源市场，落实农民工与城镇职工平等就业、同工同酬制度。推动农村劳动力有序外出就业，加大对相对贫困人口转移就业的支持力度。深入实施以新生代农民工为重点的职业技能提升计划，开展农村相对贫困家庭子女、未升学初高中毕业生、农民工、退役军人免费接受职业培训行动，创新培训内容和方式，拓宽就业创业渠道，引导新生代农民工到新产业、新业态就业创业。健全最低工资标准调整、工资集体协商和企业薪酬调查制度，落实保障农民工工资支付条例。

第二，积极扩大乡村就业空间。统筹城乡产业布局，将城市部分劳动密集型产业向农村地区产业园转移，实现城乡产业合理布局、优势互补，促进农村劳动力就地就近就业。大力发展特色县域经济、魅力小镇、乡村旅游和农村服务业，为农村劳动者就地就近转移就业创造空间。深入实施返乡创业能力提升行动、乡村就业创业促进行动，创建农村创新创业和孵化实训基地，培育一批家庭工场、手工作坊、乡村车间，鼓励在乡村地区兴办环境友好型企业，实现乡村经济多元化，提供更多就业岗位。鼓励新型劳动密集产业发展，引导和支持沿海劳动密集型产业向中西部地区有序转移。

第三，创新农村劳动力就业领域和方式。鼓励发展家政、养老、护理等生活性服务业和手工制作等民族地区特色产业，吸纳更多中低技能劳动者就业。

大力发展城乡社区服务，扩大劳动力市场的包容性。支持劳动者通过临时性、非全日制、季节性、弹性工作等形式实现灵活就业。完善城镇失业登记制度和农村失业登记制度，对处于无业状态的农村劳动力在常住地进行失业登记，并为其提供均等化公共就业服务和普惠性就业政策。

（三）创造增加农民财产性收入的制度环境

目前，财产性收入占农民收入的比重还不高，但提升潜力很大。近几年，农村土地制度、集体产权制度改革取得重要进展，城乡统一劳动力市场建设积极推进，但农村要素流动不畅、资源配置效率不高的问题依然不同程度地存在。与城镇居民相比，农民的土地、房屋等财产权利不完整、权益不平等，束缚了财产权益的发挥。党的十九届五中全会提出，"十四五"时期，产权制度改革和要素市场化配置改革要取得重大进展。为增加农民财产性收入，必须建立现代产权制度，促进要素市场化配置，培育发展乡村产权要素交易市场，促进各类要素融合发展，健全要素由市场评价贡献、按贡献决定报酬的机制。

第一，完善农村土地管理制度。落实农村土地承包关系长久不变政策，完善承包地制度，在稳妥开展试点、总结实践经验的基础上，做好第二轮承包到期后的延包工作，稳定农民预期。稳慎推进农村宅基地制度改革，探索宅基地所有权、资格权、使用权"三权分置"，深化宅基地制度改革试点，健全宅基地管理体制机制，完善盘活农民闲置宅基地和闲置农房的政策。加快建设城乡统一的建设用地市场，建立同权同价、流转顺畅、收益共享的农村集体经营性建设用地入市制度，合理提高农民收益。完善农村集体土地征收制度，缩小土地征收范围，建立土地征收目录和公共利益用地认定机制，规范土地征收程序，完善对被征地农民合理、规范、多元保障机制。依法合规开展农村集体经营性建设用地使用权、农民房屋财产权、集体林权抵押融资，以及承包地经营权等担保融资。全面开展农村土地整理，运用市场机制盘活乡村存量土地和低效用地，积极探索乡村产业用地市场化配置方式。

第二，深化农村集体产权制度改革。近几年，农村集体产权制度改革取得积极进展，清查核实农村集体资产6.5万亿元，集体土地等资源总面积65.5亿亩，经营性资产股份合作制改革已经覆盖所有涉农县市，确认集体成员6亿多人。集体经济发展壮大，对于农民增收意义重大。应以市场化改革为导向，继续深化农村集体产权制度改革，推动资源变资产、资金变股金、农民变股东。创新农村集体经济运行机制，探索混合经营等多种实现形式，确保集体资产保值增值和农民收益。完善农村集体产权权能，赋予农民对集体资产股份的占有、收益、有偿退出及担保、继承权。允许农村集体经济组织探索人才加入机制，不断增强集体经济发展活力。

第三，健全农民农村财产权能。完善相关法律法规，明确农民农村财产各项权利，加强对农民财产的物权化保护。建立农村产权交易市场，试点农民住房财产权抵押、担保和转让，鼓励开展产品、农业机械设施、多年生经济作物抵押融资，探索相关具体政策。有效维护进城落户农民的土地承包权、宅基地使用权、集体收益分配权，支持引导其依法自愿有偿转让上述权益，探索完善这些权益退出转让价格形成机制。

（四）完善转移性收入保障机制

增加农民转移性收入是有效发挥政府作用的重要体现。在欧美国家，农民收入 40% 以上来自政府补贴。目前，我国农民收入中转移性净收入占 21% 左右，而且其中有很大一部分来自农村家庭外出成员寄回或带回的收入。据国家统计局数据，2019 年，农村居民人均寄回或带回的收入为 1426 元，占农村居民人均可支配收入的 8.9%，占农村居民人均转移净收入的 43.2%。因此，政府加大对农民收入直接支持还有较大空间。

第一，完善对农民直接补贴政策。健全以税收、社会保障、转移支付等为主要手段的再分配调节机制，加大对农民直接补贴的力度。完善重要农产品生产者补贴制度，总结玉米、大豆、稻谷生产者补贴制度改革经验，以粮食生产功能区和重要农产品生产保护区为主要载体，健全完善重要农产品生产者补贴制度，逐步扩大覆盖范围，既弥补全部生产成本，又确保生产者取得行业平均水平以上的利润，并建立补贴标准动态调整机制。出台农业服务补贴政策，政府向农户和新型农业经营主体发放农业服务券，用来向服务组织择优购买生产性服务，促进农业生产性服务业良性竞争、提质增效，为农业生产和农民增收提供有力支撑。在统筹整合涉农资金的基础上，探索建立普惠性农民补贴长效机制。创新涉农财政性建设资金使用方式，支持符合条件的农业产业化规模化项目。以绿色生态为导向，创新完善农业政策工具和手段，扩大"绿箱"政策实施范围和规模，加快建立新型农业支持保护政策体系。完善农业生态补偿制度，根据经济发展水平变化，及时调整农业资源休养生息补偿标准。

第二，加强农民生活兜底保障。健全统筹城乡、可持续的基本养老保险制度、基本医疗保险制度，建立完善城乡居民基本养老保险待遇确定和基础养老金正常调整机制，完善缴费补贴政策，稳步提高保障水平。完善失业保险制度，推动农民工失业保险扩大覆盖面、提高参保率，合理确定农民工失业保险待遇，建立农民工失业救助体系。统筹城乡社会救助体系，完善最低生活保障制度，实现城乡低保平均标准一致，做好农村社会救助兜底工作。巩固拓展脱贫攻坚成果，建立解决相对贫困的长效机制，做好困难农民重特大疾病救助工作。

综上所述，促进农民收入增长，必须破除城乡二元结构，促进城乡融合发展，为缩小城乡收入差距创造必要前提。要深化重点领域和关键环节改革，促进城乡要素自由流动和平等交换，实现资源要素优化配置。结合制定和实施新一轮国家新型城镇化规划，研究提出农业转移人口市民化的目标和改革举措。推进城乡基础设施一体化发展和基本公共服务均等化，提升农村社会事业发展水平，增强农民群众的幸福感，不断提高城乡融合发展质量。完善考核机制，把促进农民增收作为城乡融合发展的重要衡量指标，在政府绩效考核中赋予更大的权重。

周 立

中国人民大学农业与农村发展学院教授、
国家社会科学基金重大专项"乡村振兴核
心机制研究"首席专家

新需求推动
乡村产业发展新业态

　　中国特色社会主义的乡村振兴，需要解决乡村发展的不平衡、不充分和不同步问题。推动城乡融合发展，可以解决城乡差距过大的发展不平衡问题。推动一二三产业融合的乡村产业发展，可以解决乡村发展不充分问题。推动"四化"同步，可以解决农业农村发展滞后等发展不同步问题。上述乡村振兴的三大核心机制，首在产业振兴，产业兴则百业兴。促进产业振兴，需要面向以"四洗三慢两养"为主要特征的新需求，创造一二三产业融合的新供给，利用农业4.0培育六次产业新业态。

　　乡村振兴战略的提出，体现了中国现代化进程中的道路自信、理论自信、制度自信和文化自信。继若干个"中国之谜"之后，乡村振兴战略的实施，将再次为世界增添一个现代化进程中同步实现乡村振兴的"中国之谜"。

一、乡村产业发展背景：不平衡、不充分、不同步

直面中国社会新矛盾，积极回应时代新挑战，需要立足中国基本实践，学习国际经验，展开对乡村振兴战略实施中不平衡、不充分、不同步这三大问题的研究。

中国最大的发展不平衡，是城乡差距过大。乡村振兴道路，就是推动城乡融合发展，解决城乡发展不平衡的问题，实现产业兴旺和生活富裕。主要是通过城乡一体化的进一步实施，解决城乡收入差距过大、公共设施、公共服务、公共投资缺口较大这四大问题，促进城乡均衡发展。

中国最大的发展不充分，是农村发展不充分。乡村振兴道路要解决的第二个瓶颈问题，是推动农业农村优先发展，破解乡村治理困境，解决发展不充分问题。通过建立健全党委领导、政府负责、社会协同、公众参与、法治保障的现代乡村社会治理体制，健全自治、法治、德治相结合的乡村治理体系，实现乡风文明、生态宜居、治理有效。

中国最大的发展不同步，是农业现代化滞后于工业化、城镇化、信息化（合称"四化"），即工农城乡发展不同步问题。切实推进农业农村现代化，实现"四化"同步，补齐中国现代化进程中的最大发展短板，是乡村振兴面临的第三大难题。

解决上述三大问题，必须走中国特色社会主义乡村振兴道路。由于国情和发展阶段的巨大差异，欧美国家乡村发展经验，很难为中国带来直接的借鉴价值。一方面，农业资源宽松和紧张之间的截然不同，使欧美国家不可能产生一二三产业融合、发展壮大集体经济、小农户和现代农业发展有机衔接等基本概念，从而难以为产业兴旺、生活富裕等目标提供契合中国实际的经验。另一方面，发展历史和乡村特征的显著差异，使乡村治理体系、农村集体产权制度、土地三权分置等方面，对中国乡风文明、治理有效等目标，也难以带来可资借鉴的经验。欧美国家也没有国家主导土地再分配的历史，政治背景也大不相同。

相反，亚洲各国和地区，尤其是东亚地区，在农业资源、发展历史、乡村特征等诸多方面，与中国有很强的相似性。亚洲经验，尤其是东亚地区的经验，会对中国产生良好借鉴。日本、韩国、中国台湾等率先进入发达经济体行列，其中一个决定性因素，是在现代化进程中实施了名称不同但内容近似的乡村振兴战略，如韩国的新村运动、日本的新农村建设、中国台湾的社区营造等。相比于亚洲经验，欧美国家在多轮具有乡村振兴内涵的政策推动下，更多注重乡村生态环境、自然资源保护和利用，以及乡村文化历史传承等方面的建设，通过基础设施和城乡服务的统一，稳步推进城乡融合发展进程。欧美国家最早推动农业可持续发展的转型，推进农业向更高层次的现代化水平发展。

党的十九大提出要"综合分析国际国内形势和我国发展条件"，这要求我们从中国基本国情出发，学习借鉴国内外多种乡村发展经验。课题组在进行国内外经验比较时，梳理了乡村产业振兴、农业农村优先发展、"四化"同步等发展轨迹，进一步印证了三大核心机制，并将其当作三大问题的解决办法。通过这种国际国内形势综合分析的办法，使我们"摸着石头过河"的中国道路走得更稳，为进一步发挥后发优势提供更多的理论和国际经验支撑。

没有乡村振兴，就没有中华民族的伟大复兴。实施乡村振兴战略，是解决人民日益增长的美好生活需要和不平衡不充分的发展之间矛盾的必然要求，是实现全体人民共同富裕的必然要求。

没有产业兴旺，乡村振兴将是一句空话。实施乡村振兴战略，首先要顺应亿万农民对美好生活的向往，以产业兴旺为重点，提升农业发展质量，培育乡村发展新动能。

产业兴，则百业兴。产业兴旺作为乡村振兴战略五大要求之首，是整个乡村振兴战略的重点。中国特色社会主义乡村振兴道路，需要超越产业分割视角，促进一二三产业融合发展，面向新需求、创造新供给，培育新业态，作出新探索。将以疏解过剩产能为主的供给侧结构性改革和内需持续释放的有效需求紧密结合起来，完成振兴乡村这一实现中华民族伟大复兴的重大任务。

二、乡村产业发展新需求："四洗三慢两养"

（一）三类新需求："四洗三慢两养"

"四洗三慢两养"是对乡村满足人们美好生活需要的形象描绘。与此伴随的是与农民进城反向而行的现象——市民下乡。

"四洗"，是指乡村社会可以帮助城市人洗净铅华。在乡村喝上天然的水，吃上生态的饭，可以"洗胃"；呼吸新鲜的空气，可以"洗肺"；看看青山绿水，可以"洗眼"；乡村生活比较闲适，能够舒缓城市高度紧张的人际关系，还能促进文化教育、亲子关系与家庭和睦，可以"洗心"。大规模的双休日和节假日出城旅游，就是这一需求的具体表达。市民下乡的"洗胃、洗肺、洗眼、洗心"，与国际上兴起的"三慢"运动密切相关。

"三慢"，是指乡村社会可以帮助城市人享受"慢食、慢村、慢生活"。与"快餐"文化相反的"慢食"运动，经 1986 年设在意大利的国际慢食协会推动之后，已经成为享受美食和美好生活的全球性运动。如今，国际慢食协会会员已经遍布全球，越来越多的人加入以"慢食"为核心的生活实践。

与"慢食"运动相关联的"慢村"或"慢城"，也在各地星罗棋布地出现。中国也已有"国际慢城"（如江苏省南京市高淳区、广东省梅州市雁洋镇）、"慢村"（如国际慢食协会在中国发起的"慢村共建计划"，首个"慢村"设在四川省成都市大邑县齐堰村），也有《乐活》（LOHAS）杂志、"乐和乡村"示范村（如湖南省长沙县五福村）、《有机慢生活》杂志等推广平台。"慢食"运动让人们不断反思自己的生活，关注食品、美食乐趣以及缓慢节奏的生活，并由此发展出一系列的"慢生活"方式：吃有慢餐，行有慢游，读有慢读，写作有慢写，教育有慢育，恋爱有慢爱，设计有慢设计，锻炼有慢运动……慢，就是提醒人们要放缓脚步，享受美好生活。

"两养"，是指乡村提供养老、养生空间，帮助城市人安度退休和休闲时光，实现与自然共生、与社会和谐，生有所养、老有所依。中国有世界上规模最大的中等收入群体，超过 4 亿人；也有世界上规模最大的老年人口。2020 年数据显示，中国 65 岁以上的老年人口约为 1.9 亿，占总人口的 13.5%；60 岁及以上人口已达 2.64 亿，占总人口的 18.7%，是世界上唯一一个老年人口超过 2 亿人的国家。预计到 2025 年，60 岁以上人口将达到 3 亿，成为超高龄社会（20%的人口超过 65 岁）。考虑到 20 世纪 70 年代末至 2013 年计划生育工作力度的加大，预计到 2040 年我国人口老龄化进程达到顶峰。

随着老龄化社会到来，大量家庭及老人渴望有宽敞、恬静的绿色养生养老场所，城市住房空间狭小、人群密集、交通堵塞、环境嘈杂，让许多人产生在乡村休闲养生、健康养老的想法。同时，伴随农村劳动力转移，大量农村房屋闲置，农村土地陷入自己"用不上、用不好"的困局，不能给农民带来收益。需要将城市养生养老需求和农村闲置资源供给形成有效衔接。

（二）两大背景：过剩经济与城乡中国

乡村产业发展新需求的产生，与中国的超大规模人口进入过剩经济和城乡中国时代的到来这两个背景密切相关。

第一个背景是过剩经济。在资源短缺的时代，人口曾经被视为中国发展的负担。伴随改革开放 40 多年生产力的长足进步，中国已进入产能相对过剩时代，人口越来越被看作推动持续发展的动力。除了劳动力充分供给带来的人口红利之外，庞大的人口规模正带来巨量的消费和服务需求，成为推动中国经济社会持续进步的内需基础。

在工业品产能过剩之后，农产品也大范围过剩，农民增产不增收已经长期存在，在乡务农和进城务工这两大就业空间也已开辟殆尽。人多地少的基本情况，迫使我们不得不考虑发挥农业的多功能性，让农民分享全产业链的增值收益，开辟返乡下乡、创业就业的第三就业空间。面向新需求，创造新供给，以解决农民就业、增收，农业农村持续发展的问题。

第二个背景是城乡中国。20 世纪提出的"乡土中国"命题，在如今城镇化中期阶段，已经转变为"城乡中国"的新命题。

2020 年末，我国城镇常住人口已经达到 90199 万，占总人口的比重（常住人口城镇化率）为 63.89%。虽然按户籍人口统计，城镇人口仍不足一半。城乡人口数量都很庞大的基本格局，是一个长时期的基本事实。这就使乡村振兴不能只从农业内部着手，必须从城市和乡村两端发力，找准并面向新需求，创造新供给，满足人们日益增长的美好生活需要。

（三）"四洗三慢两养"创造的内需

"四洗三慢两养"产生的新需求，粗略估计，每年会超过 12 万亿元，超过 2017 年 GDP 的 15%，由此拉动的经济增长，农民就业、增收、减贫和农村可持续发展，不可限量。

我们测算"四洗三慢"的需求数额，有两大依据。一是根据汽车保有量。2019 年上半年，中国已有 3.4 亿辆汽车，机动车驾驶员已有 4.22 亿人，其中以个人名义登记的小型和微型载客汽车，即私家车 1.98 亿辆，全国平均每百户家庭拥有私家车超过 36 辆，成都、深圳、苏州等城市每百户家庭拥有私家车超过 70 辆。以每辆私家车每年带来 1 万元的乡村消费和服务估算，每年会有 1.98 万亿元以上的需求。二是根据新崛起的中等收入群体。按国家统计局的统计，2017 年，中国已有超过 4 亿人的中等收入群体，占全世界的 30%。按照瑞士信贷研究中心的研究，中国有 3.7 亿中等收入群体，占全球 10.5 亿的 38%。中等收入群体的消费理念变化、消费能力支撑，将使消费规模不断扩大，消费结构也将加快升级。

"四洗三慢"的市民下乡新潮流，主要是中产阶级群体的需求拉动的。以人均 5000 元的每年乡村消费和服务估算，也会带来 2 万亿元左右的需求。这两个估计相互印证，已经相当于中国 2020 年第一产业增加值（7.8 万亿元）的 25.6%。

"两养"的新需求，很难估计。这很大程度上取决于政策的变化，若能顺应需求，利用农地入市的"三块地改革"，以及集体建设用地建设租赁住房试点、支持返乡下乡人员创业创新等政策，促进城乡资源的良性互动和一二三产融合，这些需求就能转化为有效供给。

农村集体建设用地面积远远大于城市（仅仅建制镇面积，就已经大于城市面积），若对比房地产业在 2017 年带来 11 万亿元的增加值，比房地产业范围更广、体量更大，更能体现人们对于美好生活的需求和乡村振兴内涵的养生养老产业，会带来远大于 11 万亿元的消费需求。

以当前 2.64 亿 60 岁及以上老年人口为例，即使只有 1/3 退休老年人愿意下乡在乡养老，也有 8712 多万人，以每人 15 万元的养老住房投入核算，就有 13 万亿元的投资需求。若再考虑 4 亿人以上的中等收入群体养生需求，以及返乡下乡人员每年在农村生活带来的至少 1 万亿元以上的消费与服务需求，这一数额将更加庞大。伴随收入提升和老龄化程度的提高，需求还将日益显化。

仅以"两养"保守估计的 11 万亿元和"四洗三慢"1.98 万亿元的需求核算，每年创造的 12.98 万亿元的新需求（相当于 2020 年 GDP101 万亿元的 12.9%），对于中国经济增长的拉动、乡村产业振兴的推动、脱贫攻坚战略的实现以及促进人们美好生活需求和不平衡不充分矛盾问题的解决，都是显而易见的。

三、新需求创造新供给：未来乡村的新产业、新业态

"四洗三慢两养"的新需求，呼唤乡村振兴中一二三产业融合的"一融"，只有通过一二三产业融合，才能创造新供给，培育新产业、新业态、新模式，并作出新探索。

第一，农业 4.0 时代的到来。

我们曾经仿照工业 4.0，论证农业 4.0 时代的到来。传统农业是农业的 1.0 版本（一产化农业），是自古以来就有的农业类型。由于农业生产受自然条件影响大，是典型的"靠天吃饭"农业。农业 2.0 是工业化、机械化的农业（二产化农业），将农业生产链条逐步延伸至加工、储藏、运输、销售等环节。这一阶段的主要特征是"靠地吃饭"，农民在这种工厂化农业模型下，扮演了产业技术工人的角色。农业 3.0 是以第三产业的方式经营农业（三产化农业），农民在其中扮演服务员的角色，主要特征是"靠人吃饭"，需要人气的积累，依托农业做服务。

农业 4.0，是超越了单一产业范畴，形成一二三产业融合的综合型农业。通过一二三产业叠加，创造新供给的"加法效应"，以及一二三产业融合，催生新业态的"乘法效应"，进行农业的深度交叉融合。无论是一加二加三，还

是一乘二乘三，都会得到六。这是"六次产业"称谓的来历，并已在日本和韩国等东亚地区广泛推行。通过六次产业化，实现集生产、生态、生活与生命于一体的"四生农业"。

生产性和生态性是基础，生活性是核心，生命性是灵魂。农业 4.0 时代，农民集生产者、技术员、服务员、销售员等身份于一体，农业成为一种全新的生活方式。农业 4.0 体现了人与自然、人与人和谐相处的更高境界，代表农业发展的新产业、新业态、新模式，与生态文明建设相适应，代表农业发展的新方向。

党的十九大在乡村振兴战略中提出 20 字的总要求，顺应了新时代中国乡村社会的现实发展需求。其中，将"生产发展"升级为"产业兴旺"的表述，说明乡村振兴战略对农村产业发展提出了更高的要求，即突出发挥农业多功能性的产业融合发展。这为探寻乡村的出路提供了更具创新性和操作性的战略视角。

第二，产业分割与农业多功能性丧失。

经济学理论往往将产业发展一分为三，以农林牧渔为主的产业被视为第一产业。这种产业分割具有明显的局限性，从根本上忽视了农业内在的多功能性。事实上，农业除了提供农产品产出的经济功能外，还有国家粮食安全保障、农村文化遗产与生态环境保护、生物多样性、农民就业等社会、文化和环境多种功能。进一步的研究表明，农业多功能性可表现为 5 个层面的 9 个具体功能（见表 2-1）。

在产业分割的视野下，农业的经济功能被不断放大，而政治、文化、社会和生态功能则被忽视，无法实现其自身价值。进而产业之间展开了一场残酷的自由竞争，农业被迫与二三产业竞争各种生产要素。而在竞争过程中，农业对自然的依赖、缺乏经济弹性的供求以及市场刚性需求等弱质性产业特征，使作为第一产业的投资风险增加，让大多数农业领域的从业者失去获利甚至谋生的可能。于是，其投资收益回报也不可能高过以工业为代表的第二产业和以服务业为代表的第三产业。在这样的背景下，第一产业自然败下阵来。

表2-1　农业多功能性分类及利益归属

	具体功能	作用	利益归属
经济层面	食物生产	稳定供给农产品，保障国民基本生存需求	农业企业、农产品消费者
	经济产业发展	形成农业收入，促进当地就业，提升产业发展水平	农户、本地劳动者、本地被雇佣者
政治层面	国家安全	保障粮食安全、食品安全、食物主权	全体国民
文化层面	休闲与旅游	提供休闲旅游空间，为新业态的培育创造空间	本地居民、访问者
	文化教育	陶冶自然情操，了解农业文明，体验传统民俗风情	全体国民、访问者
社会层面	社会稳定	缓解经济危机带来的冲击，解决社会就业压力	全体国民、就业者
	农村社会保障	提供养老保险、基本生活与就业保障	农户、本地居民
生态层面	生态环境保护	保全国土以及居住环境、保存生物资源	全体国民、全人类
	物种多样性	维持人类社会与自然界的和谐共存	全体国民、动物、植物

可以说，产业之间出现的分离与隔阂，导致了农业多功能性被忽视。从事农业的人收入降低与进城务工的人收入提高，最终导致乡村无力挽留原本长居农村的人口，加剧了乡村的进一步衰败。

第三，产业融合与重拾农业多功能性。

在破解乡村衰落难题时，有必要采用超越产业分割局限的政策视角，从战略层面推进乡村振兴。其首要目标是建立和创造符合当地实际情况，体现农业多功能性的产业融合体系。

在全面建成小康社会取得决定性成就和开启全面建设社会主义现代化国

家新征程的历史交汇期，城市居民消费加速升级，产生了大量对农业多功能性的新需求。乡村优质的食物、清新的空气、优美的景观、健康自然的生活方式以及令人向往的乡村文化和风俗体验，都对城市居民产生了新的吸引力。人们对于农业多功能性的认识，也随之不断加深。但目前中国的乡村，普遍缺乏满足这类新需求的供给能力。

因此，提升乡村新供给的能力，以满足城市居民的新需求，就成为促进农村产业融合，培育新业态，重拾农业多功能性的重要切入点。这让乡村不仅有能力供给充足的食物，还形成了新能力，可以满足城市居民对于休闲旅游、文化教育、生态环境等对于农业多功能性的新需求。进而，农业不仅是经济业态，更是包含社会、文化和生态在内的新业态。换句话说，乡村产业振兴将会超越第一产业本身，培育一二三产业融合的新业态。

一方面，这个过程有利于促进当地农民和本地产业发展的有机结合，实现农民的本地甚至本村就业，直接增加农民收入；另一方面，产业的延伸与融合，也能使农民在农业领域的创业创新机会越来越多，新业态的发展空间将会越来越广阔。两个方面相互促进，共同推进乡村产业振兴。

因此，在解决乡村衰落难题的过程中，应当满足新时代所带来的新需求，通过促进乡村产业融合发展，重新发挥农业的多功能性，创造新供给，培育新业态，探索新模式，以实现乡村产业振兴。

胡跃高

中国农业大学农学院教授

全面认识粮食安全，系统实施粮食安全战略

　　粮食安全是国家安全的重要基础，确保粮食安全始终是治国理政的头等大事。粮食安全是一个关乎全局的大问题，涉及民生安全、食品安全、乡村社会安全、生态环境安全与国际农业安全五个方面。综合多方面情况分析，我国应下定决心用十年时间打赢粮食安全与食品安全问题开局之战，为稳步推进乡村振兴战略建设开创新局面。为此需要：（1）设立工程建设总体设计部；（2）统筹好五方面建设任务；（3）坚定地走有机农业道路；（4）建立村社合一的有机生产合作社与城社合一的有机消费合作社；（5）将村庄作为突破口着力点；（6）实施两条线互动建设的组织结构体系；（7）改革与完善农业科学技术体系；（8）积极地造就大量的优秀建设者。

　　粮食安全是国家安全的重要基础，确保粮食安全始终是治国理政的头等大事。习近平总书记在 2020 年中央农村工作会议上强调："要牢牢把住粮食安全主动权，粮食生产年年要抓紧。"这一明确要求对于我们扎实做好新发展阶段"三农"工作具有重要指导意义。要全面深刻认识中央提出的粮食安全问题，必须从狭隘的粮食安全思维拓展到系统全面的粮食安全观。

一、走出狭隘的粮食安全观，全面认识粮食安全的内涵

粮食安全是系统工程，涉及五个方面的工作：其一，粮食是民生安全的基础。民以食为天，粮食安全是确保全体国民饭碗里能够装上自己生产的粮食的问题；其二，粮食安全是食品安全的关键。在现实情况之下，粮食安全不仅要保证吃饱、自足，还要保障粮食的高质量、高品质，即解决全体国民每人每顿饭的食物质量安全问题；其三，粮食安全的社会基础是乡村社会安全。粮食生产的主体是农民，粮食生产的社会组织是乡村，所以彻底化解乡村社会老龄化、空壳化问题，恢复乡村生机，实现持久繁荣是粮食安全的社会基础；其四，生态环境安全是粮食安全的自然基础。解决工业文明导致的水资源不足、土壤资源不足，生物多样性减少，水污染、土壤污染、空气污染等问题的本质，是一个粮食与食品安全的问题；其五，中国的粮食安全与当今国际农业安全密切联系。中国作为世界历史悠久的农业大国，自改革开放以来用自己的方式基本解决了粮食供给问题。从全球视角观察，中国的粮食安全问题已经在一定程度上与国际粮食安全问题相关联，提升世界粮食安全是中国粮食安全的国际背景。必须清醒地认识到，只有从这五个方面全面认识中国粮食安全问题，才能真正实现城乡和谐，实现乡村振兴的战略任务，才能在真正意义上推进人类命运共同体建设，完成生态文明建设的任务。

粮食安全战略建设的五个方面即五项任务之间是一个系统的结构关系。

一方面，台阶关系。食品安全任务是粮食安全的第一台阶。没有质量安全，一切数量安全最终将失去意义。粮食供给安全任务是第二台阶，其与第一台阶共同构成了满足食物安全的基础，构成了人类存在与发展的物质基础。乡村社会安全任务是第三台阶，生态环境安全任务是第四台阶，国际农业安全任务则是第五台阶。认识粮食安全五项任务间台阶关系的意义在于，我们必须在登上

第一台阶的情况下，才能去攀登更高一级台阶。

另一方面，粮食安全战略建设任务之间也是整体内部彼此关联的关系。这是指粮食安全任务为食品安全任务的母系统，即人们不可能在没有粮食数量安全的前提下，单纯解决食品安全问题。同理，乡村社会系统是食物安全系统的母系统，人类社会不可能在乡村社会系统不安全的情况下，用"无人系统"去实现食物系统安全。进一步看，如果没有乡村生态环境的安全，终究不能实现乡村社会系统安全与食物生产系统安全；而全球系统安全则是国家系统安全的前提。在全球化发展的今天，只有全面实现全球（国际）农业安全，一个国家的农业才能最终实现安全。

二、以食品安全为目标解决中国的粮食安全问题

饭要一口一口地吃，路必须一步一步地走。国家需要将乡村振兴的五项任务化整为零，一项一项地加以完成。30 年时间完成五项基本任务，客观上要求我们打好开局战，做到首战必胜。为此建议集中力量，用十年时间，在第一阶段，基本完成国家食品安全任务，然后顺势而为，解决粮食安全问题，各个击破，完成其他任务。

第一，在五大农业安全问题中，食品安全问题来势凶猛，已深度影响我国公众健康水平，要引起人们高度警觉。因此，将食品安全问题设定为乡村振兴的第一建设目标任务，为人心所向，深得民心。提出这一目标任务，有利于最大限度地动员与团结全社会民众，共同关注、支持与建设乡村振兴工程。食品安全问题为全球顽症，高举攻克食品安全问题的大旗，能够得到世界关心人类健康的民众的支持，进而关注我国乡村振兴战略实施。

第二，食品安全问题形成期短，相对孤立具体，容易把握。全球食品安全问题发生期约为 100 年，我国的发生期为 40 多年。我国熟悉乡村的民众中相当一部分人对 20 世纪七八十年代，粮食质量安全的农业状态记忆犹新，有亲身体验，容易今昔对比，"按图索骥"，存在从根本上解决问题的社会经验与技能基础。

第三，食品安全问题的基本成因清楚。主要为化肥、农药、除草剂、激素和各种添加剂等化学投入品使用不当，或工业化、城镇化建设操作不当，或转基因作物技术组合趋利化所致。只要诊断清楚，在科学技术上解决好代替技术生产的效率效益问题，就能达成社会共识，然后由政府下定决心，集中力量，组织起来行动，可望迅速见效，实现目标。

第四，以下原因共同决定了我国十年之内解决食品安全问题具有良好的国内外社会、经济文化与技术条件：其一，我国长期以来以农立国，农业就是命根子，全民重视农业，发展农业的民意基础良好；其二，我国也是世界农业历史最悠久的国度之一，农业历史遗产丰富。1949 年以来在农业发展问题上，积累有丰富的经验教训可资借鉴；其三，2003 年后，中央每年都会发布文件，强调农业发展与乡村建设，目前已经转向乡村振兴战略，乡村发展工作有可靠的政治保障；其四，近年来国家脱贫攻坚扎实有效，到 2020 年，我国脱贫攻坚战取得全面胜利，现行标准下 9899 万农村贫困人口全部脱贫。脱贫攻坚工作涉及每一个村庄、每一农户，客观上相当于进行了一场乡村振兴工作的大动员，今后再接再厉，乘胜前进，具有扎实的组织工作基础；其五，国家经济基础大局稳定，有良好的经济保障；其六，有社会主义制度集中力量办大事的优越性；其七，我国国际关系稳定，粮食进口渠道多元化，外汇储备庞大，存在基本保障国内粮食安全的基本条件。方便此时腾出手来，先行突击解决食品安全问题；其八，国际方面，食品安全问题与粮食安全问题已经同步爆发。2020 年7 月，联合国粮农组织和世界粮食计划署发布报告，列出新冠肺炎疫情下面临潜在食品危机风险的 27 个国家，预计 2050 年前粮食需求将增长 70%。全球食物供求矛盾正在日益白热化，食品安全问题与粮食安全问题将越来越难分伯仲，混淆一处，纠缠不清。这意味着世界留给人们先行解决食品安全问题的"窗口期"十分有限，转瞬即逝，时机紧迫；其九，我国已经在有机农业领域进行了长达 30 年的研究积累，有关优质增产技术、经营管理体系成果可以支撑食品安全工程启动；等等。上述基本条件决定了只要我们下定决心，就一定能用两个五年规划的时间基本解决食品安全问题。

第五，如果国家能够用十年左右的时间，在 2030 年前后如期实现食品安全目标，解除影响国民健康的"心腹之痛"与"后顾之忧"，就将振奋民心，激励全国民众一鼓作气，进一步解决粮食安全问题，推动完成其他乡村振兴任务。

第六，由于中国是世界第一农业大国，也是世界第一农产品进口大国，中国乡村可持续发展对世界发展的影响举足轻重。中国食品安全工程建设通过国际交流与学习，一方面，将获得巨大的国际方面的支持；另一方面，中国取得的相关建设成就，将为世界农业克服工业文明弊端，走向可持续发展，提供研究案例与技术积累，从而有利于绿色"一带一路"建设，有利于人类命运共同体建设。

上述六个方面的情况决定了国家集中力量，用十年时间解决食品安全问题成功的可能性极大，建设可行性强，具有重大社会、经济、政治、生态与文化意义。只要我们下定决心，将 2030 年前解决食品安全问题确定为乡村振兴的阶段性战略目标，就有较大把握完成任务，打开乡村振兴的大门，迎接生态文明时代的到来。

三、正确认识处理阶段性目标与长远战略目标的关系

乡村振兴是一项为期 30 年的工程建设任务。客观上要求不同地区分五年或十年规划进行布局，确定好阶段性目标任务，以最终实现全国建设总目标。近期要注意避免三种不正确的阶段性目标策略倾向。

第一种，避免将脱贫与防止返贫作为阶段性目标策略的倾向。经过多年持续奋斗，我国完成了举世瞩目的脱贫攻坚任务。由于各种原因，脱贫地区存在艰巨繁重的防止返贫任务。党中央为此决定，脱贫攻坚目标任务完成的县，从脱贫之日起设立五年过渡期，保持主要政策总体稳定。摆脱贫困的县，加上一定数量有贫困乡镇、贫困村，但不属于贫困县的县市，都将面临类似情况。在上述形势下，部分地区可能会出现将防止返贫和乡村振兴两方面任务混在一起，从而失去明确的战略发展方向，转向追求更具体、相对熟悉的脱贫与克服返贫阶段性目标的倾向，从而弱化乡村振兴大目标。在行为上呈现为盯住了"芝麻"，而丢掉了"西瓜"的阶段性目标策略形态。

第二种，将与乡村工作相关的所有问题都作为乡村振兴阶段性目标任务的

倾向。这种倾向表现为看不清乡村振兴战略任务的结构性与其战略建设阶段性特点，其本质为对乡村振兴的社会、经济与生态战略意义认识不清，对其历史地位、现实存在与未来发展心中无数。因此，只能装模作样、胡乱地眉毛胡子一把抓。这种情况的发生，与在工业文明背景下长期重视工业化、城镇化、市场化，轻视"三农"问题有直接关系。在基层管理工作者中，之所以会产生此类认识问题，或因缺乏专业知识背景，或因长期在城市或工业领域工作，因而不能敏锐地认识到工业文明时代正在过去，生态文明时代正在到来，而乡村振兴、城乡和谐是由工业文明时代走向生态文明时代的必由之路。必须重视的是，这样的思想认识在面临紧迫的乡村振兴战略任务时，很容易陷入不求甚解、事倍功半的逻辑链条。

第三种，还有一种容易混淆的阶段性目标倾向，往往较多地存在于农业农村部门和相关研究单位。改革开放以来，特别是加入世界贸易组织（WTO）以来，在短短20年时间内，我国农业领域出现了农产品大量进口问题。我国已经是世界第一粮食进口大国，连续多年粮食进口量超过1亿吨，2020年进口量达到了创纪录的1.4亿吨。这种情况长期存在，连续增大，自然而然地导致专业部门与专业研究机构误认为乡村振兴问题就是粮食安全问题，从而分不清乡村振兴是本质、粮食安全是现象的关系。究其原因，与长期以来"以粮为纲""猪粮安天下"的历史经验有关，也受到人口与粮食需求循环增长为农业发展宏观主线的理论认识影响。其思想方法是经验主义与教条主义，不知道世界情况已经发生变化，喜欢"一肥遮百丑"，只管局部，不顾整体，脱离现实、脱离时代，其结果将导致不能按期完成乡村振兴任务。乡村振兴战略阶段性目标策略问题，事关建设成败大事。错误的阶段性目标策略，轻则贻误时机，浪费资源，影响按时完成任务；重则导致阶段工作失败，竞争失利，在整体战略上陷入被动，以致满盘皆输。正确的阶段性目标策略则是科学分析任务与形势，科学地将总任务化整为零，积极利用战略机遇期，集中力量，争取资源，赢得主动，分阶段一个接一个地完成乡村振兴战略任务。我国乡村振兴战略任务巨大，任务结构复杂，时机紧迫，唯有正确地确定每一个阶段的战略任务，一点一点地啃下硬骨头，才能保证最终圆满地完成全部任务。

四、全面实施粮食安全战略的建议

（一）设立工程建设总体设计部

我国食品安全工程建设涉及 14 亿国民，基层单元包括 60 多万个建制村与数以百万计的自然村，涉及乡村与城市互动、国内与国际交流、历史与未来联结，是一项持续 10 年的工程建设工作，而且在 10 年之后仍将作为基础持续发展下去。如此重大、复杂、长时段、严密的工程建设，要求在中央一级设立乡村振兴指挥协调机构，以统筹多级行政单元、多部门工作。同时设立以食品安全工程及农业安全工程建设为核心任务的总体设计部，以便及时规划，形成统一行动方案，提交最高决策部门，进行重大战略决策政策研究参考。在此过程中，总体设计部还要承接国家方面提出的新目标、新任务、新要求，同时在工程建设中密切跟踪建设，随时评估最新建设进展，提出阶段性优化调整方案，支持建设工作。

国家食品安全工程与农业安全工程总体设计部为国家常设机构，可以由国家原有相关科学研究机构转制成型，同时调用其他单位与部门熟悉相关部门及地区情况、有丰富建设经验的专家入职，聘请熟悉多部门、多类型区情况的专家担任业务负责人，围绕国家食品安全工程进度总要求，组织日常工作，完成任务。

（二）统筹好五方面建设任务

我们必须清醒地意识到，乡村振兴是一项持续 30 年、包括五项建设任务的工程。如果按照预期，食品安全工程需要 10 年时间来完成的话，粮食安全工程、乡村社会安全工程、生态环境安全工程、国际农业安全工程四项建设任务就只剩下大约 20 年时间了，平均每项任务大约只有 5 年时间去完成。由于每一项建设任务都是前无古人的巨大工程，因此未来乡村振兴不是先结束一项再启动一项的"接力赛"式的工作，而是在建设第一项的同时，必须注意其余分项建设任务，"一浪接一浪"式地推进。

我国幅员辽阔，因自然地理与人文社会经济组合后的农业生产水平高低不同，彼此存在差异。因此，未来食品安全工程建设既要有全国性的统一建设目标，统一部署，整体推进，又要允许条件成熟的地方，结合实际情况，适时推进后续工程建设任务，从而在总体上形成建设目标、方向一致，全方位、多层次，你追我赶，存在跳跃式发展、波澜壮阔的全国工程建设格局。这就要求各地区各部门注意做好乡村振兴整体规划，同时注意根据随时情况变化进行调整，创造性地开展工作，保证不拖后腿，确保全局按时按计划推进。

（三）坚定地走有机农业发展道路

从整体立场看，未来全国农业发展道路必须能够同时解决食品安全、粮食安全、乡村社会安全、生态环境安全与国际农业安全问题，才能摆脱建设过程中"摁下葫芦起来瓢"、上下大起大落、左右摇摇摆摆的发展局面。从近期农业发展道路的实践经验与探索结果看，有机农业就是这样"一举五得"的道路。

第一，有机农产品可以从根本上解决食品安全问题。

第二，已经有大量的研究成果证明，用有机农业技术替代氮肥、农药、除草剂等常规现代农业技术，可以在大部分谷物、豆类、蔬菜、水果生产中，取得与常规现代农业同样高的单位面积产量。相关增产技术仍在发展之中，依然存在增产潜力。有机农业可望彻底解决粮食安全问题。

第三，有机农业以每年 10%—20% 的增长率发展，消费者愿意为消费有机产品支付高出普通产品多倍的价格，单位面积收益往往可以增加 5 倍到 10 倍，甚至更多。从全局看，这可以增加乡村板块经济权重，有利于乡村经济与社会基础的稳定与建设，进而推进解决乡村社会安全问题，成为推动乡村经济繁荣的第一台阶。

第四，有机农业使用资源节约型、环境友好型与健康循环型技术、不断创新完善的技术体系，可望最终解决生态环境安全问题。

第五，假如一国、一地能够基本解决上述农业安全问题，就将为其他国家和地区解决当地农业安全问题带来希望，从而为解决全球农业安全问题铺平道路。因此，有机农业道路是中国乡村振兴全过程中的根本大道，也是解决食品安全问题的通途。从长远发展看，乡村振兴所走的有机农业道路，与国家发展的有机化道路，是人类在 21 世纪走向生态文明时代的光明大道。

从全局意义上观察，全球生产的农产品应满足全球消费需要。以此推论，一个国家生产的农产品要尽量满足一个国家的消费需要。将世界农产品拉来拉去，终究是一种无谓地消耗能量的行为。虽然如此，在相当长一段时期内，世界农产品贸易仍将持续存在。有机农产品在国际农产品贸易中迅速增长是一种基本趋势。美国农产品消费总量的 19% 依赖进口，其大部分为有机农产品；欧盟计划在 2030 年实现 1/4 的耕地实行有机种植；日本、韩国为农产品进口大国，东南亚国家与我国农产品互补贸易潜力巨大，中欧关系正在稳步发展。从平衡贸易角度看，我国的优势有机农产品出口潜力大，存在巨大的机会。国家应考虑大力鼓励有机农产品出口，为乡村振兴注入新的强大的动力，扭转农产品单向进口趋势。

（四）建立村社合一的有机生产合作社与城社合一的有机消费合作社

工业文明的特征表现为在优势生产项目上实行高度组织化的建设，与此同时，消费者的消费则趋向于彻底碎片化，从而导致生产的高度组织化与消费严重无序化之间脱节，造成社会财富大量浪费。工业文明从一出生开始，便以破坏乡村的行为开路，去实现自己的"优势生产组织化"建设，一路由小到大，由一国到多国，直到全世界。其结果便形成了今天全球范围内工业文明越发展、乡村破坏越严重的格局。工业文明体系与运动机制是导致全球乡村的五项安全问题同步爆发、城乡矛盾关系愈来愈走向尖锐对立的根本原因。

从全球文明演替角度定位，国家食品安全工程建设是工业文明向生态文明过渡期的第一场重大战役。世界范围生态文明必将兴起，工业文明注定将走下历史舞台。我们只有打赢食品安全工程开局战，乡村振兴才有生路。

打赢面向生态文明时代的第一个战役，客观上要求我们必须反工业文明之道而思、而行。国际国内大量的农业发展与乡村建设的经验证明，走乡村农业合作生产与城市农产品合作消费为目标的有机合作道路就是理想的出路。具体为在乡村板块中建立以村社合一为目标模式的有机生产合作社，在城市板块中建立以城社合一为目标模式的有机消费合作社。例如，山西省永济市蒲韩乡村社区的经验证明，只要有三年左右的时间就能形成良性互动，实现动态建设发展，从而在根本上走向消除农业生产与消费对立、乡村与城市对立、城乡互害和无限度浪费的恶性循环根源，推动社会走向城乡和谐，共建人类命运共同体，共建地球生命共同体。

（五）将村庄作为突破口着力点

如同分子是物质的基本功能单位，细胞是生物的基本功能单位一样，村庄是整个中国乡村社会的细胞，是基本功能单位，也是千百年来形成的乡村基层组织的基础结构。村级建设是乡村振兴战略与国家生态文明建设的关键层级，集中力量进行村级有机农业建设，是撬动乡村振兴战略最有力的支点。只要解决了一个又一个村庄意义上的有机农业建设问题，整个乡村建设就将步入全新发展状态。近年来在脱贫攻坚过程中，各地普遍在村庄一级派驻第一书记与工作组，乡村工作基础得到加强；各地已经建立了村级股份经济合作社；在政策上已经完成村支部书记三副担子一肩挑的制度建设程序。未来建设只要在已有工作的基础上，集中精力，深入调查研究，分析问题，准确寻找到突破口，进行典型试验示范，找到规律，然后制订方案，就能稳步推进建设。

（六）实施两条线互动建设的组织结构体系

2018 年，中央将乡村振兴确定为"一把手工程"，规定党政一把手为第一责任人，省、市、县、乡（镇）、村五级书记要齐抓共管，从而完成了乡村振兴的组织保障体系建设部署。食品安全战役为乡村振兴第一阶段的核心任务。考虑到乡村振兴任务的连续性，筹谋这一开局之战事实上是一项系统工程建设。按照重大系统工程建设要求与建设经验，要将食品安全工程建设工作明确划分为两条战线，彼此关联推进。其中，第一条战线为研究实验战线，第二条战线为执行建设战线。

食品安全工程的研究实验战线要根据工程建设目标任务，分解系统建设内容，然后针对每项建设内容，进行基础科学研究与工程技术实验，形成工程实施建设方案，通过决策部门审核修改，提供给执行建设战线。食品安全工程的执行建设战线要根据工程建设目标任务，按照不同管理层次、不同学科专业进行分工，将建设方案与技术规范一项一项安排到相应建设单元，组织建设者按质按量按期协同完成任务。在此过程中如发现新情况、新问题，要及时反馈给食品安全工程研究实验战线，由其组织进行调查研究与科学分析，重新思考与调整建设方案，再次提交决策机构安排工程执行建设战线执行建设。如此反复，科学合理地推进建设。

食品安全工程建设体系的两条战线涉及层次多、建设面大，这一组织建设工作经验源于我国"两弹一星"工程建设实践，具有创新性，符合系统科学思想。我国厅局级以上的机构中普遍设置有科研机构与专业院校。县级农业农村局设置有农技推广站，仍然有相当力量，乡镇级农技推广员力量有待加强。只要我们明确组织建设思路，分别不同层次，由上而下进行组织机构规划，由下而上实施建设，就可以完成结构体系建设。要深入调查研究，根据情况，分别建立两条战线的组织结构体系，努力形成战线间、体系内无缝对接，动态运动，高效运作，整体有序地推进建设的良好局面。

（七）改革与完善农业科学技术体系

科学技术是第一生产力。工业文明时代的科学技术是为工业化、城市化建设服务的，即服务于资本、服务于竞争等。这在推动生产力发展的同时，导致了科学技术本身的不平衡发展，即凡是不利于纯粹工业化、城市化的科学技术，都受到不同程度的制约，久而久之，限制了科学技术的正常生长。所以，工业文明时代的科学技术充其量只是不健康的第一生产力。例如，新冠肺炎疫情在全世界肆虐时，处于生物技术大发展时代的人类社会处处陷于被动状态，科学技术发挥作用有限的事实发人深省、教训深刻。

生态文明时代的到来，为科学技术繁荣开辟了无限广阔的发展道路。科学家、技术工程师、教育家在人类历史上第一次可以根据自己对客观世界的实践与认识结果，系统地开展科学研究，创新技术成果，服务于社会，服务于可持续发展，服务于人与自然和谐的伟大而美好的事业。未来农业科教体系作为乡村建设的第一生产力，必须坚定地打破昔日关门实验、空对空造文章的虚空窠臼，进行重大调整与改革，完善体系建设，明确面向实践、面向社会的大方向，主动走向乡村，走向生产与消费第一线，将科学思想、技术进步与具体的生产实践相结合，担当起国家食品安全工程总体设计部、食品安全工程研究实验战线与执行建设战线的建设责任，做好侦察、参谋、监察、创新建设工作。将实事求是的灵魂融入科学技术体系，推动乡村振兴建设，造福民众。

生态文明时代就是全民科学化时代，科技工作者还要主动做好科学技术普及工作，从根本上提高农业领域全民学习、研究、创新的能力与智慧水平，由社会主义建设的"必然王国"进入"自由王国"。

（八）积极地造就大量的优秀建设者

乡村振兴战略任务中的五大安全问题，归根到底是人的问题，同时是全社会的思想认识问题。从人类社会知行合一、思想决定行动的社会运动规律判断，全社会关于乡村振兴战略认识水平的提高是决定乡村振兴战略任务能否顺利完成的根本因素。当今世界处在工业文明向生态文明转型初期，工业文明尽管发展颓势已显露，但其发源地所在的欧美发达国家仍在做扭转趋势的努力，工业文明的发展理论仍在影响着相当一部分既得利益者。一部分人依然坚持认为，欧美的今天，就是中国的明天，就是世界的明天；工业文明就是人类历史的终点；生态文明是遥遥无期的事。

我们必须清醒地认识到，正是这部分人的思想与行为同国际上工业文明的辩护者一唱一和，构成了我国食品安全工程建设中最大的工作难点与不确定因素。

食品安全工程的建设任务既是一个技术问题，又是一个管理问题；既是现实问题，又是理论与文化问题，即生态文明时代的文化建设问题；既是经济基础问题，更是上层建筑问题。食品安全工程的建设者及乡村振兴工程的建设者，必须始终从生态文明高度充分认识乡村振兴的艰难性与复杂性，必须坚持用摆事实、讲道理的方法，一件事情一件事情地搞清楚，一部分人一部分人地进行说服教育，使大家在活生生的客观事实面前，实现理论认识能力的飞跃，实现建设能力的飞跃，在此基础上真正团结起来，同心同德，完全、彻底地完成全部建设任务，进而为迎接乡村振兴战略实施的后续工程建设工作打下扎实基础。为此，我们要做好社会动员工作，首先要做好管理者的思想动员工作，然后是科技工作者、企业家、城市消费者，社会组织与社会热心人士，以及乡村群众的学习提高工作。除此之外，还要系统地计划安排，建设乡村幼儿园与小学，甚至中学与更高水平的人才培养体系，拉开架势，培养好乡村振兴的接班人，为已经开始的乡村振兴与生态文明建设奠定人才基础。千百万合格的乡村振兴人才健康成长，投身建设事业之时，就是乡村振兴事业成功之日。

仝志辉

中国人民大学农业与农村发展学院教授、中国人民大学国家发展与战略研究院研究员、中国人民大学乡村治理研究中心主任

小农户主体性的认识偏差与"三位一体"服务体系建设

乡村振兴战略把健全农业生产服务体系作为重要举措，旨在使小农户与现代农业发展有机衔接。但实现这一目标，存在两个方面的模糊认识。一方面，限于土地规模经营，不能将服务规模化作为方向；另一方面，在实现服务规模化的过程中，回避使小农户成为生产服务体系的主体。走出这种思想困境，要认真学习习近平总书记关于"三农"问题论述中的有关重要思想，理解中央宏观政策目标，更新思想认识，根据小农户占多数的农业经营主体现状，寻找农业生产服务体系的现实发展道路。

乡村振兴战略把健全农业生产服务体系作为重要举措。但当前农业生产服务体系的发展并不健全，主要表现为国家力求通过农业生产服务体系带动小农户发展的政策目标难以实现，表面上看是体系结构等问题，实质上是因为认识偏差导致的组织和制度创新不足，根本原因在于思想困境。

辨明这样的思想困境，对于农业生产服务体系的两类主体进行有关的组织和制度创新非常重要。乡村振兴战略实施中包含两类与农业生产服务体系相关的主体，第一类是农业生产性服务业的经营主体，第二类是地方政府。农业生产性服务业的经营主体可能是一个合作社，或者是一个家庭农场，或者是一个企业集团。但是，它们都是一个独立核算的经营单位。它们在进行农业生产性服务时，实际上是进入政策所设定的农业社会化服务体系或者农业生产服务体系来发挥作用。这种政策设定是地方政府推行的，或者在某种情况下，地方政府也会直接作为重要服务主体进入社会化服务体系。因为地方政府要通过政策来扶持农业生产服务体系的发展。那怎么来规划和把握当地农业生产服务体系的健康发展方向，就是一个需要深入思考乃至大力探索的问题。

本文首先概要列出习近平总书记关于"三农"问题论述中有关思想和中央的宏观政策思路，用以说明中央构建农业生产服务体系的目标；然后分析阻碍小农户成为农业生产服务体系主体的两个思想困境，进而提出发展农民"三位一体"综合合作体系的重要性；最后通过一个现实案例说明形成以小农户为主体的农业生产服务体系健康发展局面的现实出路。

一、习近平总书记和中央文件关于小农户经济的论述

习近平总书记在讲话中，多次讲到农业生产服务体系建设的重要性。2013年，习近平总书记在中央农村工作会议上指出，"加快构建以农户家庭经营为基础、合作与联合为纽带、社会化服务为支撑的立体式复合型现代农业经营体系"。2017年，习近平总书记在党的十九大报告中指出，"健全农业社会化服务体系，实现小农户和现代农业发展有机衔接"。2018年，习近平总书记在中央经济工作会议上强调，"要重视培育家庭农场、农民合作社等新型经营主体，注重解决小农户生产经营面临的困难，把他们引入现代农业发展大格局"。

这些论述都建立在对中国农业农村现实国情充分认识的基础上，即小规模农业将长期存在。2019年9月10日，时任农业农村部副部长韩俊在全国农

业社会化服务工作现场推进会的讲话中提到一组数据可以证明：我国有承包耕地农户数 2.27 亿户，户均耕地面积 6.13 亩。这些年来，我们推进土地流转，2018 年，经营 30 亩以上的农户只有 1144 万户，经营 50 亩以上的农户数只有 414 万户，仅占全国农户总数的 1.5%，经营自家承包耕地的普通农户占大多数这个情况在相当长时期内还难以根本改变。

因此，建立完善的以小农户为主体的农业社会化服务体系对中国的农业现代化发展非常重要。在分田到户刚开始的时候，农业政策就提出来发展农业专业化社会化服务，到了 20 世纪 90 年代，农业社会化服务体系被提出来。农业社会化服务有什么含义呢？农业社会化服务指的是运用社会各方面的力量，使经营规模相对较小的农业生产单位，适应市场经济体制的要求，克服自身规模较小的弊端，获得大规模生产效益的一种社会化的农业经济组织形式。实际上，农业社会化服务体系包含多种主体，"社会化"是指通过社会化主体加入服务从而帮助规模较小的农业生产单位获得大规模的生产效益。虽然农业生产经营单位的规模比较小，但是它的经营效益和经营收入比较高。农业社会化服务就是要由规模较小的生产经营单位联合组成的整个生产经营单位的总体来提供，它能采用更先进的农业生产技术，使农业整体的经营收入增加。由于它是由多方面主体组成，必须解决一个体系问题，这就是农业社会化服务体系的由来。

但是，当前政策比较强调农业生产性服务业，这可以理解为是对"农业社会化服务"在政策提出之初概念的延续。因为农户规模很小，基本上是留守人群，现在他们种地面临很大困难，很辛苦，需要一些服务，主要体现在生产性环节，这就提出了对农业生产性服务业发展的需求。农业生产服务体系可以理解为，进入市场的各类服务主体围绕农业生产经营提供服务构建体系，在一个具体的环节必须有一个良性发展的体系，每个服务主体才能有稳定的预期，而且能够获得跟投入相关的比较满意的收入。这样的服务体系才是稳定的，才是可以不断升级的。

实际上，中央对农业生产服务体系越来越重视。它的背景是什么呢？是小规模的农户在市场经济发展中处境越来越困难。如果一个农户仅靠自己的承包地养不活一个家庭，即使他成为一个专业农户，发展家庭农场或者加入合作社，可能仍然无法完全凭借农业经营养活一个家庭，因为纯农业生产带给他的收入不能达到社会平均收入，其间的收入差距就是农业和非农就业的收入差距。这时候，想通过采用现代农业生产技术提高农业收入来达到城镇居民平均收入的困难也越来越明显。

党的十八大以后，党和政府对小农户发展问题越发重视起来，从集体经济组织从事社会化服务到发展壮大集体经济，从社会化服务主体和小农户的利益联结机制到发展以小农户为主体的"三位一体"综合合作，主要目标都在于带动小农户发展。许多地方政府可能还没有意识到这方面需要一个系统的农村改革和发展思路，但又要适应中央要求，对有些问题予以重视，如乡村振兴中有关富民乡村产业发展、小农户与现代农业发展有机衔接等。所以，今天理解小农户将长期存在这一现实，然后谋划怎样能让小农户发展得更好，是一个非常紧迫和现实的"三农"发展目标。

2019年，时任中央农办副主任、农业农村部副部长韩俊在全国农业社会化服务工作现场推进会上的讲话中提出：以推进农业供给侧结构性改革为主线，以聚焦薄弱环节和服务普通农户为重点，积极培育主体，创新服务模式。目标就是引领小农户进入现代农业发展渠道，着力提高农业生产的专业化、标准化、规模化、绿色化和集约化水平，为推动农业高质量发展的相关政策提供有力支撑。如何解决好占98.5%的小规模农户（经营50亩以下）的发展问题？这是思考发展农业生产性服务业以及农业生产服务体系的重要现实出发点。其中有一个重要思考方向，即服务规模化，并使服务规模化获得的规模利润能够在小农户中公平分享。这应该成为农业生产服务体系建设的重要目标。

通过简要梳理习近平总书记重要论述和中央有关政策，我们可以看出，中央希望通过农业生产服务体系，实现小农户与现代农业发展有机衔接，从而实现占中国农户绝大多数的小农户的发展。

二、认识偏差导致小农户从农业生产服务体系中获益有限

怎么理解发展农业生产服务体系能够实现的服务规模化呢？这关系到农业生产性服务业的健康发展。服务利润公平分享的问题能不能提出来？这也关系到农业生产服务体系的健康发展。然而，目前对农业服务规模的认识存在两类模糊认识，这导致农业生产服务体系的不健康发展，其未来发展前景仍然存在隐忧。

第一，对"加快农地流转，发展农业规模经营，提高农民收入"存在含混理解。

"农业规模经营"是中国农业农村经济政策研究的专用术语，一般针对种植业单个经营主体所利用的土地面积的大小，有时也有人用其指代单个农业经营主体所利用的生产资料、劳动力、土地等生产要素的多少。但是，这个说法往往对农业收入规模避而不谈。所谓农业经营规模，实际上有两种理解：第一种是指土地经营规模；第二种是指农业收入规模。

有人赞同第一种思路，即土地规模经营的道路是农业发展的出路，这在几年前是主流的意见。它的直接逻辑是：只有规模经营才有规模收入；怎么进行规模经营呢？就是要提高土地的经营规模。从现实来看，50亩以下的小规模农户收入很少，如果把经营的土地规模扩大1倍，收入就可以扩大1倍，扩大10倍就可以扩大10倍。但是，即使扩大10倍，小规模农户的平均收入是否能够赶上在城市打工的收入呢？如果能赶上，他就可能成为稳定的农业从业者，发展为专门从事农业的农户家庭。但是，现实并不乐观。退一步讲，即使扩大10倍土地能使他们与那些中青年农民工获得一样的平均收入，由于农业各种风险的存在，可能还是不足以让他们安心选择终身从事农业。此外，如果要把98.5%的农户经营的土地规模扩大10倍，这意味着可能要挤出90%的农户，对城镇化速度则提出了非常高的要求。实际上，这是不可能在10年、15年或者20年实现的一个目标。

从某种程度可以看出，这一政策是缺乏远见的。它还面临另外一些困难。随着土地租金和用工费用的上升，农地规模经营的利润也在逐步下降。据有关研究，2008—2013 年间，三种粮食（稻谷、小麦和玉米）的流转地每亩租金年均增长 18.4%，每亩人工成本从 175 元提高到 429 元，每亩净利润从 186 元下降到 73 元，成本利润率由 33.14% 下降到 7.11%。所以，主张通过扩大土地经营规模来提高农民收入的政策，最终难以成为持续坚持的主流政策。

实际上，我们可以加入对第二种农业规模经营的理解思路，即农业收入的规模。它不是农业经营单位的经营规模收入，也不是农业经营收入占 GDP 比重，而是农业经营单位获得的纯收入在全部涉农产业所获利润中所占的比例。按照这个思路理解，扩大农业经营规模，就是扩大农业经营单位在涉农产业全部收入中所占的比例。比如，如果粮食的价格不稳定，或者没有比较高的价格，农户要扩大收入规模就要扩大在粮食产品或服务的产业链中所获利润，它所占的比例正是农业规模经营者所应该正确持有的。

现实中，作为单个农业服务主体（经营单位），它不是独占垄断的，或者说在所经营的某些产品和服务当中，它也很难占据绝对多数。它除了追求本经营单位内部的综合投入与产出收入比，还要追求较之产业链中其他经营单位更高的收入占比，实现所获得的利润占整个产业链的比例尽量扩大，这才是农业收入的规模。而作为要构建的农业生产服务体系，它在这种全社会的生产性服务产业当中，不应该是收益率最低的，应该是平均利润率之上的，这样才能吸引资本投入农业生产的服务业，保证农业生产性服务业是一个有利可图的产业。但是，如果有利可图的产业利润仅仅归投资者所有，农户不能分享利润，也就是说，农业生产性服务业在发展，农户收入有所增加，但是所获利润比例很小，这也不是发展农业生产服务体系的最终目标。实际上，这样的农业生产服务体系也是不稳定的、不可持续的。一个健康的农业生产服务体系应该是追求所获利润在资本所有者和农户之间公平分享。

这里以农产品销售服务为例。农户生产出农产品，可能通过合作社、农产品经纪人等经营或服务主体，甚至可能直接通过电商等，流通到采购商或消费者手中。但是，对于传统流通模式而言，农产品会通过农产品经纪人或商贩先后进入以下环节：产地批发市场—跨区域的经销商—销地批发市场—批发商—二级批发市场（或流通服务商）—采购商—超市—消费者。在整个流通服务业链条当中，农户是生产者，是初始端，消费者是末端，中间存在很多主体，生产环节的收入占比在整个产业链中所占比例较低。在流通服务领域，要有一个比较强大的农产品营销服务体系。如果这个农业生产服务体系还是让农户和消费者之间的多种主体分割大部分利润，那么小农户的发展提升就无法实现，不能从农业生产服务体系发展中以及它带动的新农业发展中稳定获益。这也无法为谁来种地、让高素质农户种地问题上提供科学合理的解决方案。

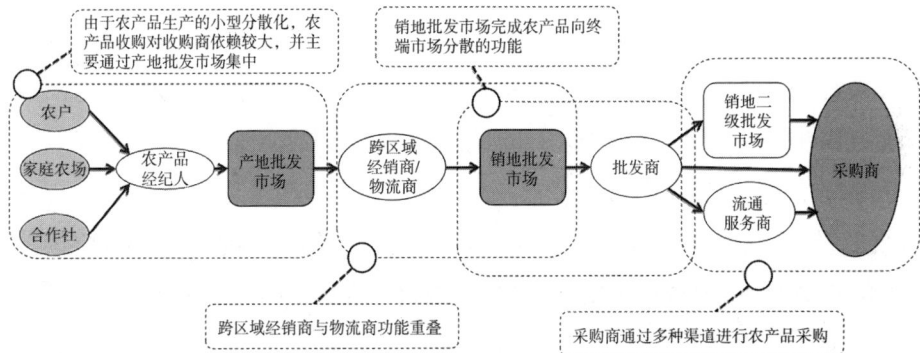

图 2-1　传统流通模式中农户在生产环节收入中的低占比

以上例子说明，应该追求服务收入的规模，而且要在既有的规模中提高小农户分享利润的比例，将扩大农业服务的规模化落实到扩大小农户的规模收入上。现在，有的政策在鼓励实现这种目标的农业生产服务体系建设上还存在很多模糊的地方，这影响了农业生产服务体系的健康发展。

第二，对"扩大土地托管，加快农业生产性服务业的发展，实现小农户与现代农业发展的有机衔接"存在片面理解。

其中的关键是如何看待"小农户与现代农业发展的有机衔接"。小农户与现代农业发展有机衔接，不仅指在承包地上采用先进技术，有限地提高收入，而且指让小农户成为现代农业发展的主体，成为现代农业发展的主要获益者。现有的理解是，在小农户承包地上采用先进技术，原先是小规模农户自己种地，难以采用大规模农业机械，或者小块土地使用机械作业成本较高、不合算。通过开展土地托管服务，便于采用现代农业技术，让小农户衔接现代农业，而且收入比自己种时还有所增加。收入增加怎么发生呢？这归因于现代农业发展和生产性服务业在其中起的中介作用。

在发展土地托管服务中，一个新趋势又出现了：农户可以用自己的土地入股农村土地股份合作社，土地股份合作社既可以包含村庄的部分农户，也可以包含村庄全体农户。村集体经济组织本身就是一个土地股份合作社，在和外部的生产服务组织进行对接时，农户所获得的收入要比原来承包地不入股时获得的收入更加稳定，而且在这种契约关系中获取的利润更高。这种新的土地托管形式形成了"土地入股土地股份合作社 + 生产服务组织"的发展格局。一些地区在土地没有发生流转的情况下，农民将土地经营权入股土地股份合作社，将生产委托给各类经营性服务组织，开展农业生产托管。这些新型农业经营形式为外出务工、无力耕种又不愿流转土地的农户提供了生产服务。

目前，这一趋势还没有与农地的集体产权改革等政策完全衔接起来，它的发展前景仍然不清晰。在实践当中，多是生产服务组织主动而为。为什么呢？因为这样方便双方对接。如果一个村多数农户是小规模的，服务组织则要一个一个去跟农户谈托管合同，这一过程很难，于是不得不依靠村干部进行对接。但是，如果村干部和农户之间的信任关系没有稳定下来，这种依靠也无法持久。农户很可能反悔，这种情况下又再依靠村干部去做工作，管理过程中也会碰到一些不合作的农户。

土地股份合作社有助于在农户和生产服务业主体之间建立一个稳定的契约关系，实现各主体的共同利益。农户加入土地托管服务，就当起甩手掌柜，出去打工，然后比自己种地更省心省力，收入也有所增加。

从对提升农业规模收入的分析来看，要想使农户的收入规模从服务规模的增加上获取更大的利润，农户要进入扩大了的服务规模产生的各个环节。但现在土地托管的发展趋势可能恰恰相反，因为相对于从事托管服务的资本来说，农户的获益程度是不足的，服务环节的这些经营资产也不归农户所有，并不能保证从中长期稳定地获取更多收入。

三、使小农户成为主体的"三位一体"综合合作服务体系建设

前面分析了在"农业规模经营"和"土地托管服务助力实现小农户与现代农业有机衔接"两个方面存在模糊认识的思想困境及引起政策的倾斜度和明晰度不够，导致当下难以形成以小农户为主体的农业生产服务体系健康发展的局面。以小农户为主体的农业生产服务体系的健康发展局面应该是农业生产服务体系内所含各类具体产业，相比全社会产业利润率来讲居于高位；农业生产服务体系所获利润，以小农户为主的农业生产主体可以公平分享。

本文接下来要提出，农业生产服务体系的健康发展要通过发展农民"三位一体"综合合作来实现。"三位一体"综合合作指的是生产合作、供销合作、信用合作的综合合作，它所要解决的问题是使服务体系更好更快地实现服务收入的规模化和公平分享。现实中，农业生产服务体系的健康发展是如何使服务体系实现服务收入规模化和公平分享的呢？

第一，服务收入规模化需要在一定区域内服务尽可能多的生产主体（多数小农户需要被服务）。小农户虽然单户所占土地面积较小，但数量多，因而在一个乡镇或者一个县域范围内，他们的土地面积总和可能要占50%，甚至还多。如果占不到50%，整体的土地面积也不小，而且相当一部分小农户还没有加入合作社，处于分散经营状态。如果要实现服务收入的规模化以及更好地提升农业生产技术，则需要把他们尽可能多地接纳进来。

第二，服务收入规模化需要提供全程社会化服务。实现产前、产中、产后服务一体化，尽可能地扩大服务内容全覆盖。但是，在现有的组织体系和政策框架里面，它很难实现全程社会化服务。按照现有各种制度和政策规定，实现这种方式的成本也比较高，有些有实力的服务主体不一定愿意选择这种方式。如果作为一个地方性的从事农业生产性服务业且有相当服务规模的主体，实际上它应该尽可能选择向产前、产中、产后服务一体化的方向拓展，如农业加工、营销、金融服务等方面。然后，把整个农业社会化服务的某些产品或某些区域

的服务内容进行全覆盖,这样可保证实现服务规模化收入的目标。

第三,服务收入公平分享需要使农民成为农业生产服务体系的所有者。实际上,在农业生产服务体系健康发展目标中蕴含了一个服务规模收入的公平分享问题。这种公平分享仅靠农业生产服务主体和以农户为主的合作社之间的市场契约关系来解决,还不能完全实现,最终还是要使农民成为农业生产服务体系的所有者。现实中,小农户单独发展是不可能成为农业生产服务体系的所有者的,改革开放40多年的发展结果已经证明,即使仅仅靠合作社单独发展,也不可能实现。它必然需要把小农户组织起来,联合其他经营或服务主体,建立以小农户为主体的农业生产服务体系。作为一个地方性的农业生产服务体系,怎么使小农成为这一服务体系的所有者呢?那就必须建立一个以小农户为主体的综合合作体系才有可能实现。

四、从内蒙古经棚镇实践看"三位一体"农业生产服务体系发展道路

现实中,一些地方已经在发展探索"三位一体"的农民综合合作道路,推动农业生产服务体系健康发展。比如,内蒙古赤峰市克什克腾旗经棚镇农业发展合作联合会,以乡镇为起点,组织全体农户发展生产、供销、信用"三位一体"的综合服务业务,并逐步向镇以外扩展服务业务,致力于建立覆盖克什克腾旗的农业生产服务体系。

第一,"三位一体"的农业发展合作联合会的成立与组织成长。2018年5月,经棚镇农业发展合作联合会在中共克什克腾旗委组织部支持下,由镇党委领办成立,并注册为社团组织,其自我定位为全镇所有农户及农牧业企业、合作社提供社会化服务的综合性服务平台。经过较长时期筹备,2019年3月,联合会开展实际运营,申请了克什克腾旗农牧局农牧业社会化服务项目支持,以镇域内的13个行政村为试点村推广社会化服务工作。

联合会主要成员包括各行政村的村集体经济组织、农户、专业合作社、农业企业、园区。联合会将会员分为骨干会员和基础会员两类,骨干会员包括村

"两委"和村集体经济组织，基础会员吸纳全体农户、合作社、龙头企业入会，坚持自愿入会，但原则上应纳尽纳。联合会的领导组织架构由理事会、监事会、总干事团队、党支部组成；联合会法人为理事长，理事长由镇党委推荐、会员推选产生；联合会实行总干事负责制，由镇党委聘任；联合会建立党支部，党支部书记兼任总干事；总干事工作团队由理事长和总干事招聘管理，以本籍返乡创业青年和大学生为主体，实行固定薪酬制，由供销合作和信用合作产生的利润支付。

第二，"三位一体"的农业发展合作联合会的功能与服务开展情况。联合会设立四大部门：资金互助部、基层组织建设部、农产品销售平台、农资销售部。目前，综合服务及销售团队员工数量达到60人，其中本专科学历以上26人。截至2020年3月，联合会已经面向镇域所有农户开展服务，并组建了各种服务小分队，耕地机械小队、播种机械小队、病虫害防治机械小队、除草专业机械小队、胶轮大型联合机械收获队、链轨坡地机械收获队等更细化、更专业的服务机械队，并采用"流水线"型作业方式，更符合农户需要；集中组织域内试点村的278名机械手、278台（套）农用机械，成立联合会机耕队为域内农户提供产前、产中、产后全程机械化作业服务；完善流通仓储和物流运输冷链基础设施，已建立1700平方米的综合性办公服务场所一处，建设农副产品周转冷库、普通库2万余平方米，同步配套了厢货车、冷藏车、普通货运车。

联合会利用已有的基础设施和服务工具，统一开展生产、供销、信用合作服务（见表2-2），已经完成乡镇农户全覆盖，并在服务的扩展中，让农民从这个综合性服务平台中获益。

第三，"三位一体"的农业发展合作联合会发展的两点核心经验。经棚镇在探索"三位一体"综合合作体系过程中进行了有益尝试。一方面，开展党建引领＋融合党建。首先通过旗委组织部把一个乡镇范围的各个党委能够调动的部门都调动起来，如乡镇公益性的农业服务部门以及各村支部、村委会。然后推动融合党建工作，即旗委组织部作为牵头部门，把旗里的一些公益性涉农服务单位和机构的党小组调动起来，让其推动自身部门和机构下沉基层，对接乡

表 2-2 2019 年经棚镇农业发展合作联合会服务定位和开展情况

三类合作	服务定位	2019 年已开展服务情况
生产合作	机械代耕代收、土地托管、政策信息等	为 5600 余农户及贫困户代耕代收农作物 10.4 万亩 区域内统一调配机械手 278 名、农机具 278 台（套），调节劳动力 2400 人次 降低农民生产成本 425 万元、复耕弃耕土地 2.3 万亩 机械化率提高到 75%、节约农业劳动力 26 万人次 亩均综合收益增加 95 元、受服务农户均增收 3800 元
供销合作	生产资料、生活用品团购团配等下乡，农产品销售进城等	团购优质低价种子、化肥、农药等生产资料 3261 吨 采购配送生活用品 100 多个品类 600 余车次，卖出农副产品 2200 余吨 按市场零售价格对比，节约生产性支出 470 万元、生活性支出 120 万元，按农产品收购价（地头价）对比，增加收入 270 万元，受服务农户均增收 2300 元
信用合作	内部金融互助支持社员生产生活资金需求等	吸纳入股农户 926 户，吸纳股金 380 万元 发放内部社员互助金 370 万元，为 83 户种养专业户棚圈建设、机具购置提供了急需资金周转服务

镇范围的农业生产服务需求。具体方式是，各涉农部门和机构的党组负责人在组织部牵头下，联合在当地建一个融合党建平台，定期召开会议，协商如何扶持县域范围的"三位一体"综合合作体系的构建。另一方面，实行农户全覆盖。乡镇农户都加入联合会，分村和乡镇两个层级，并通过制度设计保证农户从各类合作中获取利润或服务返还分享。通过自上而下和自下而上相结合的路径，在党建的引领和协调下，联合会实现服务规模的快速扩大和收入的增加，并且整个服务体系为农户所有，有利于实现服务平台与农户收入增加有效衔接起来。最终，通过发挥镇级农业发展合作联合会在全镇农牧民合作化体系的中枢作用，推动全镇农牧民的"三位一体"综合合作体系建设，建立以小农户为主体的农业生产服务体系，服务于村级综合合作理事会，辐射带动村级合作协会，将各项惠民富农举措落实到具体的村民合作小组，实现政策、措施、服务、补贴真正服务于农村千家万户。

第三章

善治之道
振兴之本

何慧丽

中国农业大学人文与发展学院教授，国家社科基金重大项目"实施乡村建设行动研究"首席专家

单县探索：低成本、自组织 "五位一体"的乡村善治实践①

　　本文以山东单县新时代文明实践中心建设为例，对其村民组织化与低成本治理经验进行阐述，包括：在内容上的"五位一体"——村庄垃圾分类、孝善饺子宴、乡村夜话、新时代文明实践银行以及敬老互助合作社的综合探索，尤其是具有内置农民合作经济于村社文化之中的特点，以及动员模式的"四级联动"——"县乡党政引领＋村党支部主导＋村民主体＋社会参与"系统动员模式特点，对在乡村振兴与生态文明战略背景下的欠发达地区乡村良性治理机制的可持续发展，以及低成本"创造新生活样式"目标的实现，都具有一定的启发价值。

---

　　① 此文是国家社科基金重大项目"实施乡村建设行动研究"（项目号：21ZDA058）的阶段性成果，中国农业大学博士生许珍珍、硕士生王思贤等参与了调研、讨论等工作，一并致谢。

在乡村振兴与生态文明战略背景下，国家对乡村的"服务型"关系加强。如何促进欠发达地区农村"治理有效"而不是"内卷化"，亟须对能有效对接外来资源的最基层组织——村党支部主导的村民组织化进行探索。自 2018 年以来，全国新时代文明实践中心试点县单县，探索出"五位一体"——村庄垃圾分类、孝善饺子宴、乡村夜话、新时代文明实践银行以及敬老互助合作社的做法，把村民组织起来，取得了明显成效，这为欠发达地区农村党支部主导的村民组织化与低成本治理提供了一些经验。

一、单县探索的背景：新时代文明实践的乡村善治探索

单县隶属山东省菏泽市，位于山东省西南部，苏鲁豫皖四省八县交界处，华北平原中心地带，是中国商品粮棉、油料基地、平原绿化标准县、中国武术之乡、中国楹联之乡、中国西红柿之乡、中国青山羊之乡、中国长寿之乡。占地面积 1702 平方公里，辖 22 个乡镇（办事处）、1 个省级经济技术开发区、1 个省级旅游度假区，502 个行政村，人口 139 万人。2019 年该县农村居民人均可支配收入为 14120 元。

单县作为中原地区的人口大县，传统农业的平原县，属于欠发达地区的普通县域，也面临欠发达地区县域乡村的治理困扰。如何在乡村振兴的新时代里，探索出突破乡村治理"内卷化"困境、走出良性治理之路，从而为全面进入小康后的可持续乡村建设和城乡一体化融合建设打下良好基础，这是一个重要的基层实践命题。从 2018 年起，单县县委经过两年多的探索，以一系列组织制度创新形式，形成了有一定社会影响的系统化的新时代文明实践经验。

新时代文明实践的由来。2018 年 7 月 6 日，中央全面深化改革委员会第三次会议审议通过了《关于建设新时代文明实践中心试点工作的指导意见》，其实践重点在于调动各方力量、整合各种资源、创新方式方法，动员和激励群众投入社会主义现代化建设。2018 年 10 月，中共中央政治局委员、中宣部部长黄坤明，在建设新时代文明实践中心试点工作专题会议上指出，该项工作的推进尤其应发挥县一级的主体作用和枢纽功能。然而，在现实贯彻过程中，许多

地方都出现了"五多五少"问题，表现为：各种制度多，落地活动少；理论政策多，活学活用少；文体活动多，思想活动少；要求人来多，主动参与少；自我显摆多，满足需求少。单县县委宣传部在深入学习领悟习近平新时代中国特色社会主义思想和认真总结党的群众工作经验、智慧的基础上，经过对浙江、四川、河南等地区试验的考察和学习，逐渐形成这样一种共识，即新时代文明实践与乡村有效治理是相互融合的有助于培养"人人有责、人人尽责、人人享有"的治理共同体。

单县新时代文明实践中心建设的目标。以低成本有效治理为目标导向，新时代文明实践、村党支部、村民组织化这三个词成为关键词。因为新时代文明实践中心建设与乡村有效治理是相互融合的，新时代文明实践是自上而下的政治制度设计安排，它必然伴随着资源下乡、项目下乡，只不过由于宣传部门和文明办的性质首先下乡的是文化、文明实践方面的体制内资源项目。单县县委宣传部门负责人及其团队认为：要突破乡村治理"内卷化"病灶所形成的"五多五少"的不良现象，就得在加强村党支部建设和村民组织化的思想认识上提升到位，在实际操作中行动起来。推进乡村有效治理是实现乡村振兴的有效手段。没有有效治理，乡村就不会有好的发展，乡村治理靠群众，群众靠发动，发动靠活动。因为单县是欠发达的地区，是贫困的地区，很多村庄都没有集体经济，现在组织群众就只能靠一些活动，靠这些活动把群众组织起来。通过几项活动解决实际问题进而解决思想问题，通过服务群众、满足群众的真正需求，在这个过程中感化群众、教育群众，进而把群众组织起来提升群众的组织程度，让群众有归属感、主人公意识和价值感，有更多的获得感和价值感，富有家国情怀，也更能听党的话。现在，通过这几项活动，也能衡量和检验党组织的建设力。

二、单县探索的做法：接地气、连人心的"五位一体"

自 2018 年以来，单县在开展新时代文明实践过程中，结合乡村振兴大背景，在试点村开展"垃圾分类、孝善饺子宴、乡村夜话、新时代文明实践银行、敬老互助合作社"创新活动。具体而言，通过垃圾分类明确生态生活方式改进的目标，开展孝善饺子宴增强集体凝聚力，运用乡村夜话提升村民参与公共事务的热情，以新时代文明实践银行为精神激励和行为巩固工具，以敬老互助合作社解决前述活动的资金短缺问题。

（一）村庄垃圾分类

开展新时代文明实践活动，需要首先搞好环境卫生建设，然后才能进一步建设新农村新风貌。单县县委在组织村干部和群众多次外出学习后，结合北京某生态文化传播中心的实践，于2018年5月15日，将张武楼村作为试点，开始进行垃圾分类探索。

首先在张武楼村试行"大小桶法"，将可沤与不可沤作为分类标准。"大小桶法"是将农村生活垃圾分为可沤垃圾和不可沤垃圾。可沤垃圾用白色小桶装，主要是剩饭剩菜、杂草树叶等易腐烂垃圾；不可沤垃圾用绿色大桶装，主要是塑料、玻璃、废弃金属等不易腐烂垃圾。可沤垃圾每天由村保洁员收集后运至村外固定堆放处进行沤肥返田，不可沤垃圾则由保洁公司运至县城垃圾发电厂转化利用（见表3-1）。

表3-1　单县村庄垃圾分类专类

类　别	内容
垃圾种类	（1）不可沤垃圾，主要包括废纸、塑料、玻璃、金属和布料五大类
	（2）可沤垃圾，主要包括农作物根茎叶、剩菜剩饭、菜根菜叶、果皮等
	（3）有害垃圾，主要包括农药瓶、灭蚊剂罐、废电池、过期药品等
垃圾分类方法	（1）每户配备一个小桶，用于盛放可沤垃圾，每天早晨8点前放置门口，由保洁员逐户收集，并将桶内垃圾转运到集中存放处，自然发酵为有机肥料，施用田间作物
	（2）不可沤垃圾由村民自行放入街道上的大垃圾桶内，由保洁员再次分拣后转运到乡镇垃圾中转站

2018年10月，单县在张武楼村朱庄自然村召开全县村庄垃圾分类工作推进现场会，要求每个乡镇（街道）至少在三个村（社区）推行垃圾分类。在实

施和推广过程中强调两点：在责任意识强化方面，村集体通过将绿色大桶编号的方式，将责任分摊到户，监督分类情况；以给每家每户配备小桶的方式，通过小增量强化提升村民的垃圾分类意识。在宣传监督方面，村集体将村内老人、妇女、儿童调动起来，发挥村民的自主性。例如，龙王庙镇刘土城村建立"街长制"，由群众选出一批老党员、责任心强的村民作为"街长"，发挥乡村体系中老年人的权威性；杨楼镇苏门楼村将广场舞队妇女调动起来，成立志愿者宣传监督队，采用"小手拉大手"活动，对小学生进行垃圾分类宣传，从而实现对其家庭的宣传影响，也使留守妇女的自我价值感和获得感得到提升。

垃圾分类工作在实际操作中，提升了村干部的基层治理经验和思想境界。例如，张武楼村村委会成员郑和强，以"不达目的誓不回头"的坚韧精神，摸索出了"小桶垃圾分类"环保工作新模式，简单有效。如今，垃圾分类已经成为张武楼村广大村民的自觉行动和行为习惯。郑和强通过努力，改变了一个村，改变了全村广大群众的生活观念，推动了生态宜居美丽乡村建设。县委宣传部驻村工作队在全县乡村干部会议中倡导"远学胡静（河南信阳郝堂村前党支部书记），近学郑和强（见表3-2）"，号召村干部们要做到守土有责、守土负责、守土尽责，为乡村振兴作出新的更大贡献。

表3-2　郑和强的"七条工作法"

"七条工作法"
（1）干部要有正确认识
（2）不能弄虚作假
（3）对群众要动员、启发和教育
（4）抓两头（老人和小孩），带中间（年轻人）
（5）要有监管措施，一次两次说服教育，三次就采取相关惩罚措施，督促改正
（6）村干部、保洁员亲自抓，乡镇党委要大力支持，党组织的坚强领导是关键
（7）垃圾分类不规范容易反弹，关键是村干部要彻底负责

（二）孝善饺子宴

单县作为中国长寿之乡，自古就有"学善、从善、扬善"的传统美德，与人为善、崇德向善、以善为美等"孝善文化"源远流长。为丰富乡村群众精神生活，切实服务村内群众，张武楼村在全县率先展开孝善饺子宴活动。

围绕孝善饺子宴的开展，2018 年 4 月，张武楼村在全县率先成立孝善敬老理事会，驻村包村干部、企业扶贫人员和部分群众捐献了首笔基金。孝善敬老理事会按照"自愿缴纳、家庭为主、子女首孝、社会互助"的原则，面向本村党员、群众、社会志愿者、创业者及爱心人士募集"孝善敬老基金"，管理基金，承办孝善饺子宴，并定期公布基金收支情况。

在活动程序上，孝善饺子宴采取"五 +N"的活动程序：一是唱红歌。村干部带领参加饺子宴的群众合唱歌曲《没有共产党就没有新中国》等，借此增强广大群众"感党恩、听党话、跟党走"的情感认同；二是上党课。村党支部书记给大家上党课，借此强信心、聚民心、暖人心、筑同心；三是讲故事。村干部讲述大家身边孝老敬老的事例，让善文化广泛传播，教育影响更多的人；四是过生日。给参加饺子宴当月过生日的老人集体过生日；五是谈心愿。让参加饺子宴的老人讲心愿，由村"两委"和志愿者帮助实现。"N"，即组织文艺演出、运动比赛、健康体检、理发洗脚、为当月生日的老人蒸花馍、献寿桃庆寿辰等不同活动。一般在农历的每月初九上午举行。

在效果上，孝善饺子宴通过一碗水饺，使多年未见的老人得以重聚，纷纷感谢党的好政策；外出打工子女看到父母在家吃上饺子，感到放心、温暖人心；饺子宴将村民组织动员起来，增强了村庄孝善敬老的氛围，凝聚了人心，有效推动了其他各项活动的开展。

2020 年，孝善饺子宴已由干部群众捐款办到群众积极主动认领承办。企事业单位和个人均能捐资捐物认领，但不能连次认领，要给更多的单位和个人参与的机会，更好地营造孝善敬老氛围。目前，多数村的孝善饺子宴已经认领到 2021 年底（见表 3-3）。

表 3-3　单县四个试点村庄孝善饺子宴举办情况

村庄	参与老年人年龄	参与人员数量	主要工作者	举办频次	资金花费	资金来源
刘土城村	75 岁以上	70 人左右	"街长"、年轻妇女	每月一次	1000 元左右	第一次由县委宣传部承担；第二、三次由干部乡贤筹款；之后形成村民认领机制
苏门楼村	60 岁以上	多时 200 人左右	"街长"、志愿者队伍	每月一次	1000—4000 元	蓝慧车业捐赠；村内干部、乡贤、爱心人士筹集；目前也逐渐实行认领机制
张武楼村	80 岁以上	80 人左右	村党支部书记、星火志愿服务队	每月一次	1000—2000 元	村乡贤、群众和在外工作的有志之士捐赠
齐楼村	80 岁以上	100 人左右	队长、志愿者队伍	三个月一次	1000—2000 元	村庄自筹为主，村干部、乡贤、合作社社员等捐钱，此外还有上级政府的部分资助

（三）乡村夜话

乡村夜话起源于 40 多年前鲁西南地区农村群众"拉呱说事"的习惯。2018 年 7 月 28 日，县委在张武楼村朱庄自然村举办首次乡村夜话，随后在全县有条件的村庄逐渐推广。

乡村夜话的开展特点具体表现在组织者、议题选定、讨论内容、夜话流程等四个方面。

乡村夜话组织者由镇村干部协助，村干部组织村民，利用晚饭后的时间进行。

关于乡村夜话议题的选定。由党员、干部、"街长"面向村民征求意见，整理后报村党支部讨论确定主要议题，并下发通知，村民也可以现场提交议题，共同讨论。

乡村夜话讨论的内容包括村内道路、水渠等公共设施建设问题，邻里矛盾、孩子上学、居民户口等村民个人问题等。

关于乡村夜话的流程。第一，由村干部领唱、群众合唱《没有共产党就没有新中国》。第二，村干部介绍上次乡村夜话反映问题的落实情况，由群众进行满意度评价，并介绍本次乡村夜话的议题。第三，由村干部介绍议题、群众议事、记录员记录。第四，村干部总结，并通过村级新时代文明实践站或拨打志愿热线，向相关单位转交所涉及问题。

关于乡村夜话的作用。乡村夜话形式简单、接地气，群众参与度高。它不仅成为村"两委"同群众商量大事小情、解决实际问题的重要途径，而且激发了村民的主人翁意识，有效保障了群众的知情权、参与权、决策权和监督权。同时，乡村夜话架起了党群干群的"连心桥"，提升了群众满意度和获得感，提升了基层党组织的组织力、凝聚力、向心力。

（四）新时代文明实践银行

为进一步推进新时代文明实践，调动村民参与公共事务的积极性，新时代文明实践银行也随之诞生了。

单县县委先在试点村成立"生态资源银行"，以调动群众参与环境卫生整治、进行垃圾分类的积极性。后来决定在之前开展的活动和生态资源银行基础上，成立新时代文明实践银行。"银行"在村党支部领导下开展工作，"行长"一般由村"两委"负责人或德高望重的村内人士担任，"行长"一名、"行长"助理一名，负责登记和发放"文明钞票"，一般"发行"50元、100元面值不等的文明钞票，村民正能量的行为都可以得到文明钞票。比如，孝敬老人、调节邻里矛盾、红白事俭办、参加治安巡逻、义务劳动等，"银行"也可以根据每个家庭的垃圾分类和整洁程度奖励文明钞票。在规定的时间内，村民用存储的文明钞票到"银行"兑换洗衣粉、清洁剂、毛巾等生活用品。新时代文明实践银行具体管理办法是由"街长"负责执行的，具体奖励办法由"街长"负责落实。

为落实《新时代文明实践银行实施办法》，2019年2月起，单县探索建立了"街长"制管理体系，将村内划分为若干街道，实行网格化管理。"街长"实行聘任制，由村民民主推荐、村党支部考察产生，由村"两委"负责培训、指导。

新时代文明实践银行具体奖励办法，由"街长"严格按照《新时代文明实践银行实施办法》负责落实。村民对照奖励项目和奖励标准，主动向"街长"申报的；或者村民产生的奖励行为未主动申报的，由"街长"向村新时代文明实践银行申报讨论通过；对村民产生的行为涉及多项奖励项目的，由"街长"向村新时代文明实践银行和村党支部申报讨论通过。

在奖励机制方面，新时代文明实践银行所发放的文明钞票并不直接兑换物质奖励，而是按照名次进行兑换。此外，在给予村民物质奖励的同时，注重思想上的鼓励和荣誉发放，获得文明钞票数额较高者，被评为"文明富豪"，荣登全村"文明富豪榜"，每年在全村隆重表彰。此外，村集体还定期组织人员对住户进行评比巡查，按照季度评选新时代文明实践家庭、红旗家庭、最美庭院，并对荣誉称号实行动态管理，激励形成长效机制。

在影响机制方面，新时代文明实践银行注重通过乡村舆论的道德约束力对乡村治理产生影响。一方面，通过"街长"的职务或"文明富豪""志愿者"等荣誉称号调动起村民参与公共事务的积极性，树立良好的导向，鼓励在村庄中处于边缘化的村民主动融入参与活动，使村民获得感和满足感得到提升；另一方面，通过舆论道德监督，规范村民日常行为，实现有效乡村治理，最终激发村庄内生动力，实现群众自我管理、服务、教育、监督。

（五）敬老资金互助合作社

为解决饺子宴等敬老孝亲活动的资金来源问题，进一步探索发展新型集体经济、增加集体收入的有效模式，县委在几个试点村发起了敬老资金互助合作社。

合作社由村党支部牵头，不直接搞产业，而是针对现阶段农村贷款难问题，由村里乡贤、长者作为首批社员入股进行村社内置金融互助实践的探索，以便从金融方面解决村庄发展的内生动力问题。合作社股东前三年不进行分红，盈利用于运行孝善饺子宴等服务于村内老人的各项事务。这使村庄内部形成上层建筑与经济基础有机结合的良性互动作用。

目前，第一批合作社有四家，于2020年8月8日开业，起步股金从20万到130万元不等。比如，刘土城村敬老互助合作社初期运营资金25.2万元，首批入社社员30人，其中乡贤社员16人，股金21万元；长者社员14人，股金

4.2 万元，政府配套种子资金 8 万元；齐楼村初期运营资金 145.4 万元，首批入社社员数量 69 人，其中乡贤社员 31 人，股金 98 万元，长者社员 38 人，股金 11.4 万元，政府配套种子资金 36 万元（见表 3-4）。

表 3-4　单县敬老资金互助合作社（村庄内置金融合作社）基本情况

类　别	内　容
概念	内置金融合作社是由政府引导，在行政村内，由村"两委"主导发起，乡贤和骨干村民积极自觉自愿参与，农民自己建、自己管、自己用的综合服务组织
作用	（1）开展资金互助、扶贫互助、方便村民借款；（2）让村民手里的闲置资金得到盘活、利用；（3）村员存款有利息，入股有分红
资金来源	（1）乡贤入股；（2）社员入股；（3）老人入股；（4）政府种子基金；（5）社会资金入股等
收益来源	（1）借款利息收入；（2）农资集中采购收益；（3）资产经营收入
收入分配	（1）提取一定比例用于老人优先分红；（2）提取公积金，壮大集体经济；（3）提取风险金，用于不可预见的借款损失；（4）提取一定比例管理费，用于经营管理；（5）收益的 50% 以上用于社员分红
机构产生	理事会、监事会成员以及理事长、监事长，由社员大会选举产生，社员大会由全体正式社员组成
风险管控	（1）政府主导，自愿加入，民主管理，共建共享；（2）封闭运行，社员不出村，经营不出村，借贷不出村；（3）完备的制度设计和业务流程；（4）健全的组织架构：理事会、监事会、互助会、审批小组等；（5）有效的抵押担保

三、单县探索的价值：物以载道、事以化人的"五位一体"

单县的新时代文明实践中心建设取得一些明显成效。全县新增新时代文明实践分中心 22 处和文明村 52 个；基于垃圾分类在 427 个行政村、1837 个自然村推广沤肥返田，每年可减少垃圾外运量 60% 以上，建成 70 余亩蚯蚓养殖基地，每周可消耗厨余垃圾约 30 吨；推行文明实践银行积分制，引导村民积极开展清扫街道、捐赠孝善饺子宴等文明举止。由于积分可转化为"文明富豪"的精神荣誉，还可以使用"文明钞票"兑换一定的物质奖励，群众参与热情高涨。此外，乡村夜话活动重拾党的优良传统，加强了党员干部与群众的血肉联系，也增强了基层党组织的组织力。而以农村内置金融为核心的首批敬老互助合作社，共吸纳社员入股资金 300 多万元，并选举成立了理事会、监事会、合作社借款业务审批小组等组织机构。

单县的新时代文明实践经验得到了山东省各级领导的高度肯定。2019 年 11 月 12 日，山东省农业农村厅厅长李希信批示："此材料是难得珍贵的好经验，抓住了目前农村人居环境整治和乡村社会治理的核心与关键。"2020 年 4 月 26 日，菏泽市委书记张新文参加刘土城村乡村夜话，听了大家发言后，他感到乡村夜话很有用。通过乡村夜话的形式，大家聚在一起议一议村里的大事，说说自己的难处，正好形成一股绳，能够更好的发展。比如，刘土城村垃圾减少了六七成，可沤垃圾形成生物肥并就近处理，促进了生态农业产业发展，而找不到垃圾分类办法的人来到这里就会受到启发，可以把这种模式引入到自己的村庄。菏泽市委常委、副市长王磊调研后也认为，这是一种非常常态化和有效果的实践。

"垃圾分类"不仅仅是垃圾分类。开展村庄垃圾分类，是落实习近平生态文明思想、切实担负起生态文明建设整治责任的具体体现，也是整治改善农村人居环境的根本措施。实施垃圾分类是提升乡村治理水平的抓手，是建强一个党支部的好途径。通过垃圾分类，群众的手动起来了，心热起来了，村民有了价值感、荣誉感、唤醒了群众的主人翁意识，内生动力激发出来了，集体主义意识得到了增强。

"吃饺子"不仅仅是吃饺子。饺子包进去的是"敬老情"，吃出来的是"幸福感"，"上老老而民兴孝，上长长而民兴弟，上恤孤而民不倍"，一碗水饺不仅温暖了老人的心，而且暖了几代人的心。通过举办饺子宴，凝聚了全村人的心，实现了"聚民主、暖人心"。

乡村夜话不是侃大山、拉闲呱。乡村夜话是了解民情民意的重要手段，也是"有事好商量、众人的事情由众人商量"的平台，是化解民生难点、促进乡村发展的重要载体。

"新时代文明银行"不是真的银行。它是"行为银行"，是道德评议会。这种文明实践钞票就成为乡村治理的抓手。

"敬老资金互助社"不是真的金融机构。合作社的成长靠大家支持，合作社的发展靠大家把它干好，也需要我们每一个人继续地支持。党支部领办的合作社是要全村人加入的，是服务于全村的。它发展的是本村的土地入股、房屋入股改造后的乡村旅游事业，而它的利润用来孝敬老人、办饺子宴，有利于集体经济发展，并给社员分红。

四、单县探索的特点：组织化与低成本的乡村善治之道

第一，从村民组织化的内容来看，单县探索具有从非物质领域到物质领域的综合性。

村党支部主导的村民组织化，在内容上是全面综合实践，包括村庄环境综合整治、乡村精神文明建设、乡村自治建设、经济合作社建设等，具有相互关联、相辅相成性，表现在新时代文明实践中心建设过程中形成渐次生成关系和多样化整合关系。

在欠发达地区的村集体经济为零甚至有债务、"村集体是最大的贫困户"的状况下，乡村治理并不能先从赚钱入手、等有钱了再花钱治理。那么，怎么办？一个低成本甚至不花钱的好办法，就是重振生态环境和人文精神，也就是农村环境综合治理和乡村精神文明建设。于是，以垃圾分类作为环境综合治理的突破口，以孝善饺子宴为抓手的精神文明建设措施就出现了。

接下来，搞垃圾分类需要人人动手，家家落实，而饺子宴也需要有人积极参与捐款，并自觉践行认领制。这需要既能动员群众解决实际问题，更能解决思想问题的深入宣传。于是，就要借助乡村夜话，需要干部、群众面对面、零距离地交流，以提高全村党员和群众的担当精神、主人翁意识、参与热情。再后来，为了鼓励群众积极参与各种活动，提升村民道德素养，于是新时代文明

实践银行这一新生事物就出现了。村民们手中的"文明钞票"积累多了，可以当选为"红旗家庭"、上"文明富豪榜"，其社会资源和福利也增加了，助推了村民正能量行为，促发了生态和精神双领域的有效治理，证明了从低成本非经济领域入手治理既可行又有效，从而提高了村民在生态环境上的福利感，在人际关系和精神层面的满足感。

第二，村社合作经济的特点具有内置经济于村社文化之中的深入性。

村社合作经济的发展深深地印上了党建文化、生态文化以及孝善文化的底色。这必然将经济合作社的三大主体业务——资金互助业务、联购分销、生产合作等业务工作，内置于党建文化、生态文化和孝善文化之中。经济形式上，是人人参股、人人有责、风险共担、人人共享的经济组织，这是新时代的集体经济形态探索；业务开展上，先以盘活整合内部资源，开展资金互助、联购分销、土地流转与托管、信息共享等服务性业务，谨慎进入竞争性、投资大的经营性领域。

这里强调制度安排中的非经济属性。因为以小农为主的村社综合性合作社，作为一种特殊的经济组织形态，若只从经济角度或者货币化角度切入很难存活，即使侥幸存活，也难以避免成长发展过程中的各种风险。只有在制度设置上形成以满足其生态需求、乡土文化福利与生活福利消费为目的的内在制约，以及在一元化党政主导下的护持，才是有生命力的组织形态，才可能形成中国特色的农民组织化经验。

单县文明实践合作经济，就是从党支部承接上面的资源项目——不重物质刺激而重精神激发的精神文明实践起步，遵循"生产在家、服务在社"的理念，从保稳型的村社内部资金互助业务起步，是向内服务型而不是外向投资型，等人才、管理、科技实力增强以后再对外（见图3-1）。

第三，从组织动员特点上看，单县探索具有"四级联动"的系统性。

所谓的"四级联动"，即"县乡（镇）党政引领+村党支部主导+村民主体+社会参与"系统性动员模式，其中的四类群体力量各自发挥与其地位相适应的作用，且相互支撑、相辅相成，共同促进从非经济领域到经济领域的农民组织化建设。

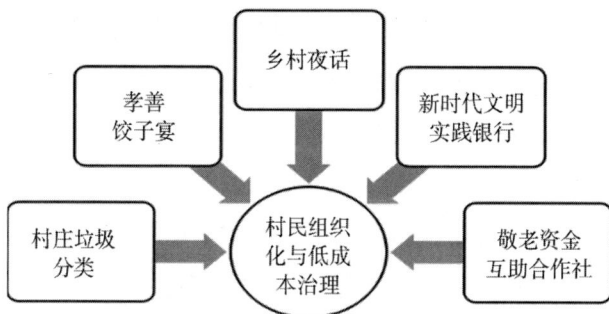

图 3-1 单县"五位一体"的村民组织化与低成本治理

其一，县委宣传部、乡（镇）党委政府等的引领作用，类似动车系统里的"车轨、引擎"等作用。在促进农民生态、社会、文化、自治、经济领域的组织化中，起到了如下引领性功能：政策方向性的号召，主题的倡议、策划，项目设计、申请、贯彻，走群众路线的动员协调、教育培训、种子资金支持等。这是对县乡（镇）体制内干部工作的基本定位，是缓解或改变新时代文明实践中心建设不走向"内卷化"的主要抓手。

其二，村党支部或村"两委"的主导性作用，类似"火车头"作用。单县在 2019 年改革之后，每个行政村以村党支部书记兼任村主任的"一肩挑"方式，实现了党的领导。在村庄层面推进农民组织化，可为村"两委"组织在新时代的服务功能转化提供契机，并把小农合作建成相对规模性的经济、社会和文化综合体。

其三，村民的主体性作用，类似"动车组"作用。主体性作用，就是自己的事情自己来干，自己来创造，自己来享用。单县的新时代文明实践中心建设中，农民们一开始是被动员、被教育、被感染、被带动的，这是普遍性的表面现象；但是在党支部的战斗堡垒作用下，在党员干部的示范带动下，先变成了感党恩、听党话、跟党走的力量；再到后来，就成了自觉主动的、有着主人翁自豪感、价值感，也有更多获得感和幸福感的主体性力量。

其四，社会力量的参与作用，类似"动车组部分业务服务"作用。包括不同类型的文旅创业者、知识分子等多元外力的协助、支持和介入。新时代文明实践中心建设调动起了城乡不同层面的志愿者队伍、社会企业力量、从事乡村创业的各种力量等。调研中所涉及村庄，都有类似于北京绿十字生态文化传播中心和中国乡建院的工作人员，以承接政府购买项目的方式，分别在乡村规划设计、村庄"内置金融"合作社组建等方面协助村庄、陪伴村民，共同推动村民组织化的工作。

总而言之，以农民组织化为目标发育乡村主体性，与新时代实现乡村五大振兴相符，是达到城乡融合目标的基石。显然，单县以村党支部为领导所开展的垃圾分类、孝善饺子宴、乡村夜话、文明实践银行以及敬老互助合作社的做法，均是在承认并发掘乡村既有特质的基础上的生态创新、组织创新和文化创新，是在既有的基层组织、优秀传统文化和集体主义文化、制度保障之上的推陈出新、古为今用、活学活用；都是以乡村为主位、增强乡村主体性的创造性继承与创新。

新时代文明实践中心建设提出的口号——新时代、新生活、新奋斗，是从新生活方式上所体现的新文明的新奋斗。新时代文明实践中心建设的单县经验，有着走出一条新生活方式的新文明的高度，具有开拓新的生活方式的重大价值。

贺雪峰

武汉大学社会学系主任，教授，武汉大学中国乡村治理研究中心主任

留守老人的多元福利与乡村善治

　　尊老爱幼是中华民族的善治传统。如何对待老人是一个国家善治的重要标杆。如何计算农村留守老年人的福利，不仅是一个理论问题，而且是一个政策问题，也是乡村善治的重要问题。当前中国的村庄制度和集体土地制度，使村庄可以为农村留守老人提供远多于经济收入的多元福利，正是留守老年人的多元福利，使"低消费、高福利"成为可能，也使农村可以成为中国现代化的稳定器，甚至可以成为中国应对"未富先老"的重要抓手。在当前乃至未来相当长一个时期，乡村振兴应当主要围绕农村留守老人进行研究。

一、认识老人留守问题的视角：基于"低消费、高福利"生活方式

　　快速城镇化带来了中国农村普遍的老年人留守问题。对农村老年人留守有两种截然相反的观点：一种观点认为老年人留守农村，农民家庭分离，这是不

人道的，是我们这个时代最难以忍受的罪恶之一。另一种观点认为，老年父母普遍不愿与子女在城市同住，他们住在农村更加亲近自然，对农村老年人来讲，留守未尝不是好事。

2018 年，中共中央、国务院决定实施乡村振兴战略，缩小城乡差距。乡村振兴分三步走，第一步是到 2020 年形成基本的制度框架和政策体系；2035 年乡村振兴取得决定性进展，农业农村现代化基本实现；2050 年乡村全面振兴，农业强、农村美、农民富全面实现。有一种观点认为，实施乡村振兴战略，缩小城乡差距，解决中国发展不平衡和不充分的问题，关键在于打破城乡壁垒，加快市场要素流动，说白了就是要允许农村劳动力进城，允许城市资本下乡，包括开放市民到农村买农民的宅基地建房。农民进城、市民下乡可以缓解城乡发展不平衡的问题。

2005 年中央提出建设社会主义新农村，当时提出的 20 字方针是"生产发展、生活宽裕、乡风文明、村容整治、管理民主"。学界和政策部门关于新农村建设也有不同看法，主流看法当然是"生产发展"摆在第一位。我当时认为，中国经济发展的主战场在城市，农村是中国现代化建设的稳定器与蓄水池，城乡关系不是齐头并进一起发展的关系，不是两条腿走路、两个拳头打人的关系，而是相辅相成、相互补充、相互支持的关系，城市是发展极，农村是稳定器。正是基于这一点，笔者认为，新农村建设的重点在于文化建设而不在经济发展，新农村建设的核心是建设"低消费、高福利"的生活方式。在 2006 年出版的《乡村的前途》一书封面，笔者写下这样一段话：

在这 60 多篇文字中，我试图提出一个关于中国发展道路的新方案，这个方案的核心就是以新农村建设为契机，重建农村生活方式，提高农民的主体地位和文化感受力，让农民可以分享到现代化的好处，从而能过上体面而有尊严的生活。

我希望重建田园牧歌的生活；希望温饱有余的农民可以继续享受青山绿水和蓝天白云，可以继续享受家庭和睦、邻里友爱，可以继续享受"采菊东篱下，悠然见南山"的休闲与情趣。劳作是有的，却不需要透支体力；消费是有的，却不一定奢华；闲暇是有的，却不空虚无聊。

这是一种强调主体体验和人际关系的"低消费、高福利"的生活方式。农民不一定特别有钱，却可能因为有主体体验而生活充实。

若是抽象讨论新农村建设或乡村振兴战略，每一种意见都有合理性，具体情况可能有所不同。当前中国正处在快速城镇化阶段，农村青壮年进城务工经商是必然的，并且会有越来越多的进城青壮年农民获得了在城市体面安居的收入与就业条件，他们自己以及家人都进城去了，真正留守农村的是中老年农民——他们已经失去了进城务工经商的年龄优势，或进城失败而退返农村。问题是，留守或退返农村的中老年农民在农村生活得好吗？"低消费、高福利"有没有可能，怎样才是可能的？

二、老年人留守农村：基于真实处境的理性选择

当前，中国农民家庭普遍形成了以代际分工为基础的半工半耕家计模式：农户家庭中，青壮年子女进城务工经商，中老年父母留村务农。从这个意义上讲，当前几乎所有农村老年人都可以称作留守老人，因为他们的子女大多都进城务工经商去了，农户家庭主要收入来自进城务工收入。这样算来，除儿童以外，几乎所有农村留守人员都可以算作留守老人了。这当然是不对的，因为中老年父母，他们的子女外出务工后，他们的年龄可能才 50 岁左右，不能算作老年人。而且，当前农村绝大多数 60 多岁农民的身体都很健康，算作留守老人似乎也不妥当。而五六十岁的中老年人，他们的父母也就七八十岁，七八十岁当然是老年人了，虽然他们的孙子进城务工经商去了，他们的子女却仍然留村，他们也就不能算作留守老人。

从留守老人的产生起点来看，因为农村人多地少，农业劳动力剩余很多，一个农户家庭有四个劳动力，而农业也许只要一个劳动力就够了。因此，分田到户以后尤其是自 20 世纪 90 年代开始，大量农业劳动力转移进入非农产业，开始是离土不离乡，后来离土又离乡，进厂又进城，缺少进城就业机会的中老

年父母留守务农，青壮年子女进城务工。因此，留守老人产生的第一个原因是农户为增加收入的家庭策略。没有哪一个家庭愿意分离，为了增加家庭收入就只能将暂时的家庭分离作为策略，最终年轻子女到城市挣了钱再回来盖新房，过一家团圆的好日子。

20 世纪 90 年代城镇化加速，进城务工经商的农民越来越多，进城时间越来越长，很多进城农民在城市买房后将农村的老年父母接到城市安居。

随子女进城的父母，很重要的一个任务是协助子女带孩子，以让年轻子女在外面安心挣钱。孩子长大了开始上学，进城父母就无所事事，待在城市十分难受。他们很快厌倦了城市生活，感到在城市度日如年，他们想过农村的生活，因此，想方设法要回到农村家中。在农村长大生活了一辈子的中老年人离不开家乡的土地，他们有恋土情结。当然，回到家乡的中老年人，有房住有地种，有农业收入，且农村的自给自足经济让他们的生活成本也很低。

也就是说，留守农村且仍然具有劳动能力的老年人，在农村与土地结合起来，他们就可以从土地上获得收入，就可以满足劳动的需要。留守可能不是农村老年人被迫的选择，而且是他们主动的选择。要真正理解农村留守老人问题，就必须进入对留守老人真实处境的讨论中去。

不考虑其他因素，农民家庭有三种可能的策略：第一种是全家留村，第二种是全家进城，第三种是年轻子女进城、年老父母留守农村。这三种策略中当然是第三种策略最不好，因为造成了农民家庭的分离，形成了老年人留守。不过，如果我们考虑具体条件，中青壮年子女进城务工经商可以增加农户家庭收入，因此第三种策略是比全家留村更好的策略。在农户全家进城却经济收入有限时，长期共同居住很容易产生代际冲突，所以老年父母未必愿意与子女一起住在城市。其实，即使农户全家住在农村，父代与子代分开居住也是普遍情况。最好的办法是既分开居住又相距不远，可以相互照应。

当前一个时期，农民显然不再可能回到过去全家留村的传统自给自足经济的时代，也基本上不可能再做离土不离乡的打算。在快速城镇化背景下，绝大多数农户家庭其实只有两种选择：一种是中老年父母留守，年轻子女进城，另一种是农户全家进城。在当前阶段，农民全家进城很难获得稳定的就业和体面的收入，也就很难体面地在城市安居。这时，年老父母与经济本来就不宽裕的子女一起到城市生活，这样的生活等于煎熬，远不如留守农村的生活幸福自在。在这个意义上，留守可以说是一个不错的选择。

当然，留守农村的父母与进城子女之间，若不相距遥远，而是在相对方便的距离范围，就更好了，如子女在县城买房（往往也只能在县城买得起房，而且绝大多数进城农民是在县城买房的），留守父母与进城子女就可以保持良好互动，并且距离产生美。相对分开，代际相互支持，关系更好。

顺便说一句，留守问题或子女不与父母同住并非中国现在有的问题，而是几乎所有现代国家的现实。欧美等发达国家，父母与已婚子女共同居住是罕见的。中国城市只要具备分开居住的条件，父母也往往是与已婚子女分开居住的。

因此，要评估农村老人留守问题的好坏，要理解农民家庭的策略，要理解农村老年人的选择，我们就必须对留守老人的状况进行全面讨论，其中关键是要理解留守老人的多元福利计算。

三、乡村价值的再认识：留守老人的多元福利

在计算农村老年人福利时，我们要区分出农村老年人的不同阶段。前面我们讲半工半耕家计模式是以代际分工为基础的，即进城务工经商的年轻子女和留村务农的中老年父母，其中中老年的起点可以从 50 岁来计算，一般超过 50 岁，继续在城市务工经商的机会就开始减少。50 岁当然不能算作老年人。从 50 岁到 65 岁甚至 70 岁往往都是身体健康有劳动能力的人。因此，当前仍然留村的中老年人大致可以划分为四种类型：身体健康、年富力强的中年人，50 至 60 岁；有劳动能力的老年人，60 至 70 岁；生活能自理的老年人；生活不能自理的高龄老年人。

凡是有劳动能力的留守中老年人，他们身体健康，有能力与土地结合起来，从土地上获取收入，他们生活质量大都比较好。一方面，子女大都已经成家，父母已经去世，生养死葬的人生任务完成，他们最大的任务是安排好自己，他们是农村家庭"负担不重的人"。另一方面，他们有劳动能力，可以从土地上

获得超出支出需要的收获。留守农村，他们真正第一次安静下来过自己的日子，感到自己的生命进入了"第二春"。

年龄更大的老年人进行农业生产已力不从心，但生活可以自理，这样的留守老人生活虽然不如有劳动能力的老年人舒心愉快，却也不会太差。一方面，农村老年人可以留有积蓄，另一方面，子女会给赡养费，此外，国家也经常会有各种补贴。农村生活成本也低，各种开销不大，日子还是可以过的，甚至是可以过得很好。

真正成为问题的是丧失生活自理能力的高龄留守老人，分三种情况：第一种情况，丧失生活自理能力的高龄老年人，他们的子女往往也步入中老年，这些步入中老年的子女或已回到农村，或提前回到农村来照料失能高龄父母，这样就告别了留守。第二种情况，进城子女将失能父母接到城市一起生活。第三种情况，子女既不回来照顾失能父母，又不接失能父母进城，留守失能高龄老人独自居住生活，状况凄惨。这种情况虽然只占留守老人的极少数，其悲剧性的后果影响却极其恶劣。

以下我们重点讨论占留守老人绝大多数的具有劳动能力和生活自理能力的留守老人的福利。

与年轻人不同，留守老人不再有创业锐气，也没有收入最大化的能力了，生活也以退养为主。因此，收入最大化不是他们的目标。站在退养的角度，具有劳动能力的留守老人就有了多重计算自己行为合理性的福利观。

中国农村有两个很重要也很基本的制度设置，一个是延续千年的村庄，在南方农村，农民往往居住在聚族而居的宗族村庄。村庄是一个农民世世代代居住的熟人社会，生于斯，长于斯，也死于斯。村庄是农民的根，也是他们的归宿。家乡的一草一木都让人魂牵梦绕。村庄是世界上绝大多数原住民社会都具有的传统制度设置。

另一个是集体经济尤其是集体土地制度。中国农村按人口均分承包地，每户都有承包地，这些承包地在分田到户之初是农户家庭收入的全部来源。后来，农户家庭年轻人进城务工经商，中老年人种地，既有农业收入又有务工收入。再后来，有农户全家进城，而将承包地流转给亲朋邻里，亲朋邻里因此有了扩大种植规模的机会。正是每个农户家庭都有承包地，具有劳动能力的留守老人就可以与土地结合起来，进行农业生产。

此外，中国农村的农民都有宅基地，也有自己的宽敞住房，房前屋后还有空地搞庭院经济。这样一来，有劳动能力的留守老人的生产生活安排中就有以下一些重要的方面。

第一，可以与土地结合起来进行农业生产，所以就有农业收入。农业收入不高，农业投入也不大。在农业基本实现机械化的前提下，农村老人年龄即使比较大也搞得了农业，因为农业主要是田间管理。正是田间管理让留守老人春种秋收，春天播下种子，秋天收获果实。农业是季节性的，农忙时间种田，农闲时间过节；农忙时间忙生产，农闲时间搞副业。

留守老人在房前屋后搞庭院经济，种蔬菜种瓜果，养鸡养鸭养猪养狗，捞鱼摸虾，打点零工。

一般情况下，农村留守老人通过劳动获得的收入远远超过他们的支出。他们收获的农产品也许不值钱，却为自己提供了充足、新鲜、安全的食品来源，所以他们的生活成本很低，仅仅需要购买一些自己无法生产的必需品。几乎所有能与土地结合起来的有劳动能力的农村留守老人都不缺钱，他们每年都有积蓄，其中很多人主要是为子女积蓄，也为自己未来养老积蓄。

第二，农民住在自己的房子里，不用交房租。村庄是熟人社会，亲朋邻里都居住在一起，相互帮助，相互照看，相互比较，形成了村庄社会，产生了社会交往，具备了社会意义。

留守老人住在自己的房子里，有安全感，不会担心被人赶走，不用看人脸色。生活怎么安排全都由自己决定，吃干吃稀早起晚起，都是个人的事情。有兴趣时可以邀请亲朋好友聚餐（多为过节）。

第三，农村生活离大自然最近最亲密。花开花落，日落月起。农村空气最清新，四季最分明，夜晚最宁静。花花草草、虫鱼虾鸟，都是自然的精华，都有自然的意趣。春天春色盎然，秋天果实累累，夏天热情似火，冬天银装素裹。

一般来讲，老年人喜欢清静而不喜欢竞争，喜欢大自然而不喜欢凑热闹，喜欢慢生活而不喜欢快节奏，喜欢自由自在而不喜欢受约束。他们变得因循守旧，他们弃绝竞争。他们要享受人生"第二春"。

回到村庄这个距大自然最近的地方，与大自然保持亲密接触，可以让留守老人从大自然中获取生命的乐趣。

第四，村庄是农民的根，落叶归根。农民年龄大了，就想生活在农村，在自己家里，心灵上才有最大的安全感，因为百年以后灵魂有了归处。

人老了，死在何处，在现代社会确实是一个问题。对于中国人而言，祖祖辈辈生存的村庄，永远让游子魂牵梦绕。中国人最大的遗憾就是客死他乡。留守老人如果不能返乡，而是在城市漂泊，即使有自己的住房，他们在精神上仍然是漂泊的，是没有安全感的，人生也是不圆满的。

第五，留守老人与土地结合起来，通过劳动获得收入，在劳动基础上建立社会关系，通过春种秋收、花开花谢形成生活节奏，这样的劳动本身就创造了价值。正因为从土地上获得了收入，留守老人才觉得自己活着不是等死，是有意义的。劳动本身是人的需要，一旦没有劳动，变成纯粹消费者，留守老人在精神上就会丧失活着的意义。

第六，与子女不住在一起可以产生距离美。留守老人与子女共同住在村庄当然是最好的，可以相互照应。共同住在城市比较狭窄的空间里，尤其是经济比较拮据时，就容易闹矛盾，相对弱势的老年父母就可能不得不看子女的脸色，因此生活不自在不愉快。

子女进城，父母留村，一个较好的办法是子女住在县城，距父母留村不是很遥远。父母可以随时带着自己生产的新鲜农产品来看望子女，子女也方便回到农村照看父母。这样就既保持了家庭关系的亲密，又可以避免因为天天生活在一起的矛盾。

正是因为以上六点，农村留守老人具有远比我们通常仅按经济收入、基础设施、生活便利以及想当然的家庭亲情要多得多的福利。很多农村老年人虽然有条件与子女一同进城生活，可以在城市享受到更好的基础设施、医疗条件、生活便利以及儿女亲情，他们却仍然愿意回到农村，原因就在于此。

因此，在计算农村留守老人福利时，就不能仅仅依靠对他们消费水平的统计，而要进行全面的涉及留守老人各方面主观评价的福利统计。农村留守老人的福利是多元的，正是这种多元福利，使他们可以实现"低消费、高福利"的生活，即低消费情况下面却可以有较高的生活品质。这也是农村对难以在城市体面生活的农民的重要性所在。

四、基于多元福利观：对当前城乡差距的重新评估

党的十八大提出建设城乡均等的基本公共服务。最近几年国家大量财政资金用于建设农村基础设施，为农村提供了越来越便捷的公共服务，城乡公共服务和基础设施差距正在迅速缩小。

当前城乡最大的差距来自收入，这也是当前所有观察城乡差距时所依据的主要指标。尤其是从消费现金上看，城市老人比农村留守老人要高出多倍。因此，缩小城乡差距的办法当然是提高农民收入，增加农民消费能力。在短期内农民收入以及消费能力难以提高的情况下，有一种意见是让缺少收入和消费能力的农民进城，让收入高的市民下乡，这样就可以缩小城乡差距。

现在的问题是，老年农民进城，他们仍然是弱势群体，仍然缺少收入和消费能力，而城市的生活成本较高，他们不可能在城市体面地生活。如前所述，农村留守老人即使收入少，在农村仍然可以有比较高的福利水平，过比较体面而有尊严的生活。

实际上，不只是统计城乡居民的经济收入和消费水平，而是全方面统计城市老人与农村留守老人的多元福利，我们就会发现，城乡差距也许远远没有我们认为的那么大。尤其是在当前乡村振兴战略实施中，农村基础设施和公共服务水平快速提高的背景下，农村正在成为中国弱势群体（如农村留守老人）最重要的避风港、福地、基本保障。

有一个显而易见的事实，就是决定个人行动以及幸福感的不只是收入与消费水平，而是各种综合因素在起作用，收入与消费只是这些综合因素中的两个因素。在基本生活保障得到解决以后，经济以外的因素可能会起到更大作用。农村老人是中国社会的绝对弱势群体，对这个弱势群体的保障事关中国现代化的大局，也是中国应对"未富先老"问题的关键。多元福利观及其展现出来的

"低消费、高福利"可能性，为国家决策提供了远比从经济收入考虑问题多得多的政策选项。与主张通过让农村弱势群体进城、让城市居民下乡来缩小城乡差距的意见相反，笔者以为，正是农村的多元福利为相对弱势的农民（尤其是农村老人）提供了远高于其消费水平的福利水平，而使农民可以有一个相对幸福的、满足的生活。如果这些收入比较低的农民进入城市，他们确实没有办法在城市体面而有尊严地生活下去。

五、围绕多元福利观：重新认识乡村振兴的战略重点

按以上农民多元福利观，"低消费、高福利"是可能的，则当前中国乡村振兴的重点就不应当是发展经济、提高农民收入，更不应是要为城里人提供看星星看月亮的度假村，而应围绕增加农民尤其是留守老人的多元福利水平展开研究。

第一，农村基础设施和公共服务的重点是小农户。未来相当长一个时期，中国农村仍将是小农户的世界。农业不仅要解决农产品的供给问题，而且要为数以亿计的农村留守中老年人提供农业就业机会。只有与土地结合起来，才能为农村留守老人提供多元福利机会。

因此，当前国家为农村提供的基础设施和公共服务的重点就应当是为以留守中老年农民为主体的小农户提供服务，而不是想方设法消灭小农户，推动小农户将土地流转给资本和大农户，也不是为大农户服务。

第二，要注重农村文化建设。文化也是生产力，乡风文明使生活在农村的留守老人可以避免受到恶俗的拖累。比如，农村人情攀比、大操大办、封建迷信都会误导和拖累留守老人，降低他们的生活质量。

倡导移风易俗，组织老年人开展有意义的文化活动，建设老人协会，让老人自己组织起来关心自己的生活，这些活动可以提高老人闲暇生活质量，消除老年生活的寂寞，增加生活趣味。

第三，关心村庄失能留守老人生活。一般来讲，只要生活能够自理，农村留守老人就可以有较高的生活质量。问题仅在于，当留守老人失去生活自理能

力，子女都不能细致照料时，老人生活质量就会大幅度下降。如果国家能给予部分失能老人补助，同时组织村庄健康老人轮流看护失能老人，如建立村庄失能老人看护中心，将极大提高失能老人的生活质量，也给其他留守老人较好的未来预期。

第四，为小农户提供社会化服务。在当前大量农村人口进城，农民土地细碎化，农业社会化服务缺乏的情况下，如何解决小农户包括留守老人强烈的将细碎地块和分散产权整合起来，以便于土地耕种的问题，应当提上议事日程。以土地确权为典型的不完全符合农村和农业情况的僵化政策，应当引起政策部门高度反思。

应该说，一直到2035年，乡村振兴的重点都应当是为小农户服务。不能有一个美丽的乡村，这个乡村却容不下留守老人。2035年以后，中国基本实现社会主义现代化，国力大幅度增强，农民也有了更多在城市体面安居的机会，农业可能就不再需要承担为包括留守老人在内的小农户提供就业及多元福利的功能，进城农民也不再需要"低消费、高福利"，而真正变成"高消费、高福利"群体，则农业就回归农业本身，农村也可能不再是为农民提供退路，而成了城市居民接触自然亲近自然的地方。到2050年，农业强、农村美、农民富，农村堪比城市，甚至比城市更现代、更美好。

张英洪

北京市农村经济研究中心研究
员、法学博士

乡村善治需处理好几个关系

乡村治理是国家治理的基石。加强乡村治理和乡村文明建设是推进国家治理体系和治理能力现代化的关键。在城乡融合发展的大背景下，乡村善治是一个涉及诸多关系的系统工程。从大方面看，走向乡村善治应关注处理好以下五个方面的关系：一要处理好城市与乡村的关系。城乡之间的价值平等、功能互补是乡村善治的时代前提；二要处理好城镇化与逆城镇化的关系，这是乡村善治面临的新挑战；三要处理好党的领导与自治、法治、德治的关系，这是乡村善治的核心；四要处理好国家、集体、农民的关系，这是乡村善治的重要内容；五要处理好传统文化与现代文明的关系，这是乡村善治之本。

乡村善治是指乡村的良好治理，即有效保障乡村居民基本权利、维护社会公平正义、保持和谐有序与生机活力的乡村社会状态。乡村善治既是一种治理理念，也是一种治理过程、治理状态和治理目标。乡村治理在空间结构上，包含乡镇治理和村庄治理两个层级，乡镇一级设立最基层的政府，实行"官治"；

村一级是国家权力延伸至社会最基层的权力末梢，实行自治。乡政村治是我国乡村治理的基本格局。乡村治理在概念内涵上，包括国家对乡村的治理（官治）和村庄的自我治理（自治）两种形态。推进乡村治理，既要跳出乡村治乡村，又要立足乡村理乡村。乡村处在整个国家和社会的制度结构与社会环境之中，乡村治理受到整个国家和社会的观念、体制、文化、环境等多种因素的制约和影响，乡村并不能置身于国家治理之外而独善其身。当前，我国乡村治理最需要的是"少一点控制、多一点善治"。

一、处理好城市与乡村的关系，是乡村善治的时代前提

从乡村治理面临的静态空间上说，走向乡村善治，必须处理好城市与乡村的关系。乡村并不是孤立存在的生活空间，而是与城市并存相依的社会共同体。城市与乡村是人们置身于其中的两个性质不同而又紧密相连的地域空间和社会场所。与传统中国相对静止的乡村社会来说，当代中国的乡村治理受到城乡关系的严重影响。处理好城与乡的关系，核心是要实现城乡之间的地位平等、功能互补和对乡村价值的尊重与保护。

在相当长的时期里，在工业优先于农业、城市优先于乡村认识的背景下，人们普遍认为，工业文明先进于农业文明，城市文明优越于乡村文明；工业代表富裕和先进，农业代表贫穷与落后。在这种城乡不平等的思想观念指导下，形成了重视城市、忽视和弱化农村的公共政策。在城乡二元结构中，城乡发展的不均等问题一直存在。

走向乡村善治，首先，必须正确认识和处理城乡关系，化解城乡二元体制，推进确保城乡居民权益均等、共享治理体系的建设。其次，坚持城乡功能互补，各取所需，相得益彰，实现城乡融合发展。最后，必须尊重乡村发展的自然规律、内在逻辑和文化习俗，改变以城市的思维改造乡村、以城市的眼光建设乡村的状况。乡村文明是中华文明的根和源，乡村价值是中华农耕文明的核心价值所在。在重新认识乡村价值的基础上，尊重乡村的自然发展规律，停止对乡村的建设性破坏，加强对农民住宅和传统村落的法律保护，特别是要严格禁止

一些地方驱赶乡村居民而圈占古村古镇、大搞垄断式开发旅游的掠夺乡村现象和其他大拆大建现象。

二、处理好城镇化与逆城镇化的关系，是乡村善治面临的时代挑战

从乡村治理面临的发展变化来说，走向乡村善治，必须处理好城镇化与逆城镇化的关系。乡村既不是孤立的存在，也不是静态的存在，而是与城镇化和逆城镇化进程密切相关的动态性存在。改革开放以来，城镇化和逆城镇化深刻影响和挑战着乡村的治理，也推动着乡村治理的历史性转型。处理好城镇化与逆城镇化的关系，核心是解决好城乡之间的开放和城乡要素的双向流动。

城镇化就是乡村人口向城镇集聚的过程。我国的城镇化是在计划经济时代形成的城乡二元体制的背景下推进的。这就造成了我国特有的"城市病"和"农村病"。在城市出现的"城市病"，就是数以亿计的农民进城就业，但很难安居，很难融入城市成为新市民。这种情况越在大城市越严重。在农村出现的"农村病"，就是数以千万计的农村留守儿童、留守妇女、留守老人，成为乡村的守护者。这种城乡二元对立导致的孤岛效应，其实质就是在城镇化进程中长期存在的城乡二元体制导致的。

逆城镇化就是城镇化发展到一定阶段以后，城镇人口向城镇周边地区和乡村地区疏解的过程。我国的特大城市和超大城市已经出现这种逆城镇化现象，且表现得比较明显。中央提出的京津冀协同发展战略，就是着眼于解决北京的特大城市病，疏解北京的非首都功能，这是推进逆城镇化发展的典型。在城乡二元体制下，形成农村人口向城镇流动的单向城镇化，造成了乡村的萧条。2018 年 3 月，习近平总书记在参加十三届全国人大一次会议广东代表团审议时明确提出，城镇化、逆城镇化两个方面都要致力推动。城镇化、逆城镇化的健康发展，有利于实现乡村振兴，也有利推进乡村治理创新。

推进健康的城镇化、逆城镇化，核心是要破除城乡二元结构，加快构建城乡融合发展的体制机制和政策体系，其核心是解决阻碍城乡要素双向流动的体

制障碍，建立健全城乡要素双向流动的制度体系，实现城乡基本公共服务的均等化。在健康的城镇化、逆城镇化进程中，关键是国家要着力建设有利于尊重和实现城乡居民双向流动的治理制度体系，农民既可以自主选择进城当市民，市民也可以自主选择进村当农民。

三、处理好党的领导与自治、法治、德治的关系，是乡村善治的核心

从乡村治理实施的有效途径来说，走向乡村善治，必须处理好党的领导与自治、法治、德治的关系。党的十九大报告提出，健全自治、法治、德治相结合的乡村治理体系。这是实现乡村善治的有效途径。事实上，改革开放以来我国乡村治理的基本方式是"四治"模式：党治、自治、法治、德治。党治是统领，自治、法治、德治是党治下的功能分殊与职责分工；或者说我国乡村治理的基本方式是在党领导下的自治、法治、德治。党的十九大报告强调，坚持党对一切工作的领导，党政军民学，东西南北中，党是领导一切的。《中国共产党支部工作条例（试行）》进一步明确，村党支部全面领导隶属于本村的各类组织和各项工作，领导村级治理。在农村基层工作中，至少有三个方面的重大变化，体现和突出了党的领导：一是在资金支持上，各级部门加大了对村级党建工作的投入。各级有关部门对农村党建工作投入都比较大。我们在北京顺义区高丽营镇一村调研时发现，上级投入建设的党建活动中心达 180 多万元。二是在人才支持上，北京开始设立党建助理员，取代此前的大学生村官。三是在村"两委"主要负责人上，北京明确要求在 2018 年底和 2019 年初的村"两委"选举中，村党支部书记兼村委会主任的比例达到 100%。2013 年，北京村党支部书记兼村委会主任比例仅为 65.7%。

在强化村庄党的领导、加强党建工作的同时，能否与时俱进地相应加强自治、法治、德治建设，不致以党支部领导取代自治、淡化法治和虚化德治，是村庄治理需要认真思考和对待的问题。强调村党支部书记全面兼任村委会主任，既可以增强村级权力的集中统一领导，但也有可能使村民的直接民主选

举流于形式。

正确处理好党的领导与自治、法治、德治的关系，既要坚持党的领导，也要坚持自治为基、法治为本、德治为先，不断健全党组织领导下的自治、法治、德治相结合的乡村治理体制机制，核心是坚持党的领导、人民当家作主、依法治国有机统一。在坚持党的领导中，我们尤其要克服以党的领导代替人民当家作主、以党的领导取代依法治国的认识误区和实践偏差。党的领导与自治、法治、德治之间关系的任何偏废和失衡，都会导致乡村治理的扭曲和异化。

四、处理好国家、集体、农民的关系，是乡村善治的重要内容

从乡村治理维护的利益关系上说，走向乡村善治，必须处理好国家、集体、农民的关系。马克思指出："人们奋斗所争取的一切，都同他们的利益有关。"马克思、恩格斯说："'思想'一旦离开'利益'，就一定会使自己出丑。"处理好国家、集体、农民的关系，核心是尊重和保障农民的基本权利。

1978 年 11 月，安徽小岗村农民选择"大包干"时，承诺"交够国家的、留足集体的、剩下都是自己的"，在保障国家、集体利益的基础上，为农民自己的生存开辟了道路，从而揭开了中国农村改革的序幕。2002 年 11 月，党的十六大指出："共产党执政就是领导和支持人民当家作主，最广泛地动员和组织人民群众依法管理国家和社会事务，管理经济和文化事业，维护和实现人民群众的根本利益。"

维护和实现人民群众的根本利益，不仅需要政治上的宣示，而且需要制度上的建设和行动上的落实。长期以来，国家、集体、农民三者之间的利益失衡。这绝不是因为我们在政治上缺乏对农民利益的重视，而在于制度建设和体制安排上的缺失以及实践中的弊端。

走向乡村善治，处理好国家、集体、农民的关系，必须明确农民的三重身份，保障和实现农民的三重权利。其一，农民作为国家公民，拥有公民身份，享有公民权利；其二，农民作为集体经济组织成员，拥有成员身份，享有成员

权利；其三，农民作为村庄社区居民，拥有村民身份，享有村民权利。这三重权利是交织在一起的，具体体现为人权、产权、治权三类权利。

保障和实现农民的公民权利，就要全面依法治国，坚决落实宪法规定的公民基本权利和自由；保障和实现农村集体经济组织的成员权利，就要全面深化农村集体产权制度改革，界定集体经济组织成员身份，落实农民的财产权利和民主参与权利；保障和实现农民（村民）村庄社区的村民权，就要全面推进村民自治，落实农民（村民）对村庄社区公共事务的自治权以及民主选举、民主决策、民主管理、民主监督的权利，保障和实现农民（村民）当家作主。

五、处理好传统文化与现代文明的关系，是乡村善治之本

从乡村治理秉持的文明理念上说，走向乡村善治，必须处理好传统文化与现代文明的关系。离开中华优秀传统文化和人类共同的现代文明成果，就不可能有真正的乡村善治。处理好传统文化与现代文明的关系，核心是实现中华优秀传统文化与人类现代文明有机结合。

在乡村治理上，我国有丰富的乡村传统治理资源值得挖掘与传承。一是悠久的乡村自治传统。在传统中国，国家官僚组织体系只设置到县一级，县以下的乡村实行乡绅自治。二是深厚的乡村德治资源。以儒家文化为主体的中华传统文化，具有鲜明的人文精神和道德感染力，并与农耕文化相结合，形成了独具魅力的乡村文化和乡村文明，为中国人提供了不可取代的精神家园。三是深入人心的天理王法观念。乡村正义，讲求合情合理合法，信奉天理王法。情理、天理也就是西方法治文化中基于人性的自然法，王法就是人定法。天理王法虽然有等级秩序，但为社会共同体提供了基本的规则秩序和行为底线。2017年1月，中共中央办公厅、国务院办公厅印发《关于实施中华优秀传统文化传承发展工程的意见》，强调传承和弘扬中华优秀传统文化，这具有重要的现实意义。但破坏文化易，建设文化难。对中华优秀传统文化，必须根据时代发展的需要，与时俱进地实现创造性转化、创新性发展。

需要特别指出的是，我国传统文化中信奉的中庸之道，强调不偏不倚和正

常的社会政治生态，这既是个人为人处世的人生之道，也是国家经世济民的治理之道。中庸之道的治理哲学，反对极端化的治理观念和方式。信奉中庸之道，或许正是中华文明成为人类历史上唯一一个绵延五千年至今未中断的灿烂文明的重要因素之一。中庸之道是我们推进乡村治理现代化、实现乡村善治应当充分吸取的宝贵治理思想资源。

在乡村治理上，应当充分吸收和借鉴人类社会形成的共同文明成果。走向乡村善治，必须吸收丰富的人类现代文明成果。就推进乡村善治来说，至少应当充分吸收和发展以下三个方面的文明成果：一是民主。民主就是人民当家作主，这是现代国家合法性的重要来源，也是社会主义核心价值观之一。让人民当家作主，是共产党执政的初心和使命。在中国特色社会主义新时代，必须深化政治体制改革，大力发展社会主义民主政治，加强社会主义政治文明建设。20世纪80年代以来，我国将现代民主引入乡村社会，发展农村基层民主，实行村民自治制度，这是对现代民主理念的重要认可和践行。邓小平说："没有民主就没有社会主义，就没有社会主义的现代化。"同样，没有民主就没有善治，就没有乡村治理的现代化。二是法治。亚里士多德在《政治学》中指出："法治应该包含两重含义：已成立的法律获得普遍的服从，而大家所服从的法律又应该本身是制定的良好的法律。"法治是治国理政的基本方式，也是社会主义核心价值观之一。没有法治就没有善治，就没有乡村治理的现代化。践行法治，必须坚持宪法的最高权威，坚持在法律面前人人平等，坚持立良法行善治。三是市场经济。市场经济是最具效率与活力的社会资源配置方式。我国的市场化改革始于农村，但农村的市场化程度仍然不高，特别是土地等生产要素的行政化配置相当明显。完善社会主义市场经济体制，是我国改革开放的基本目标之一。建立健全社会主义市场经济体制，不仅是实现乡村善治的需要，也是实现中华民族伟大复兴的基础性制度保障。

第 四 章

集体合作
必由之路

杨 团

中国社会科学院社会学所研究
员、社会政策研究中心副主任

40多年集体经济改革启示录：
乡村发展必由之路

本文梳理了农村集体经济制度改革的 40 多年历史，分辨了人民公社集体、股份合作制集体和社区合作集体，以及集体经济、合作经济、股份经济与社区经济、共同体与共有体的不同，提出新型集体经济及其组织是乡村振兴改革创新的主题，从实践到理论都应当允许新型集体经济组织进行长期坚持不懈的多样化探索。

1987 年 1 月 22 日，中共中央发出《把农村改革引向深入》的通知，提出要构建"社区性、综合性"的"乡、村合作组织"。2016 年 12 月 29 日，中央再次发文"稳步推进农村集体经济产权制度改革"，展示了接续改革的重大信号：一是重视集体经济；二是将集体经营性资产确权到户。2017 年底，党的十九大提出乡村振兴战略：未来 30 年全党全国全社会统一意志、全面实施的国家战略，再次将壮大乡村集体经济提上重要日程。

中国历经 40 多年、跨两代人的农村改革，迄今人们熟知的是包产到户的改革解放了农户、让农民家庭经济破土而出的成长史，而不太熟悉的是曾经的人民公社、生产大队、生产队变身为乡、村、组后的集体经济到底怎么样了，在经济改革大潮中的集体经济是不是消亡了？其实，历经坎坷的集体经济并没有全部消亡，而是在不同的历史阶段以不同的方式顽强地表现着自己。本文试图通过 40 多年来中国农村集体经济制度改革的实践梳理，引出多年来未解决的问题——乡村发展为什么离不开集体经济？何为持久发展集体经济的制度载体？面对广大乡村地域，如何形成既能维护社区集体公共资产又能实现农民收益分配权利，既要个人利益又要实现个人与集体的合作，既要经济增收也要社会服务，既要搞活机制又要合乎法理的组织框架，让乡村再次充满生机和活力？

一、历史的回顾：集体经济的钟摆式探索之路

（一）20 世纪 80 年代农村政策的变革与演进

20 世纪 70 年代末期启动的农村改革，是伟大的历史变革。在政治上取消了人民公社"政社合一"体制，改为"政社分设"，在经济上取消了剥夺农户个体生产经营权利"归大堆"式的集体经济，开始设立"统分结合、双层经营"的崭新制度。这一新制度的设想不是在农村改革前就提出的，而是在农村改革实践过程中逐步形成的。

1982 年后，中央开创了五年内连发五个中央一号文件推动农村改革的局面。在分户经营成为主体经营形式之后，理论界就一直争论是实行土地私有、还是在土地公有制基础上做联产承包、双层经营？后者的主张占了上风，才有了五个中央一号文件。可见，这五个中央一号文件就是保留集体但要改革旧集体的文件。为纠正农村改革中"土地还家，分田单干"的误解，中央先是在 1982 年提出"联产承包制的运用，可以恰当地协调集体利益与个人利益，并使集体统一经营和劳动者自主经营两个积极性同时得到发挥"，"宜统则统，宜分则分，通过承包把统和分协调起来"；又在 1983 年将统分结合明确为一种经营

方式，"这种分散经营和统一经营相结合的经营方式具有广泛的适应性"，"在这种经营方式下，分户承包的家庭经营只不过是合作经济中一个经营层次"。而作为合作经济的集体统一经营层次之所以必须存在，是要承担"一家一户办不好或不好办的事"。到 1991 年，党的十三届八中全会决议，更加明确地将统分结合的双层经营体制，作为我国农村集体经济组织的一项基本制度长期稳定下来，直至 1999 年写入宪法。

在人民公社体制实行"政社分开"后，原来的"社"即承担集体经济功能的乡（镇）组织、村组织还要不要，如何改革？针对这个问题，中央在 1983 年就提出"人民公社原来的基本核算单位即生产队或大队，在实行联产承包以后……它们仍然是劳动群众集体所有制的合作经济"，而且为了"管理集体的土地等基本生产资料和其他公共财产，为社员提供各种服务……这种地区性的合作经济组织是必要的。其名称、规模和管理机构的设置由群众民主决定"。1984 年再次提出："为了完善统一经营和分散经营相结合的体制，一般应设置以土地公有为基础的地区性合作经济组织。这种组织，可以叫农业合作社、经济联合社或群众选定的其他名称；可以以村（大队或联队）为范围设置，也可以以生产队为单位设置；可以同村民委员会分立，也可以一套班子两块牌子。"1987 年进一步提出，这种地区性合作经济组织就是"主要是围绕公有土地形成"的"乡、村合作组织"，它"与专业合作社不同，具有社区性、综合性的特点"，组织的基本职能是"生产服务、管理协调、资产积累和资源开发"。可见，当时的指导思想，是要将对人民公社"政社分开"后的"社"改造成为一个新型的乡村合作组织。它是地区性或社区性的，是综合性的，既能承担集体所有土地和承包发包的土地经营，各类公共资产和资源的管理和开发，又能为农户提供生产、生活中"办不好或不好办的事"的服务。它的性质是"个人与个人、个人与集体"之间的合作经济，由此区别于将全村、全乡的农民视为同一个经济主体的公社集体经济。这种社区性、综合性的乡村合作组织，就是中国农村实现"统分结合、双层经营"基本制度的组织载体，其制度框架不是一刀切地要求纯集体或纯个体的经营制度，而是允许各地在一定的经营制度空间中采用符合实际的做法。现在看来，这就是人民公社消失后几十年来，从中央到地方对新型集体经济组织主体持续探索的源头。

"统分结合、双层经营"体制的制度建设表述在党的十三届八中全会时达到最高峰，但其后就走下坡路。及至今日，这个制度也未建立起来，被称为"完成了一半的改革"。尽管文件"有了概括性的规定"，但是没有出台相关法律，乡村合作经济组织的地位和基本内外关系一直处于一种模糊状态。

（二）20 世纪 90 年代集体经济的兴起和衰落

到 1984 年末，各地设立乡人民政府的工作全部完成，"政"分出来了，而原公社控制的集体经济在"社队企业"向"乡镇企业"迅速发展的过程中，以"政企合办"的新方式继续"政社合一"，乡镇企业成了乡（镇）政府的钱袋子，自然不会再设立"地区性合作经济组织"。村组也通过大办企业让集体经济获得空前的大发展，并支持了村组的公共事务。乡、村两级的"社"都难以分设了。

当时的乡镇企业不是政府刻意扶持的，而是顺应农村和农民需要自然发展的产物，连邓小平都直呼"没想到"。源自社（乡）队（村）企业的乡镇企业，抓住城市国营企业和集体企业还未醒过来、改革尚未启动的机会，先行一步，大办企业，为农民也为集体找到了农业之外的增收出路。

乡镇企业的突出作用，一是吸纳了大量农村剩余劳动力，2000 年在我国乡镇企业就业的职工已经达到 1.28 亿人，比 1980 年增加了近 1 亿人。二是实现了农民、村集体、乡财政增收，改善了乡村福利。三是支持了中国改革早中期的高速经济增长。

到了 20 世纪 90 年代中期以后，乡镇企业开始走下坡路。这固然有历史原因，城市经济改革加快，乡镇企业的各种粗陋显现出来。不过，当时政府要求的改制才是主要原因。改制就是从集体企业改制为私营个体企业。改制的重点是被原农业部称为"社会主义劳动群众集体所有制经济"的股份合作企业。而文件规定，两三个人就可组成股份合作企业，结果，集体企业大部分被改制。可见，改制中确有意识形态原因，即认为资产由集体拥有就是不清楚的，产权只有归属个人，按股拥有才能清晰。从"要创造出一个新型的乡村集体组织"这一改革初衷的角度看；这次改制的负面影响深远。尤其大面积推行改制后，乡村集体企业基本私有化了，乡村公共开支来自本土集体经济的链条被切断，侥幸留存下来的乡村企业也脱离了过去替政府承担的"以工补农"和解决农村就业的职能。

在乡镇集体企业改制之后，乡村集体经济又遭受两次打击：一是延长承包期，这削弱了集体对于土地的调剂和管理权力，加之在第二轮土地承包中，大部分地方取消了集体留存的机动地，全国村集体经济组织基本上没有了收入；二是在农业税取消后，连同农业税一起收缴的村集体提留也被取消了。

国家取消农业税本是重大惠民政策，但在取消乡统筹同时将村集体提留一并取消，这不但消除了农民对村社集体应尽的义务，还导致因乡镇企业改制失去经济功能的村集体更加彻底地退出村庄公共事务。农户不得不"户自为战"、孤立面对生产生活中所有"办不好和不好办的事"。正因为如此，农户称分田到户后为"第一次单干以来"，称取消农业税改革后为"第二次单干以来"。

第一次单干以来，村社集体在共同生产事务上还有一定的统筹能力；第二次单干以来，这个统筹能力就彻底丧失了。

曾当过乡镇党委书记，最先喊出"农民真苦、农村真穷、农业真危险"的"三农"专家李昌平针对税费改革提出："农民种地一定要交费。"否则，"村集体所有者的权益如何体现"，如何"通过补偿摆平占地不平衡导致的不合理"？如何给予村委会这个村民自治组织"必要的财政基础"？村集体经济组织"何来为村民提供各种公共服务的资源"？

在传统集体经济衰落的同时，股份合作制兴起，几乎成了农村新集体经济的代名词。股份合作制早期是乡镇企业转制后的一种类似个人合伙的经济形式。村集体最先试验股份合作制的是先期开始城镇化、工业化浪潮的沿海地区。为顺应民意，改革一开始就以第二次分配，即解决村级集体福利分配的需要为目标，以折股量化为手段，以成立股份合作社为改制最终结果。广东省动作最快，1990 年 5 月、8 月连续出台规定，接着，浙江、上海和江苏等地在少数经济发展条件较好的村，以建立股份合作社、股份公司等形式，对集体经济组织产权改革进行探索。再之后，股份合作制成为农村集体经济组织改革的路径依赖。

回顾这一阶段的发展，我们应当承认：后人民公社时期的乡村集体经济既展示了因管理机制不健全而积累的内在矛盾，如"产权不清"，又展示了能够自发创造令世人震惊的乡镇企业奇迹的一种优势与生命力。而"政社分开"的"社"一直找不准实现形式，先是乡镇企业与村集体合一搞生产经营，后是集体性股份合作社或股份公司撇开生产，转而从分配入手清晰化产权。情况纵横交错，改革路向不明。不过，应当承认：一旦集体经济被削弱或被分解、隔离在乡村之外，失去经济来源，乡村就会陷入处处掣肘的困境。

（三）21 世纪以来，艰难的合作经济发展之路

由于改制后的乡镇企业吸纳农村劳动力的能力下降，农民更多进入城市打工。2019 年末，我国农民工总量为 2.9 亿人，其中 1.7 亿人外出务工。进入 21 世纪，城镇化进程加快，城郊和市镇周边的大量耕地转为建设用地，资本下乡，城乡经济发展差距快速拉大。与此同时，农村基层财政也越来越窘迫，农村的状况越来越差。

2007 年，《中华人民共和国农民专业合作社法》正式颁布实施，提出解决"分"有余，"统"不足，"小生产"与"大市场"脱节的问题，就是要加强新型农业社会化服务体系以强化"统"的功能，以各种新型主体实现"集体统一服务"的功能。但是，1987 年提出的"统"是集体经济组织统一经营的统，是具有社区范围系统结构和功能的具有整体性意义的统，是类似"一串葡萄"的统；而专业合作社时期提出的农业社会化服务体系的"统"，只能是局限于某种产业活动范围，在对接市场时类似"一袋土豆"式的数量规模化方式的统，内涵大不一样。

一开始，专业合作社的设立不太顺利，经政府行政手段推动，将成立合作社的数量纳入年度工作考核，才有了迅速增长。据农业部门统计，2009 年为 20 多万家，2013 年达到 82.8 万家，占农户总数的 25.2%，到 2019 年 10 月底，已高达 220.3 万家，占农户总数一半还多。不过，大部分合作社人数很少，规模很小，相当一部分的合作社是"空壳社"，即合作社只挂名，不运作。据一些地方的调查，空壳社占总量的 30%—40%。

在运作的合作社中，不少由外来资本的农业公司操纵，农民基本上没有发言权。更有资本和部门与大农联合，强势主体"利益共谋"形成合作社。这种

大农主导的合作社，等于在部门、资本与小农之间增加了一个类似于合伙制企业的中间商。购农资低买高卖，卖产品低收高出，对内"大农吃小农"，对外交易成本的节约也止于汇集社员的购销需求，而真正得到垄断收益的是资本和大农。这类合作社与市场股份制企业没有什么区别，内部治理是大股东控制。这种变异现象甚至成了"中国农民合作社发展初级阶段的突出特征"。

2008 年以后，中央加大了倡导土地流转的政策力度，意在解决耕地撂荒和提高土地利用效率。之前的流转主要在农户之间，之后政策给企业创造了整片租用土地建立规模化现代农业的机会。但受益者是企业，农民得益有限。而且，实现土地规模经营的企业绝大部分是靠政府行政干预实现的，农民并非完全自愿。现在看来，原想以土地流转政策破解农业效率问题，形成一种更为复杂的部门、资本、大农、小农、村集体相互博弈的局面。更出人意料的是，很短时期内公司制企业就快速崛起，成为中国农业规模经营和现代农业的主体，这在全球农业大国中是"独有的现象"。

这让农村工业化、城镇化在一段时期内占据了乡村发展的主导地位。尤其沿海一带的农村集体经营性资产总量快速增长，不仅让少数城镇化的城中村村民对快速升值的集体资产的分红产生强烈诉求，而且，如果不尽早确权到户，在城乡一体化的进程中，这些资产再过若干年就更难说清楚归属，就有流失或被侵占的危险。这就是 2016 年底中央决定在全国范围推进农村集体经济产权制度改革的背景。其直接目的，是查清家底，防止快速城镇化过程中的集体资产流失。截至 2019 年底，全国共清查核实集体账面资产 6.5 万亿元，其中经营性资产 3.1 万亿元；资源性资产总面积 65.5 亿亩，其中宅基地面积 1.7 亿亩。同时，对查清家底的村集体经营性资产进行股份制改造，以统一颁发集体经济股份合作社股权证书的方式确立其新型集体经济组织地位。这项改革要求于 2021 年底基本完成。但是，尽管民法典已经规定农村集体经济组织法人系"特别法人"，却因尚未出台适用法律，颁证的村集体股份经济合作社并非法人，未能成为独立运作的法律主体。

（四）40 多年集体经济改革的启示

今天看来，农村改革走到现在，道路曲折，不以人的意志为转移。历史记载了很多有名和无名者们集体性的创新努力，也记载了很多无奈、很多惋惜。

改革以来国家发展翻天覆地，农村却明显滞后。农民的经济收入是有提高，但是太多的村庄成了空心村，土地抛荒，集体无能为力，农民说，"外头捡到梁上草，家里丢了老母鸡"。

40 多年的农村改革就像打钟摆，在传统和现实之间，集体和个体之间，行政和市场两端之间不停地摇摆，没有稳定在一个核心位置。

笔者认为，"统分结合、双层经营"的集体经济体制当年并非没有成功的可能，最终功亏一篑。这个"篑"不是别的，就是没能在当时就将已经认定的双层体制的组织载体——社区性、综合性的乡村合作组织，采取上下结合、政府推动的方式真正建立起来。不怕粗糙，有个框架就好改进。但没有框架只有提法，再好的思路也是无根的。今天看，这的确错过了建立新型集体经济组织的最好时机。

说到底，核心问题就是，适应中国农业、农村、农民需要的，能成为农民主心骨、带动农民共富、集体发声的新型集体经济组织究竟什么样？它与个人出资组建的合作社和企业哪里不同？它的组织形式到底是合作社、股份公司，还是其他的什么方式？下面我们对这些问题进行探讨。

二、从合作主体看：乡村集体经济组织的三种方式

（一）村社合一的股份合作社或股份公司

中国社科院社会学所研究员折晓叶，自 20 世纪 80 年代起就开始研究依靠村集体力量，以村社合一为组织形态自主发展的这一类村庄，并且将其命名为"超级村庄"。老牌超级村庄只有 1000 多个，占当时 68 万个村庄的万分之三。这些村都没有分田到户、坚持生产大队式的集体经营层次。最有名的是华西村。该村早在 20 世纪 60 年代就办起了社队企业，农村改革中没有包产到户而是继续集体统一经营，主要依靠乡镇工业致富，村集体变身为社企合一的股份公司。

在工业化、城镇化进程中，以广东沿海地区为主，又出现了一批新的超级

村庄。在城镇化进程中被划入城市街道，成为城中村。农村土地因此而成百倍上千倍地增值。村集体依靠社企合一的股份公司，为脱农入城的农户分配这些"天赋资产"带来的天赋红利。

（二）村党支部领办村社企合一的农村集体经济

改革大潮中，一些地处边远，土地零碎、农户分散、集体负债的穷村几乎无一例外，走上了在村党支部带领下村社企合一的道路。历经数年奋斗，这些村全部依靠自身的力量摘掉了贫困帽子，村集体资产和收益以及户均增收均数倍增长，实现了村、民共富。它们的共同特点是，都由返乡创业者担任村党支部书记。陕西省礼泉县袁家村的郭裕禄（郭占武），贵州省安顺市塘约村的左文学，浙江省义乌市何斯路村的何允辉，山东省莱西市后庄扶村的王希科，河南省兰考县南马庄村的张砚斌，四川省成都市郫都区战旗村的高德敏等，都是将自己在市场上摸爬滚打的经验带回家乡，带领村民走集体经济带动个体经济共同发展、义利并举的路，为家乡建设奉献了自己的一切。

这类经验怎样才能推广到更广大的农村地区呢？

2017 年，烟台市委组织部学习塘约村的经验，开展村党支部领办合作社的试点。从 11 个村起步，2018 年发展为 100 个示范村，2019 年底覆盖 1470 个村，占村庄总数的 22.8%。2020 年 8 月，在村党支部领办的 2779 个村中，年新增集体收入 4.15 亿元，群众增收 5.23 亿元。到 2020 年底，在烟台覆盖了 3045 个村，山东全省已达 11407 个村。他们的经验是，上级党委组织部支持基层村党支部突破政策限制，由党支部成员代表村集体，以个人入社带入集体资产股，与村民个人股共建股份合作社。党支部牵头主导，担职担责，组织大家一心一意谋发展。结果一招破题，全盘皆活。地还是那些地，人还是那些人，但是心气大增、面貌大变。这就证明，乡村振兴的"术"要服从和跟着"道"走。方向对了头，才能一步一层楼。

（三）县乡农民合作组织联合会（社）

党的十九大以来，全国各地出现了一批将农户、专业合作社、家庭农场、专业合作社联合社、农业公司、协会乃至村"两委"等多类主体整合起来的新型农民合作组织。它们名称不一，但组织架构和工作机制类似，大都建在县、乡一级，也有在跨村跨乡的区域，如内蒙古克什克腾旗经棚镇农业发展合作联合会、四川省仪陇县养牛专业合作社联合社暨养牛产业协会、四川省石棉县坪阳黄果柑专业合作社、山东省莱西市院上镇农民专业合作社联合社等。而且，这些新型组织无一例外地都设立专职的总干事经营团队激活运营机制，都得到了当地政府的大力支持。它们对下集中组织农户、对上整合各部门资源，在党的领导下为乡村振兴搭建平台，成为推动农业农村发展的新引擎。

其中，2018 年设立的内蒙古赤峰市克什克腾旗城关镇建立的经棚镇农业发展合作联合会最为突出。该镇组建了全镇 13 个村党支部与镇、旗、市的 34 个涉农部门党支部共建共融的跨部门跨体制的联合党组，由镇党委书记兼任党组负责人。党组办公室设在镇联合会，联合党组针对各村党支部提出的问题清单，发动政府部门党支部提供供给清单，通过党组织渠道打通了基层与政府职能部门的联系。联合党组支持镇联合会在各村设立生产、信用、供销综合服务网点，形成镇村统分结合、双层经营、共建共享的服务体系。到 2020 年底，13 个村的集体经济积累达 2400 万元以上，年内经营性集体经济资产达 360 万元，全镇农户纯收入 3 万元以上。该联合会因此被农业农村部评选为 2020 年全国第二批农业社会化服务 24 个典型案例之一。

三、从组织特性看：乡村集体经济组织的四种类型

笔者以为，以"公共性"为纵轴，"经营性"为横轴，可以将农民集体组织划分为四种类型。其中的公共性，指集体组织举办经济、社会、文化事业以解决"一家一户办不好或不好办的事"的程度；经营性，指的是为实现公共性采取的市场的、半市场的、公益慈善的等多种经营方式组合的有效程度。

第一种，人民公社集体。人民公社集体的公共性强，经营性弱到几近于无，是生产资料归集体所有制下的集体。其实现形式即组织方式、经营方式、分配方式都是单一的，表现为集体占有、集中经营、集中生产、集中分配。资深"三农"专家杜润生曾说："集体化使农民的各种权利受到剥夺，而且找不到一种可以激励农民积极性的适当的分配机制。"这类集体现已不复存在。

第二种，村庄自治集体。村庄自治集体的公共性和经营性都比较弱。目前，我国大部分村庄都属这一类。尽管有了宪法规定的村委会，尽管在免除农业税后大部分省份都给村"两委"的干部发了月津贴，但是没有可用于产业经营的村集体资金和有效资源，一些村因无人愿意干而常年选不出村干部。国家启动大学生村官计划，想要加强农村基层组织力量，非但未能改变现状，反倒得多花气力解决他们任期结束后的再就业问题。

这种状况在党的十八大之后有较大改观。尤其是《"十三五"脱贫攻坚规划》将832个贫困县、12.8万个贫困村都一一入账，全国派出几百万干部入县、下乡、到村助力脱贫。2020年11月，脱贫攻坚取得胜利，所有贫困县摘帽，所有贫困村出列。只是，主要依靠外力脱贫的村庄，大部分缺乏内生动力，农户与集体的疏离没能克服，可持续发展受到影响。

第三种，股份合作制集体。股份合作制集体是以股份制强化了经营性、但公共性并未上升的一类村集体，其特征是村集体组建村社合一的股份合作社，推动经营性资产的开发。这类组织更近似股份公司。

股份合作制集体出现"近公司性质"，大都因为这些村庄毗邻城镇或就在城镇且脱离农业。村集体成为因"脱农入城"而失地的农民的靠山。他们受20世纪90年代乡村集体企业向私人、个体方向改制思潮的影响，甚至他们本人就是改制时将集体资产化公为私的获利者。这类抽空了集体精神内核的村集体股份合作社，在相当长的一段时期内，成为一些人为自己和为个体向国家争利的招牌。

第四种，社区合作制集体。社区合作制集体是兼顾公共性和经营性的集体。它既有"社"又有"区"的概念。"社"指的是社群，即"基于强烈的人际互动关系构成的相互信任的一个群体……在发展中的经济体里，典型地表现为通过血缘和地域性姻亲关系捆在一起的群落和村庄"。"区"是指一定的地域范围。社区就是聚居在一定地域范围内的人们所组成的社会生活共同体，由费孝通从英文单词"community"翻译而来。

农村曾在一个阶段出现真空。基层组织，无论村"两委"还是合作社，都更像是政府行政机构或政商合体的延伸。村社传统消失了，乡里空间萎缩了，

"通过紧密的个人关系和相互信任来引导成员进行自愿合作"的社区性农民合作组织变得十分罕见，社会被"通过基于价格信号的竞争来协调逐利个体"的公司组织、"通过政府命令来强制人们调整资源配置"的行政组织占据了绝大部分空间。

社区合作制集体重在"社群"（人的集合），重在个人利益和集体利益的双赢，即"义利并举"。在乡村变革中，笔者认为有一类曾被误认为股份合作制的集体应被划归第四类。村党支部领办村社企合一的农民集体合作组织应属这类。尽管他们的村集体都设有村股份制合作社和集体资产管理公司。不过，他们的股份合作社一没有将村集体资产以股份全部量化到村民，二没有把股份只当作分红利的工具，三没有只顾生产不顾生活，四没有干部贪腐，侵占集体和个人利益。他们的股份制是为壮大集体资产的项目做融资的。他们不但注重村集体资产建设，集体收入来自多种途径，而且尤为重视集体收益的分配。收益的绝大部分都用于持续壮大集体经济和增加集体福利，从而持续提升村民的获得感和满意度。所以，他们建设的，其实是中央提出的具有新型集体经济性质的地区性或社区性的合作经济组织。

例如，始建于 2007 年的陕西省礼泉县袁家村集体经济源自小吃街。村集体发动全体村民办小吃作坊，村民各自认领 100 多种小吃，村集体择优选定一家，以避免同质化恶性竞争。村集体鼓励各作坊自设股份制，吸收其他作坊入股以融投资。村集体收益来自无形资产品牌使用费和集体资产入股分红。集体分配方式中专有一项是为利润微薄的作坊（如蒸馍作坊）补差，补到年收入 10 万元。村集体设定同类生产单元的收益底线并予以保障，以"损有余而补不足"的中国传统文化中的智慧经营村庄，正是这种社区集体规制推动袁家村形成相互持股、各得其所、共建共享、可持续发展的社区经济。

又如，2008 年起步的浙江省义乌市何斯路村。10 年间村民年收入增长了9 倍，村集体收入从欠债到年收入 2000 多万元。他们取得这样的成绩一不靠外来资本建厂筑楼，二不靠卖地租房，而是靠自我振兴的田园革命。他们引种薰衣草，用古法酿酒，整修古迹、绿化荒山、清理废墟、修建池塘、栽花种树，改造环境。村集体将收益重点投入社区公共基础设施、环境改造、运营支出和文化福利。优美的生态人文环境吸引全国各地的游客和会务、影像项目纷至沓来。而为其配套的食宿、交通、伴手礼统统由村集体带动村民自造、自营来解决。他们依托薰衣草研发的衍生产品70余种，不是全发给工厂生产，而是择优推动家庭作坊手工生产，村集体优质优价出售。为提升村民素质，村集体办起了每日晨读和功德银行，将全村农户善言善行记录在册并积分表彰，积分到一定量后就可凭借其信用值在银行获得无抵押贷款。这样的社区合作集体让村民获得感满满，还吸引了十多户城市人全家落户成了新村民。

前面说到的县乡农民合作组织联合会（社），是将乡镇范围内的大部分甚至所有村庄进行资源整合、资产建设的社区合作组织。它较好地体现了统分结合、双层经营的制度框架。它以镇村两级组织的方式覆盖全体农户，以专职团队与村委、合作社相结合，提供生产、信用、供销、社区一体化服务，服务团队与农村各主体尤其是农户关系密切，送服务也送温暖，将整个社区凝聚成利益和情感共同体。所以，它们也应归属社区合作制集体。

四、集体经济的辨识：推进真正集体经济健康发展

（一）如何区分合作社与股份公司

目前，很多概念混淆不清，其中突出的是将出资股与投资股、股份合作社与股份公司混为一谈。出资股是个人参与合作事业的凭证（后被称为身份股），而投资股是针对项目的个人商业投资，常用在合作金融和加工事业。股份合作社是合作社的一种特殊实现形式，股份公司是企业，而非合作社。"成员民主制、按惠顾返还盈余和资本报酬有限"是国际合作社联盟百年未变的三项原则，股份合作社的内部业务、分配和治理达不到这三原则的，必须转为股份制公司。若用这三原则衡量中国的股份合作社，违反者颇多。例如，城中村股份合作社的社员，不参与任何劳动，就因"天赋资产"坐享分红。当按劳分配被按股分配挤出，资本报酬成为唯一报酬时，这种合作社与私有的股份制公司就没有差别了。合作社股份制如何区别于公司股份制？当下而言，区分资格股和投资股，资格股不分红，投资股设项目股份制并独立核算、自负盈亏，有盈利才可分红，

严禁以满足社员分红需求为名摊大成本、降低效率，侵占集体和个人资产，才是正途。

（二）如何认识合作经济与集体经济的差异

合作经济与集体经济的异同，一直存在争议。笔者依据实践经验判断，中国的合作经济其实是公私融合的关系经济，而非产权经济。这是因为，中国乡村社会的结构是差序格局式的，私人经济不是单纯的个人产权经济，而是与家庭、家族、亲友密切相关的关系经济，由此连带形成一种"集体"的公。合作社集体与村集体不同。前者是人的自愿组合，没有地域和财产限制。后者是以国家法定的土地集体所有权为前提，以地域为界限而形成的特定群体组织。值得一提的是，中央在 1983 年和 1987 年的文件中，没有提集体经济组织，而是采用"地区性合作经济组织""社区性、综合性""乡、村合作组织"的提法。这表现了中央当时想用合作经济改造公社集体经济、合作组织改造公社集体组织的政策构想。

合作社集体中，专业合作社和综合合作社有所不同。综合合作社有社会功能，资合与人合并举。专业合作社往往只有经济功能。不过，目前北京农禾之家咨询服务中心帮扶的几百家合作社中，相当一部分顶着专业合作社的牌子做综合合作社。正是他们，在一砖一瓦地改善着本社区的社会基础结构。

合作经济另一表现形式是协会。日本、韩国农协和中国台湾地区的农会都是协会，都吸收了当地乡镇社区 90% 以上的农民，其"组织与功能设计为政治性、经济性、教育性、社会性兼具的多目标功能，且各目标间可收连环互补功能之效"。另外，这些农协体系都可容纳专业合作社（中国台湾称产销班），都依照合作经济原则进行惠顾分配。

从公共性上看，合作经济系互助性经济，较集体经济更靠近私人经济；集体经济的共有程度要超越合作经济，更靠近公有经济。经营方式侧重上，合作经济侧重成员之间相互扶助，强调互助合作，按交易量分配；集体经济侧重成员的整体意识和综合利益，强调集体共建、按成员权利分配。在产权规定上，集体经济组织拥有山水林田湖草等资源性资产、企业等经营性资产和公益性资产的集体产权，具有不可分割性和非排他性；合作经济的载体即合作社产权由多人投资形成，是私与私连带形成的共有产权。

当下，随着经济发展、技术进步和经营性功能的成熟，合作经济的范畴在延伸，不再是原初单纯和单层的互助性经济，而演变为包含集体经济和私人经济的多元混合体。集体经济的内涵也发生了变化，演变为私人经济、互助合作经济、公益经济等主体多元、形式多样、组织多种的综合性社区经济。总之，现代社会中，合作经济与集体经济的相契性在增加，在一定条件下两者可以交集。

（三）如何辨认集体经济组织

中国的集体经济组织因"三级所有、队为基础"而具继承性，今天是历史的延展。新型集体经济组织是新时期各类改革创新方式的统称。笔者认为，改革创新允许多方探索，应在坚持必要原则前提下在实践中选择。

目前，作为建立新型集体经济组织必备步骤的股份合作制改革，将集体资产折股量化到成员，作为其按股共有和按股分红的依据，走的是资合而非人合的道路，似可商榷。其目标是要摆脱集体资产看似"人人有份"、实则"人人无份"的状态，变"共同共有"为"按份共有"，实现"资产变股权、农民当股东"，农民享有分红，财产性收入稳定增加。

这牵涉如何认识集体经济组织根本性质的重大理论问题。在法律和社会实践中，"共同体"与"共有体"是集体所有的两种典型形式，有明显区别。"共同体"偏向于社会学和政治学概念，成员对共同体财产享有平等的所有权，也承担均等义务，对外负连带责任。而"共有体"偏向于经济学概念，与物权法中的"共同共有"和"按份共有"相对应，"按份共有"要求把整体的权利完全分割到所有成员，按份分享权益，分担义务。对共有财产除协商处分外，各共有人对自己的份额可以出卖、赠予，并可继承。

那么，中国农村集体经济组织到底是共同体还是共有体呢？笔者认为，农村集体经济组织本质上是具有地域与血缘的先天性特征、在生存上相互依赖的生命共同体。在集体组织内部，集体资产产权的属性是集体公权，每个成员不可分割地共同占有，不能量化为成员份额。否则，按照市场股份制通行规则走下去，集体就可能类似企业一样破产或通过成员决定解散。另外，目前集体资产折股量化组建股份合作社明显重在按资分配，如何体现按劳分配原则呢？笔者看到有些试点将成员劳动算作贡献股，似在探索新的出路。但是，股份制是私有制下高效的经济工具，要想移植到公有制的确很难。若将维护生态环境、参与社区发展也与成员权紧密挂钩，类似何斯路村功德银行那样，可否走出一条社区集体共富共融的新路？这些均有待进一步探究。不过，按照"按份共有"理论改革的集体经济股份合作社现已准予股份继承转让，以适应农村人口就业居住频繁变更和流动的大趋势。这样走下去，不出两代人，集体即使不解散，成员的共同体意识和行为也将消散，集体经济组织就会名存实亡。若不希望看到这样的后果，就一定要从现在起，按照期待集体组织承担和发挥的功能做系统化的制度设计并付诸试验，而非抄袭和沿用股份制为核心的制度体系。制度设计似可考虑把集体组织成员的保障和福祉权利与新发展带来的利益分开，新发展强调参与贡献，旧福祉可持有和继承，但含金量要随时间衰减。资源价格涨价归公，即归于真正参与集体经济建设的在地成员。为此，集体组织在地成员有话语权、选择权、决定权是关键。

总之，新型集体经济及其组织是乡村振兴改革创新的主题，农村集体产权制度改革要成为管长远、管根本、管全局的重大制度安排，从实践到理论就应允许长期坚持多样化探索。

五、40 多年改革的启示：壮大集体经济是
乡村振兴必由之路

要理解这一命题，先要了解乡村是什么，为什么人类没有乡村不能存活，为什么乡村对于中国尤其具有须臾不可或缺的重大价值。

乡村是人类自远古至今永存的生态聚落。人的命脉在田，田的命脉在水，水的命脉在山，山的命脉在土，土的命脉在林草。乡村就是人类与山水林田湖草共生共存的生命共同体。

对中国而言，乡村的重大价值还在于乡村是五千年中华文明传承的载体，是中华文明的根。正因为乡村不仅有经济价值，还具有重大的生态价值和文化

价值，所以，将乡村振兴矮化为经济事业，将乡村振兴视为政经分立、政社分立的治理事业，都是错误的。只有理解乡村具有多元综合的长远价值，有独立发展、自主成长的基因，才能认可乡村的独立存在。这种存在和发展需要社会性的载体，它就是一种人的集合的集体。抽离不同时代不同国家的政治经济制度，这种人的集合体具有与天地类似的自然性。顺着它，农村就羽翼丰盈，违背它，农村就日渐凋敝。

从传统看，中国的乡村制度几千年来一直是经济、社会、文化的治理统一体。乡村中有公田、公祠、义学等集体性资产，有里社、保甲、宗族组织。乡绅不仅兴办义塾、祭祠，还赈灾济贫、催征，仲裁民事纠纷，参与乡里事务管理。今天的好村庄无一例外都弘扬了乡贤领导与民众互助的社区合作传统。

从现实看，壮大乡村集体经济是土地集体所有、分户承包制度的必然。国家宪法规定农村土地归村集体所有，税费政策改革又将村集体土地分包给农户的地租规定全部留给农户，这就断绝了村集体经济收入的来源。它不仅是短缺经济时期村集体最主要的收入来源，在城镇化进程中其效益更是被放大无数倍。村里没了收入，村干部工作津贴、村务运转费用和公共设施建设、公共服务等费用只能由国家承担。但是当经济跨越了短缺阶段，进入新时期，城乡发展面临不平衡不充分困局时，各地纷纷出现超越基本需求的一般需求和超额需求，国家理论上不应满足，实际上也无力满足。而追求更好是人的天性。更何况全国60万个村庄水平不一，需求不一，众口难调。新时代，恢复历史传统，让社区化的乡村集体成为独立发展的主体，同时改革阻碍集体经济发展的制度和机制，建立国家与乡村集体之间的法治关系，才能推动乡村整体跃升到富足经济时代。

今天，富足经济已经走入信息时代，其发展的基本动力正在从物质生产演化为观念生产，从而让工业时代彻底改观。2020年全球抗击新冠肺炎疫情中，中国的成效全球公认第一，显然不是依靠物质力量，而是国民对"家国一体"观念的高度认同，以及在抗疫行动中通过各类有形载体无限加强和自我升值这一观念而实现的。决定观念生产的不是装备，不是资本，而是人，是有知识、有能力的人。正是有一批甘愿为村民奉献的村集体带头人带领群众，坚决摒弃那些脱离村民消费需求、盲目追求农业现代化和农村城镇化的观念，唾弃那些背弃公共利益、个人利益至上、无视道德伦理的行为，才开拓出乡村集体经济的一片新天地。

乡村振兴要树立怎样的观念？要点是，村庄不是企业，不能以营利为目的；农业不是工业，市场在资源配置上无法起决定性作用。乡村集体追求的是社区范围内人与自然和谐共存以及村民福祉可持续，而不是人均 GDP 不断增长。乡村集体经济组织应恪守中道，处理好公私关系，坚持义利并举，不走极端。

当前，阻碍乡村集体和集体经济组织发展的，主要不是资金，而是观念。迄今还有相当一部分人包括政府官员，一提及农村集体，就认为是走回头路，要回到人民公社时代。他们不认同要确立乡村和集体经济组织的主体性地位，也不认同推动这类组织发展才是乡村振兴的主题。一谈及建立与人民公社不同的新型集体，就直指股份合作社，村集体资产全部折股量化到全体村民，效果是村集体只能做资产管理，难以独立经营。还有的人将乡村振兴视为简单的农业现代化进程，只要实现了农业规模化、体系化、资本化、效率化，就大功告成。在这种思想指导下，国家和社会资源被大量投入涉农的市场竞争性行业，包括对大规模土地流转项目实施倾斜。更有甚者，将乡村振兴直接一分为三：第一，经济增长靠农业农村部拉动，市场机制占主导地位；第二，公共品靠国家补给，财政部按清单统一提供；第三，基层治理保稳定，乡村集体和集体经济组织多给村民分红、满足经济利益，达到无刑事案件、无上访告状就算尽职尽责。在这些观念笼罩下，乡村振兴缺乏内生动力，无法实现振兴乡村的目的。

六、总　结

中国乡村为什么特别需要集体经济？乡村振兴为什么一定要发展壮大集体经济？说到底，这取决于农民是否真正需要它。它能否为乡村家园的幸福提供非常必要但眼下十分稀缺的帮助，甚至一些琐碎、低微、不起眼，政府做不来，企业不屑于做，非营利社会组织做不了，但对社区生态保持，农民生产生活，维护社区关系和发展潜力实属必要的服务。这正是乡村集体经济存在的价值。可是，由于历史和现实的原因，在一定程度上，集体经济在中国的实践一直未能摆脱人们的担心和怀疑。而在这些年的艰难探索中，总有一批人多年在乡村坚持走自己的路，屡战屡试并获得了局部成功。他们的意愿很质朴，就是不负乡亲，造福乡里，建设家园。他们以自身为村庄的导电体，连接政府和市场，将个人能力与社区建设智慧地相结合，创造性地想出各种各样的办法，百折不挠地屡屡尝试，让人惊叹不已。应该说，这些真心为乡村长远幸福而奋力搏击者并不在少数，且来自四面八方，数量还不断在增长。他们的热忱、努力和坚持甚至完全超出人们的想象。为乡村集体经济探路的伟大事业，必因他们的努力而弘扬光大、传承下去。

徐祥临

中共中央党校（国家行政学院）经济学
教研部教授，中共中央党校"三农"问
题研究中心副主任

市场经济体制下如何认识
土地集体所有制的优势

　　2013 年中央农村工作会议上，习近平总书记指出，"农村土地制度改革是个大事，涉及的主体、包含的利益关系十分复杂，必须审慎稳妥推进。不管怎么改，不能把农村土地集体所有制改垮了"。党的十九大报告强调要"巩固和完善农村基本经营制度"。这就意味着，私有化的农村土地制度改革取向阻碍农业农村经济发展，在社会主义市场经济体制下，建立在土地集体所有制基础上的农村基本经营制度具有明显的制度优势，是古今中外最先进的土地制度和农业经营制度，今后，要在深化农村改革中把这一制度优势发挥出来。

　　党的十八大以来，习近平总书记多次强调，"农村土地制度改革是个大事……不管怎么改，不能把农村土地集体所有制改垮了"。同时，习近平总书记还强调，市场在资源配置中起决定性作用。这就要求我们在实施乡村振兴战略的历史进程中从理论逻辑上回答：农村土地集体所有制在市场经济中具有哪些制度优势，能够给从事农业生产经营的农民带来什么实际利益，以及如何发挥其制度优势。

一、农村改革中土地私有化取向及其消极后果

2019 年中央一号文件要求，"坚持农村土地集体所有、不搞私有化"。显然，这不是无的放矢，而是中国最高决策层对农村土地私有化主张的明确否定。所以，坚持农村土地集体所有制，首先要把否定农村土地集体所有制、恢复土地私有制的农村改革取向揭露出来，并论证这种改革取向给农业农村经济发展造成的消极后果，从反面论证土地集体所有制优势。多年来，农村土地制度改革的私有化取向主要表现在以下几个方面。

第一，推行"增人不增地、减人不减地"政策。1987 年，人民公社已经摘牌两年多，农户承包经营取代集体统一经营在全国范围内彻底定型。为进一步完善农村土地制度，当时主导农村改革的行政主管部门在贵州省湄潭县设立了农村改革试验区。试验的基本内容是"增人不增地、减人不减地"。当年参与"湄潭试验"的几位学者多年来撰写的相关文章资料表明，这项试验带有明显的农村土地私有化取向。事实上，凡是按照"湄潭经验"深化改革的农村，农户都会认为承包地就是自家的私有土地。这是农村改革后向土地私有化迈出的第一步。

第二，绝大多数农村在农村税费改革后不再向农户收取承包费，国家征用土地补偿金和土地流转租金全部归承包户所有，在法权关系上实现了土地私有。1997 年前后全国范围进行了农村土地二轮承包，而且直至 2005 年，集体每年都要向承包土地的农户收取承包费，在法权关系上表明土地还没有改变集体所有的性质。2006 年农村完成了税费改革。为了减轻农民负担，从国家政策层面取消了农地承包户的农业税和"三提五统"，农户不再因承包集体土地而交纳各种费用。这样，集体土地所有权就失去了经济上的实现形式。国家征用农业用地的补偿款和承包地流转的租金在大多数地方也完全归承包户所有，集体就进一步失去了所有者权能。

第三，农业行政机关用颁发"农村土地承包经营权证"的方式，将承包地

块永久固定到承包户。从 2011 年开始，农业行政管理部门出于保护农民土地财产权、促进土地流转等目的，开展了农村土地确权试点工作。2013 年在全国范围内开展了农村土地确权工作。对于这项工作，主管部门的主要负责人多次强调，要给农户"确实权、颁铁证"，把承包地块的四至标注得清清楚楚，让农户知道，这块地将永久承包给他家，今后如何处置承包地，由农户全权决定。对于这种表态，第一批试点县某分管领导甚至产生了"这次确权以后，土地就是私有了"的认知。

从 1987 年"湄潭试验"算起，执行层面存在的土地私有化导向历经 30 多年，结果并不尽如人意，其消极影响主要体现在以下几个方面。

第一，率先进行"增人不增地、减人不减地"的湄潭县并没有因此取得农业农村经济发展的显著成绩，曾经长期处于国家级贫困县的行列。这说明，让农民获得了类似于土地私有的权利，并不能让他们普遍摆脱贫困。

第二，在认真执行"增人不增地、减人不减地"和"确实权、颁铁证"政策的农村，都像湄潭县农村一样，大多数农村集体没有经济收入，连农田水利建设这类简单的统一经营服务也不能提供，农户处于一盘散沙状态。凡是农民和农村干部认为土地事实上就是私有财产的农村，基层党组织普遍呈现软弱涣散状态，容易滋生各种问题。

第三，农户之间人均土地面积差距越来越大，已经有 30% 以上的农村人口在本村没有承包地。甚至出现了消亡户仍然占有土地而有的青壮年农户没有土地的现象。

第四，外出务工的青壮年劳动力不放弃土地，一些老人、病人无力耕作土地，造成土地粗放经营甚至撂荒。农户出租土地收取租金，增加了新型农业经营主体的生产经营成本，不劳而获现象死灰复燃。

第五，在国家征地过程中，一些农户以土地私有为由当"钉子户"，补偿要求过分，提高了工业化和城镇化成本。

总之，从私有化取向的农村土地制度改革中，找不出推动农业农村现代化、促进农民共同富裕的正面作用。相反，多年来农业农村中存在的种种乱象，倒是都能够直接或间接与它扯上关系。

二、市场经济体制下农村土地集体所有制的优势

党的十一届三中全会之后，党中央推广小岗村大包干经验，形成了农村基本经营制度。它有三个制度要点：一是土地归农民集体所有；二是集体土地由农户承包经营；三是集体为农户提供统一经营服务。它的利益分配机制是"交够国家的、留足集体的、剩下是自己的"。我国宪法第八条将这一制度概括为"统分结合的双层经营体制"。这一制度的根基是土地归农民集体所有。

在农村税费改革前，受制于当时城乡分割的财政体制，农户向集体上交的"三提五统"基本上被乡（镇）村两级党政系统挪用到农村公共事业开支领域去了，真正用于为农户提供统一经营服务的资金很少。2006年农村税费改革后，绝大部分农村集体不再向承包土地的农户收取任何费用了。但还有一小部分农村，集体内部农户之间民主协商，自行决定，以适合本村的某种方式，向承包土地的农户收取承包费，用于集体内部的统一经营服务及公共事务。这类农村的土地承包方式和承包期限也各有不同，但都不搞"增人不增地、减人不减地"。因为，集体不可能向死去的老人和外嫁的姑娘收取承包费，新娶进的媳妇和新出生的孩子也要承担交纳承包费的责任和义务。比如，笔者调研过的广东省清远市的叶屋村、新城村、活石水村就是这样。十多年过去了，把这些收取承包费的少数农村与周边不收承包费的大多数农村对照一下，制度优劣，一目了然。

收取承包费的农村集体自然不存在集体经济空壳问题，都能够进行经常性的农田水利及农道建设，土地没有撂荒的，单纯靠村庄内的农业生产经营获得的收入就不低于外出务工的农户亦不少见，邻里和谐，共同富裕，完全没有前述土地事实上私有化了的农村的衰败景象。

这是为什么？把这一现象放在社会主义市场经济体制框架内进行研究，发现了基于土地集体所有制的统分结合、双层经营体制的制度优势表现在以下几个方面。

第一，土地归农民集体所有，耕者有其田制度的初心不可更改，土地与劳

动者结合零成本。

市场经营主体最关心成本与收益。在土地私有且可交易的制度安排下，土地经营者购买、持有、租赁土地，都意味着付出经营成本。由于经营者个人素质或机遇不同，同样数量和质量的土地，对于不同的经营者会产生大相径庭的成本与收益。有的赚钱，有的亏本。赚钱的会购入越来越多的土地，亏本的会失去土地。自秦汉以来，中国就实行了可交易的农户土地私有制。千百年来，农户之间不断上演着土地买卖的悲喜剧。历朝历代的大结局有一个共同点：一小部分人兼并大量土地，成为拥有很多土地的地主，大部分人则成为无地少地的贫农。改朝换代的动力之一，就是无地少地的农民被动员起来，改变"富者田连阡陌，贫者无立锥之地"的土地占有格局，实现耕者有其田。

我们党能够夺取政权，并没有脱离历史的大逻辑。以"打土豪、分田地"为基本内容的农村包围城市革命道路，实现了"耕者有其田"的目标。新中国成立前后，我们党领导了全国范围内的土地改革，实现了耕者有其田。从经济制度层面评价新中国的土地改革，虽然消灭了地主阶级，但并没有消灭土地私有制，只是让所有农民都变成小块土地私有者。顺其自然，重演历史上的土地占有两极分化是必然的。

到1953年前后，以毛泽东同志为核心的第一代中央领导集体就发现，新贫农和新富农同时出现了。因此，如何构建农村土地制度的历史性大课题，就摆到了中国共产党面前。依据马克思主义政治经济学基本理论和革命根据地创造的成熟经验，毛泽东在土地改革之后就十分注意引导农民走互助合作的发展道路，并于1956年开始了农业的社会主义改造。至1961年3月22日中央工作会议通过《农村人民公社工作条例（草案）》（简称"农业六十条"），土地归农民集体所有的土地制度得以确立，宣告了土地私有制在中国消亡，1982年通过的《中华人民共和国宪法》确认了这种土地制度变革的合法性。

人民公社体制完整运行大约20年（1962—1982年），农业用地由集体统一经营总体上并不成功，但这并不能证明土地集体所有制的失败。这一制度的最大历史功绩是守住了中国共产党向农民承诺的"耕者有其田"。不仅人民公社时期耕者有其田，农村改革后经历的两轮承包也证明，社会主义市场经济体制下，土地集体所有制也能够确保耕者有其田。在土地集体所有制框架内，经济实力强者无法买入私人土地，不会成为地主，经济实力弱者无法卖出土地，不会成为贫农。它赋予了新增农民——主要是指农户娶进来的媳妇和长大成人的子女——无偿获得土地的天然权利，而不必付出代价。这种天然权利被称作农民的集体成员资格，是农民的基本民事权利。这一制度彻底改变了土地私有制造成的农民之间土地权利的不平等，彻底消除了农业劳动者获得土地必须付出的代价，做到了农业劳动者与土地结合的零成本。

由此，中国种地的农民不再遭受他人的剥削，也就是不必把自己辛辛苦苦生产的农产品无偿地送给没有付出劳动的土地所有者。

正是由于农村土地归农民集体所有具有制度优势，即使在计划经济体制严重束缚农村经济发展的人民公社时期，土地资源与劳动者零成本结合的效率优势也顽强地表现出来。最直观的证据是，在国家投入很少资金的政策背景下，主要靠农民的劳动投入，开展了大规模的以农田水利建设为中心的现代农业基础设施建设，并发展了农村教育和合作医疗事业，提升了农业农村生产力水平。这是私有制基础上的小农经济做不到的。

第二，社会主义市场经济体制下土地所有者、经营者、劳动者三者利益的和谐统一。

人民公社时期，农户只是单纯的消费单元，不是经营主体，其经济功能是向集体提供劳动力要素，集体与农户之间是整体与部分之间的从属关系。统分结合的双层经营体制建立起来后，农户与集体之间的关系发生了重大变化，农户也成为独立核算的经营主体。集体发包土地，农户承包土地。集体与农户之间的利益关系用承包合同固定下来。在承包面积、承包期限、承包费缴纳方式等方面，约定了双方的权利和责任，实现了土地所有者与经营者的分离。这是市场经济体制下资源配置的一般形式。集体与农户成为权利对等的市场主体。

这样的制度安排，新中国成立前的小农经济时代不存在，人民公社时期不存在，发达资本主义国家中也不存在，在土地制度史和农业经营史上未曾有过，但又符合市场经济的基本逻辑。

以马克思主义政治经济学基本理论为显微镜，透视双层经营体制中的不同

权利主体，我们看到了一个全新的市场主体之间的利益关系：集体经济组织是
土地所有者，农户是向集体上交承包费（租金）的农业经营者，有劳动能力的
农户家庭成员是劳动者。当我们把这三者与土地私有制基础上的三者对照起来
进行考察，就会发现，土地私有制框架内的利益对立关系消失了。众所周知，
在生产资料私有制基础上的市场经济体制框架内，土地所有者的利益诉求是收
取更多的租金，经营者的利益诉求是赚取更多的利润，劳动者的利益诉求是争
取更多的工资，三者之间处于利益对立状态。但是，在双层经营体制框架内，
土地属于集体而非私人所有，集体由承包土地的经营者构成，劳动者是经营者
的主要家庭成员。劳动者的劳动成果完全归经营者所有，经营者缴纳的承包费
即租金归集体所有，形成集体积累。而集体收取承包费的目的，完全用于改善
经营者即承包户的生产农业经营及福利状况。总之，三者的利益关系处于和谐
统一的状态。显然，这是农业上史无前例的崭新生产关系，在土地私有制框架
内不可能出现。中国特色社会主义的制度优势可见一斑。

习近平总书记指出，要坚持以人民为中心的发展思想。发展为了人民，这
是马克思主义政治经济学的根本立场。这一立场，不仅是主观愿望，更要体现
在让人民群众获得实际利益的制度安排之中。双层经营体制中展现的和谐的三
者利益关系，正是这样一种制度安排。在这种崭新的生产关系中，租金对于经
营者而言是本期经营成本，决定了经营者不会撂荒土地。但是，由租金形成的
集体积累并没有减少经营者的经营资本，而是全部转化为经营者和劳动者更好
的生产经营条件，给经营者和劳动者都带来了更多的福利。这既是中国共产党
领导亿万农民发展中国特色社会主义市场经济最先取得的制度成果，也是运用
马克思主义政治经济学总结农村改革实践得出的结论。

第三，土地归农民集体所有，为现代乡村治理奠定了经济基础。

乡村治理是国家治理的重要组成部分。古代中国就十分重视乡村治理，其
基本制度安排是官绅结合，以绅为主。一般来说，乡绅角色由那些家族财力雄
厚的族长充当。所以，中国传统的乡绅治理作为一种上层建筑，赖以存在的经
济基础大体上还是土地占有的两极分化。通俗地说，中国传统乡村社会是地主
说了算。

土地集体所有制彻底消除了土地私有造成的两极分化弊端，为土地权利人人平等奠定了制度基础。这是我国农村社会主义制度的底色。在这个基础上，集体的土地资源如何发挥出更大效能，如何给集体和集体成员带来更多的收益，要通过集体成员民主协商进行决策。比如，集体的土地是否发包、如何发包、发包给谁，承包费是多少及如何收取，承包费形成集体收益后如何使用等。在这个过程中，农民之间不会仅仅讨论土地问题，还要讨论村庄整治、伦理道德、邻里关系、教育、文化、卫生、生态等诸多事务，制定乡规民约等。所以，巩固和完善农村基本经营制度，也是实现乡村有效治理的过程。

三、发挥农村土地集体所有制优势要勇于自我革命

习近平总书记2016年视察农村改革主要发源地的小岗村时指出，新形势下深化农村改革的主线仍然是处理好农民和土地的关系。"仍然"一词提示我们，中国共产党的百年风雨历程就是这样走过来的。新民主主义革命时期，"打土豪、分田地"是处理农民和土地的关系，社会主义革命时期，农业社会主义改造又是处理农民和土地的关系，农村改革，还是处理农民和土地的关系。在这三次"处理"中，第一次是革旧社会的命，第二次和第三次则是自我革命。每次"处理"都是因为土地制度方面已经问题成堆，积重难返，"处理"之后则带来了整个国家首先是农村的巨大发展进步。

新时代以乡村振兴为抓手解决"三农"问题，也必然要求在农村土地制度方面来一个划时代的变革。以习近平同志为核心的党中央已经从顶层设计上明确了乡村振兴战略的政治方向：坚持农村土地集体所有制性质，发展新型集体经济，走共同富裕道路。也就是党的十九大报告部署的那样，"巩固和完善农村基本经营制度"。

但是，把以习近平同志为核心的党中央的顶层设计落到实处，并不是轻而易举的事情。改革是乡村振兴的重要法宝。要解放思想，逢山开路，遇河架桥，破除体制机制弊端，突破利益固化藩篱，让农村资源要素活化起来，让广大农民积极性和创造性迸发出来，让全社会支农助农兴农力量汇聚起来。这就要求

相关领导干部和理论工作者"牢记初心使命，推进自我革命"。

发挥农村土地集体所有制优势，要解放思想，打破靠土地私有化明晰产权的教条。

当年在湄潭县指导"增人不增地、减人不减地"改革试验的一些学者，曾主张按照科斯产权理论逻辑搞农村土地改革。按照市场经济就要明晰产权、降低交易成本、提高资源配置效率的要求，认为农村土地集体所有制是导致产权不清、人民公社体制失败的根本原因。大包干也没有彻底解决产权不清问题，只有恢复土地私有，才是治本之策。这种理论看起来很严谨，但这种观点没有预见土地一旦成为小农户的私有财产，必然会出现一部分土地被粗放经营甚至撂荒的现象，对于中国这样人多地少的国家而言，这就是制度安排不当造成的资源配置效率低下。他们寄希望于土地买卖和土地租赁解决土地粗放经营和土地撂荒问题，却不知这本身就是让农业经营者在交易中负担更多的生产成本。

历史告诉我们，教条一旦形成，鲜有由教条主义者主动打破的先例。真正能够冲破教条束缚的是广大人民群众的实践。新时代要打破土地私有化教条的束缚，就要像当年尊重小岗村农民首创精神那样，尊重农村改革以来自觉发挥土地集体所有制优势的农民群众和基层干部的首创精神，总结他们的经验，予以宣传推广。

发挥农村土地集体所有制优势，要破除体制机制弊端，突破利益固化樊篱。明确以下几个具体问题的是非尤其重要。

第一，农村的土地是归"三级共有"，还是归"生产队"单独所有。我国农村土地由农户私有变成集体所有，是由人民公社体制确立起来的。人民公社"六十条"确立的农村土地集体所有制是"三级所有、队为基础"。所谓土地"三级所有"，就是农村的一块农田，既归几十个农户组成的生产队所有，又归若干生产队组成的生产大队——通常有几百个农户所有，还归若干生产大队组成的人民公社——通常有几千个农户所有。当年毛泽东作出这样的制度安排，是为了在农村集体所有制中植入全民所有制因素，以便向共产主义过渡。但以市场经济必须做到产权明晰的制度要求看，"三级所有"制度安排显然是不科学的，农民群众是不能接受的。毛泽东的历史性贡献在于规定了农村土地的基础所有者是生产队。当年的生产队即现在的村民小组的几十个农户都有密切的血缘亲缘关系。在我国绝大多数农村，农民认可、接受的集体是在这个范围之内。如果让他们认同生产大队（现在的行政村）的土地集体所有者身份，必须至少有一位既有公心又有能力的农村基层领导干部把他们团结在一起，如山西省的大寨村、江苏省的华西村、浙江省的滕头村等。我国农民接受人民公社（现在的乡镇）拥有土地集体所有者身份的地方，大概只有河北省晋州市的周庄（在笔者看来，周庄事实上是个规模比较大的生产大队）。主张搞土地私有化的学者批判农村土地"三级所有"存在产权不清的弊端是正确的，但他们因此就否定生产队作为土地集体所有者之一的科学性和制度优势是错误的。本文提到的清远市的三个村庄就都属于原来的生产队。所以，我们必须明确，在绝大多数农村，土地归集体所有是指归发包土地的村民小组所有，而不是行政村。但目前在很多人的心目中，说到集体就是特指行政村。这说明，我们对人民公社体制的改革还没有彻底完成。在这方面取得了较大改革成就的是广东省清远市，他们通过农村综合改革，把农村土地所有者明确界定为村民小组或自然村，排除了行政村的土地所有者身份，取得了很好的改革效果，受到了习近平总书记的肯定。

第二，农村新增劳动力是否拥有承包集体土地的权利。从表面上看，"增人不增地、减人不减地"政策稳定、固化了农户（不是个人）土地承包经营权，其实质是取消农村新增农业劳动力即新媳妇及其子女承包集体土地的权利。按照这个办法，可谓是"土地一次性发包，集体永久性死掉"。所以，坚持还是否定农村土地集体所有制，基本问题是农村新增劳动力是否拥有承包集体土地的权利。"增人不增地、减人不减地"政策首先是在集体内部取消了农民平等占有土地的权利，接着就是让新增劳动力人数较多的农户为耕作土地付出买地或租地的代价。所以，拥护"增人不增地、减人不减地"政策的，是那些农业劳动力减少甚至没有劳动力的农户，而新增农业劳动力较多的农户都反对这一政策，要求通过承包权调整增加承包地面积。在这种利益碰撞面前，理所当然，要维护新增农村劳动力平等无偿占有土地的权利，因为他们才代表农业发展的动力和未来的主要依靠力量。有人认为，重新调整土地违反了"长期不变"的政策。这种看法是不正确的。党中央反复强调的是集体土地由农户承包经营这种制度长期不变，不是要求没有农业劳动力的农户还要承包农业生产经营用地，更不是要求取消新生农业劳动力承包土地的权利。

第三，集体向农户收取承包费是不是增加农民负担。"留足集体的"是创设农村基本经营制度的初心，是农民集体的利益诉求。人民公社解体后上交承包费成为农户的"负担"，是因为承包费被应当由政府承担的公共事业和公共服务占用了，是国家与集体的关系处理不当而导致的。集体向土地承包户收取承包费是土地集体所有权的基本实现形式，形成集体积累，用于为承包户提供统一经营服务，对农户的持续增收是十分必要的，农户是衷心拥护的。党的十六大以来，国家逐步取消了工业剥夺农业、城市剥夺农村的政策，习近平总书记在党的十九大报告中明确农业农村优先发展方针，为"留足集体的"制度重新焕发生机提供了政策保障。有人担心"留足集体的"为农村小官大贪制造空间，这完全是因噎废食的想法。清远农村综合改革的实践证明，只要把收取承包费的集体边界划分清楚，明确承包费使用的权利只属于发包土地的集体，农户通过民主协商，就能够用好集体积累。所谓"集体经济空壳"难题将迎刃而解。

第四，重温当年推动农村改革工作的基本准则，即"始终一贯地坚持群众路线，坚持群众自愿原则""要向群众学习，尊重群众的首创精神""一切从实际出发"。多年来，尽管有私有化改革取向的干扰，但在土地集体所有制基础上，各地农村基层干部群众还是创造出了许多巩固和完善农村基本经营制度的好经验，我们应当总结推广。

习近平总书记坚定不移地维护农村土地集体所有制，是维护农民根本利益的伟大历史功绩。我们完全有理由相信，在习近平新时代中国特色社会主义思想指引下，通过全面深化农村改革，土地集体所有制必将在乡村振兴中焕发出勃勃生机。

仝志辉

中国人民大学农业与农村发展学院教授、中国人民大学国家发展与战略研究院研究员、中国人民大学乡村治理研究中心主任

集体村社制是优化乡村治理体系的制度基础

乡村治理体系建设在国家治理体系现代化中处于基础地位，也是乡村振兴战略全面推进的基础。本文首先结合党的十八大以来党中央的战略部署，分析了农村社区治理的突出地位，提出集体村社制是我国乡村治理体系的制度基础，然后对这一制度基础的由来和内涵进行了解析，最后提出，应着眼于充分发挥集体村社制的制度优势，通过加强基层党建、改进村民自治和实现"三治融合"三项关键举措，加强农村社区治理。

随着乡村振兴战略全面推进，乡村治理的重要性越来越突出。农村社区是乡村治理的基本单元，农村社区治理越来越显现出在乡村治理体系建设中的基础性作用。可是，在实践中，人们普遍感到，农村社区治理头绪非常多，工作内容非常庞杂。面对这样的工作局面，我们更需要加强对乡村治理和农村社区治理内涵的理解，以便抓住根本，实现纲举目张。

本文试图回答两个方面的问题：第一，乡村治理体系建设所要依据的制度基础是什么，或者说，农村社区治理要在怎样的制度基础上推进？第二，改进乡村治理工作要怎样更好地发挥其制度基础的优势？本文提供的答案是，建立在我国村社传统之上的集体村社制构成了乡村治理体系的基础，也是在改善农村社区治理和加强乡村治理中需要着重加强的制度基础。只有发挥集体村社制的制度优势，乡村治理才能得到系统加强。

一、乡村治理体系建设与村庄社区治理

第一，乡村治理体系在国家治理体系现代化中的基础性地位。

党的十八届三中全会通过的《中共中央关于全面深化改革若干重大问题的决定》，对治国理政作出通盘部署。改革开放始终在路上，改革的目标是建成一套完善的制度，实现国家治理体系和治理能力现代化。中国要成为一个现代化的国家，就必须能够应对各种风险和挑战。比如，中美贸易摩擦和制度竞争等问题的解决，都依赖于我们国家的治理体系和治理能力现代化。要用我们的制度优势来化解和回应这些风险和挑战。在治理体系和治理能力方面，我们还没有完全实现现代化。在国家治理体系和治理能力现代化的整体布局当中，农村社区治理具有基础性地位。

第二，加强农村社区治理是谋求村庄良性转型的战略举措。

今天的村庄和过去的村庄不一样，农民的生活状态和我们理解的传统农民不同。有的村庄在空心化，有的村庄在城市化；有的村庄在消失，有的村庄在扩展；有的村庄的常住人口规模是原来的十倍甚至二十几倍，但有的村庄只有十几户、二十几户；有的村庄在衰落，有的村庄在发展；有的村庄了无生气，而有的村庄出现的新的问题你在城里根本想象不到。村庄这个农村社会的基础社会单元，在剧烈变动的过程中，需要有一个良性的转型。为推动这个良性的转型，国家的应对之策就是加强农村社区治理，这是主动回应村庄变化的战略举措。

第三，加强农村社区治理是乡村振兴战略的重要举措。

党的十九大提出了乡村振兴战略，论述可以分为三部分。第一部分提出20字总要求。第二部分是对重要的农村改革和发展工作的部署。第三部分提出加强农村基层基础工作。第一部分的20字总要求是乡村振兴战略的目标，这个目标其实是针对农村社区或者农民所居住的地方的发展目标的一个总体描述，这实际上是我们农村社区治理在追求的。第三部分讲的加强农村基层基础工作，健全自治、法治、德治相结合的乡村治理体系，就是农村社区治理工作的总体要求。

党的十九届四中全会接续党的十九大，对城乡社区治理作了直接部署，《中共中央关于坚持和完善中国特色社会主义制度　推进国家治理体系和治理能力现代化若干重大问题的决定》第九部分第一段说："社会治理是国家治理的重要方面。必须加强和创新社会治理，完善党委领导、政府负责、民主协商、社会协同、公众参与、法治保障、科技支撑的社会治理体系，建设人人有责、人人尽责、人人享有的社会治理共同体，确保人民安居乐业、社会安定有序，建设更高水平的平安中国。"社会治理很重要，农村社区治理是社会治理的一部分，社会治理体系是关乎我们国家社会治理方面的一个制度性安排，这个制度性安排对农村社区治理也是适用的。农村社区治理提出的一些制度性目标，就是在这个总体要求下的具体化。人人有责、人人尽责、人人享有的社会治理共同体，在农村社区我们也想建成这种状态。不想农民各自为战，纠纷不断，离心离德，不仅人走了、村庄空了，心也走了。第五段说："构建基层社会治理新格局。完善群众参与基层社会治理的制度化渠道。健全党组织领导的自治、法治、德治相结合的城乡基层治理体系，健全社区管理和服务机制，推行网格化管理和服务，发挥群团组织、社会组织作用，发挥行业协会商会自律功能，实现政府治理和社会调节、居民自治良性互动，夯实基层社会治理基础。"农村社区治理是基层社会治理，基层不仅包括城乡，实际还包括企业、社会组织等各种单位。城乡社会治理是在基层社会治理之下的，农村社区治理又是在城乡社会治理之下的。基层治理前面就是社会治理，社会治理对应的是国家治理体系和治理能力现代化。这样我们就可以从总体上理解农村社区治理所处的这样一个基础性地位。它是在从国家到社会这个链条中最基础的部分。

农村社区治理包含的内容非常多，有组织架构、村民自治、社区服务、社区文化，还有社会协同。这些工作内容有怎样的内在统一性，这是理解农村社区治理的核心所在。因此，我们必须理解以下三个方面的问题。其一，农村的基础和社会组织是怎么来的，我们目前的村庄制度是怎么出现的。其二，加强农村社区治理，要在现实的基础上来做，我将这个基础概括为集体村社制的村庄制度。其三，加强以集体村社为基础的农村社区治理，应该有什么样的工作思路。

二、从家族村社到集体村社：中国传统村庄的时代变迁

中国传统村庄是按照邻里关系、血缘关系组成的，可以称作"家族村社"。现在的村庄和过去的村庄相比，有一个基本的元素还保留着，就是"村社"。过去的村是一个村社，今天的村还是一个村社。那什么是村社呢？"村"是一个地域性的单位，"社"可以理解为一个共同的经济生活组织。比如，小说《白鹿原》里，村庄有祠堂，它有公共的祭拜的活动，它有自己村庄的公共文化活动，这些东西有人组织，而且有经济来源。经济来源具体是什么呢？祠堂背后有主体，就是本家族的一些公共性的土地。每家都有自己的祠堂和小庙，有自己的族长和房长；没有族田，它的经济花费可以向族人募捐，或者由族内的大户，就是我们所说的乡绅捐献，这个捐献出来后就不是他自己的财产了，是为公共生活捐助的。这样看来，村庄是有公共边界的，虽然是各家各户住在一个村里，但是它有一个公共的东西，公共的经济收入，这部分可以叫作"社"。"社"可以用于概括如各家祠堂、各种民间组织，超出一家一户范围的民间组织，还有一些公共活动的组织，它是村庄公共生活在经济上的支撑。

家族村社整体上没有什么发展能量。在过去的土地私有制度下，弱者很难摆脱被压榨的地位。而农户可能通过家族勤劳努力，三代可以致富，但无法避免多子均分财产以及自然灾害、土匪战乱的侵蚀。一个家族则可能由盛而衰。一个村庄可能由之前的非常显赫，转而遭遇灭顶之灾。家族村社并没有自己强

大的经济支撑，它没法让村庄每个成员都发展起来。

经过长期的努力，党在农村创造了一种新的组织，我的理解是，以集体经济组织为衔接元素的新组织，可称作"集体村社"。"集体村社"这个制度可能在政策用语上不常被提起，但人们在总结历史时绝对不能忘记。陈锡文是我国"三农"工作的重要领导人，他在总结农村改革 40 周年经验时曾经说到，农村改革有四点经验，其中最后一个经验是"始终坚持农村土地集体所有制这个最重要的基础性制度"。集体经济的组织制度，农村的基本经营制度，农村基层社会的村民自治制度，都是从这个制度上产生出来的。他说，我们改革开放搞了 40 年，没把土地集体所有制给改了，没把土地的集体所有给搞成私有的，正是我们保持了农村土地集体所有，在这个基础上，才有我们所说的村集体经济组织，才有集体经营制度进而有统分结合的双层经营制度，才有农村基层社会村民自治制度。他这句话实际上就是想概括我国农村的这种基础性制度安排是什么，它的实质是什么，它有几个构成部分。

农村改革一个很重要的关键改革就是，要搞农村集体产权改革。集体产权制度在今天能够重新得到加强，也与土地集体所有制有关。应从积极的方面理解农村土地集体所有制及其之上的农村整体的制度安排。也就是说，它不仅是防范风险，它还有更加积极的作用，否则不足以理解这个制度为何到现在还保持着。我们今天的好多改革还想去强化它，让人们认为，它还能带来更多的好处。但这种改革方向在具体政策上还不太清楚，还不能让我们自觉地去坚持它。所以，我今天是想从集体村社的角度来讲这个问题。只有理解这个问题，才能巩固我国农村治理体系的基础性制度安排，并且结合新的形势，来构筑所谓三治融合的乡村治理体系，实现治理有效。从认识上来讲，这是搞好农村社区治理的基础性的理论问题。从工作部署来讲，它是抓好农村社区治理工作的一个前提和基础。

三、集体村社制是我国乡村治理体系的
基础性制度安排

什么是我国乡村治理体系的基础性制度安排呢? 我认为, 就是土地集体所有制基础上的集体村社制度。这个集体村社可以理解为一系列的组织, 也可以理解为一系列的制度。村庄千差万别, 农村工作复杂多样, 但所有的村在中国只实行一种制度, 可以说是土地集体所有制基础上的集体村社制度。

集体村社是怎么来的呢? 集体村社第一个形态就是人民公社。在大公社时期, 就是把一个地方所有的生产大队都合到一个大公社, 制度背后的逻辑是, 整个人民公社就是一个村社, 人民公社内部的地, 是属于全体人民公社社员所有的。不管好地坏地、大块地小块地, 都统一归人民公社社员所有。后来, 从大公社退回到小公社, 就是搞"三级所有、队为基础", 就是把土地的集体所有放到生产队这个级别。改革开放以后, 很多地方把现在村民小组一级的土地归到村委会, 实际上就是由生产队这一级提到生产大队这一级。但不管怎么说, 我们现在的土地集体所有制的基础来自人民公社体制。

人民公社是一个特殊性的制度安排。先是土地集体所有, 然后劳动力归个人所有, 但个人需要到集体土地上出工出力, 赚取个人的生活来源。首先是保证集体发展, 然后每家每户才有发展。就是用这样一个体制, 我们创造了一种新的农村社会组织形态, 这个形态就是集体村社。多数情况下, 一个生产大队是在过去多个自然聚落基础上发展起来的, 这里面分了一些生产队, 地域上是住在一块的。而且在人民公社时代, 通过集中居住把农民的住宅相对集中, 尤其是在 20 世纪六七十年代, 很多村新建了住宅, 进行了规划。农民集中居住是为了节省土地, 为了方便一些基础设施的建设, 共享劳动成果。集体村社既有地域性的村, 又有一个集体经济存在。这样的村庄相比原来的家族村社, 集体实力更加强大, 发展的规划性更强。这就表现在当时的一些先进村庄。这是集体村社的第一个形态。

集体村社制的第二个形态是今天我们要建的新型集体村社。正是基于集体经济发展对于农民、对于农村发展的极端重要性，党的十八大以来，以习近平同志为核心的党中央，特别强调要壮大农村集体经济。在党中央的整体谋划里，新型集体村社是什么呢？我的理解，其一，土地由村集体经济组织成员集体所有，农地三权分置。其二，土地尤其是在土地和其他自然资源内部整合的基础上，以村庄为主体，去招引和整合外部资源。今天我们能确定村集体经济组织和村民委员会的特殊法人地位，因为它是一个组织，它通过和外部资源进行对接来发展自身。其三，集体村社的成员平等享有集体所有的福利和保障。其四，在经济组织和社会组织分离基础上的经社互构。具体指村集体经济组织拥有独立财权，村社依赖集体经济收入和国家财政投入进行公共服务和社区管理。其五，在村党组织统领之下，政经社合一或者协同的治理。这就是我说的集体村社当下的形态。这构成了我们进行农村社区治理的现实基础。

总之，集体村社就是充分发掘农村社会中的村社传统，充分发扬农民互助合作的农业生产传统，创造性地利用家族村社拥有公共性资源和进行公共事务治理的传统。在家族村社里，有公共财产，也有公共治理。如果不孝敬父母，就有人来指责你，就有族长、乡绅来规训你。在传统家族村社条件下，这种行为是不被允许的。它有公共性治理的一面。中国共产党把公共性这一面都利用起来了，包括族田、公共经济活动等。这个传统被创造性地发挥出来。但是扩大了范围，通过土地集体所有、集体统一经营、成员共享经营成果构建出来的农村基层建制。这就是集体村社，它的突出特点是政经合一、成员平等和共同发展。它有自己的地域范围，也有自己的人员范围。集体村社最重要的制度创造，就是对集体地域范围内的各种资源的确定以及对它的成员之间的受益关系进行了重新构造。这是在中国历史上从来没有的。我认为，它是有生命力的、未来还将延续的一个制度。

下面我们可以在集体村社制度和上述含义的基础上重新解释一下"为什么集体村社是农村社区治理的制度基础"。

一个通俗的说法就是"一方水土养一方人"。我们曾经一度以为，中国要建成一个现代化国家，我们的经济和社会生活要现代化，肯定要像西方社会那样：人员高度流动，城镇化率可以达到80%以上，只有少量人口住在农村，住在城市里的人和土地没有关系，没有长期居住家乡这样一种生活状态，工作可能是随时迁移的，工作会变换很多，居住地也是要更换的。这个就是我们中国要谋求的未来。这个未来实际上是不现实的。其一，自然资源条件不允许，如果说中国的 14 亿人中有 80% 都成为市民，因为支持城市生活需要一定资源，这是这个地球所无法承受的。这么多人口实现高度的城镇化，不太现实。这是一个约束性的条件。其二，那是不是中国人的一个理想生活？从中国人的文化观念和习性来讲、从中华民族的理想生活来讲，如我们希望三代同堂或四代同堂，就是家庭作为一个基础性的社会组织，不希望隔代分离。今天农民工流动造成的留守子女、留守老人，这是中国人不希望看到的。高度城镇化或高度流动性这种状态是不利于中国人这样的生活理想的。但集体村社给我们提供了追求中国人的理想生活的另外一种可能。它充分利用本地自然资源和自然条件，来优化这些自然资源和自然条件产生的效应。所以，我们说集体村社整合了一方水土。比如，一个乡镇范围内，一个村的农民可以到另一个村去买宅基地的使用权，但他还是原来村庄村集体经济组织的成员。他依然能享有原来村庄村集体经济组织的分红，但他居住在临近的地方。中国人既希望改善自己的现代生活品质，又希望有浓厚的人际社会关系。这个是通过对一方人的重新组织而建立起来的。这是通过村土地集体所有制和村集体经济组织来完成的。有了一方水土，有了一方人，怎样让一方水土能养得起一方人呢？从我们中华民族的发展历史来看，一些村庄历史长的地方，都有养得起一方人的条件，我们通过新时代的乡村振兴战略，真正发掘并实现农村价值，就能实现一方水土养一方人。

集体村社的内部发展机制是什么呢？可以通过三个侧面来了解。一要涵养一方水土，就是要保有自然环境。二要造血，就是要发展集体经济。三要综合，政经社合一并举，互相支持。我们今天做农村社区治理，就是要把这个机制充分地活化出来，把它显现出来，让它能够起作用。我今天把集体村社作为农村社区治理的基础，大家不一定同意。因为很多村庄没有集体经济，很多村庄都已经要撤并了，那集体村社作为所有村庄的一个内核去讲，有的村庄没有把这个显现出来，发展状态就不是特别好，当然它从建制上取消是另外一回事。村庄如果合并了，能否把村集体经济组织取消呢？事实上没有取消，它可能是村集体股份合作社还保留，或者几个村的股份经济合作社合并成为一个股份经济合作社联合社，或者干脆就合并为一个大的股份经济合作社，村集体经济组织还保留着。即使建成了居委会，它也有村集体经济组织。也就是说，集体经济的内核还是存在的。因集体经济存在而产生它对每个集体经济成员的这种平等分配和照顾的责任还是一直存在的。所以，这种村改居的社区，相对于城市社区来讲，还有另外一层制度，这个制度就是集体村社制度。这个制度是具有生命力的，是需要保留的，而且是需要充分利用的。集体村社作为农村社区治理的基础，同样为未来的农村社区治理提供了多元统一的治理主体，这就是我们刚刚讲到的，党支部为主导的，集体经济组织、村民自治组织以及各种新型的合作经济组织。比如，农民的土地股份经济合作社，可能不包括所有的集体经济组织成员，但是村民是用他的土地承包权和经营权入股，组成的部分集体成员的这样一个合作经济组织，这个也和集体村社组织的制度基础有很大关系。

这样我们一层一层看下去，其实农村社区治理的基础性制度安排，还是以土地集体所有和村集体经济组织为基础的这样一套集体村社制的制度安排。包括村党支部，也与这个有关系。村党支部能够存在，很大程度上是因为有集体经济。

四、以集体村社制为基础的乡村治理建设的对策

当理解农村的组织建制核心是集体村社制之后，就可以通过强化这一制度基础和发挥其制度优势来改善农村社区治理，从而加强乡村治理。

第一，强化集体村社制，以加强农村基层党建。

可能大家认为基层党建是党委组织部的工作，和农村社区治理没关系，但是我认为它是农村社区治理最基础性的一个工作。加强农村社区基层党建有两个含义，第一是坚持党的领导，第二是党的领导必须在社区层面得到具体的实现。

为什么要坚持党的领导？这与党的性质有关系。党的十九大修改后的党章

规定，"中国共产党是中国工人阶级的先锋队，同时是中国人民和中华民族的先锋队"。说明中国共产党是代表中国人民和中华民族的，数量众多的党员是人群中的先进分子。这在世界其他政党那里是不存在的，没有这样一个党员数量占总人口这么大比例的政党。所以，她不是一个一般意义的政党。共产党员是人群中的先进分子，只要你是一个单位或者小的社会组织中的先进分子，党都要把你发展成为党员。这是为了什么呢？是为了使这个国家团结起来、凝聚起来，实现各方面的发展。所以，国家的发展和党的发展是一体的。

为什么党的领导必须在社区层面得到具体的实现？如果基层组织涣散，那党的领导就是虚的。这一点也是对党的领导的一种根本性理解。在基层群众自治组织和社会组织当中，都要健全党的领导，党的领导不是"要管人"这样狭隘的理解，而是要承担任务、要解决问题。基层群众自治组织要解决的问题，也是党关心的问题。共产党的领导就是一个个基层党组织在行动，这是共产党存在的一个最基本的状态。一个一个基层党组织在创造性地解决问题，共产党的领导就实现了。乡村振兴中党的领导的首要工作就是强化集体村社制，通过发展集体经济、推动共同富裕，凝聚村庄的人心、资源和各方面力量。

农村社区治理是一项创造性很强的工作，首要的工作就是把农村社区的党组织建成坚强的领导核心，打造成学习性团队、使命性团队和开拓性团队。不是说上级布置什么就做什么，不是上级说这个事情该怎么做就一定要怎么做。上级党组织对基层党组织的要求也不尽如此。因为每个地方的问题都有各自的特殊性，这就要求我们必须创造性地进行工作。所以，这就形成了党组织和行政组织之间的互补。行政组织是命令性的，是首长负责制的，按照上级指令和政策去作一些部署和安排。但是在社区层面，它必须创造性地开展工作。具体来说，基层党组织要提出切实的工作目标和工作任务，用创造性的手段来完成这些任务。

第二，强化集体村社制，以改进村民自治。

单纯地给农民选举权利并不能解决农村社区的治理问题。因为过去村民自治有形式上追求民主的缺陷，就是仅仅追求一种制度性的安排，如各省都有一些村民委员会的实施办法、选举办法，包括村民代表会议的议事规则。但这些如何落到实处？浙江省象山县有一个"村民说事"制度，2019年6月在那里召开了全国推进乡村治理的现场会。他们的"说事"，就是打破那种形式上的东西，按理说"说事"要到村民代表会议上去说，但象山村民只要有事就可以说。你可以找村干部说，也可以找村民代表说。每个月召开一到两次说事会，任何事都可以拿到上面去说。也没有固定的议事规则，它是通过农民最广泛的参与，使村民自治真正落到实处。这样村里和乡镇有关部门就掌握了真正的情况，就把握了村庄要解决的具体问题，想到了具体的办法。而且，这个说事会还有监督功能。村民说完了，村"两委"必须商议。然后马上就"办"，办完了就"评"，"评"就是每年村民要给每件事打分，要给每个村干部打分。打分结果关系到村干部的奖励工资。所以，村民自治就落到了实处。充分发挥村民参与和民主议事协商制度，让大家能够用多种形式充分落实村民自治。这是我们改进村民自治的一个切实工作目标。

第三，强化集体村社制，以实现"三治融合"。

在村民自治制度之外，要开发多种治理手段，把德治和法治的作用发挥出来。

第一个是德治。德治，就是村党支部和村里的先进分子，基于村民的根本利益和道德心，作出志愿行动，起到组织和带动群众的作用。这个可以和基层党建作一个统一的理解。德治首先需要党组织来组织。党组织本身就是一个道德先进者的集团，德治首先要在党组织身上体现出来。然后发扬一个村里面从经济实力到道德意识都比较强的人，让他的捐赠或投身公益行动去触发这种活动，然后带动大家从善向善，使每个村民都为公益着想，进一步把道德心、公益心和治理作用发挥出来。这就是德治。

第二个是法治。法治有两个方面：一是充分利用地方立法权，把地方性的特殊问题通过法律手段形成地方性法律，然后交由村庄贯彻实施。二是每个村制定符合本村实际情况的村规民约，利用村民主体的力量让它得到实施。有了法治尤其是村规民约，我们可以赋予各种村庄的社会组织实际的权力，然后由全体成员监督，使其真正发挥作用。

现在特别强调"三治融合"。但是，没有集体村社的坚强基础，"三治融合"很难实现。如果没有一个稳定的、可以持续发展的集体经济，别说法治，就连村规民约都很难执行。为什么呢? 因为执行村规民约需要有一些奖惩手段，与集体经济实力都有关系。德治也很难，道德要想从根本上得到弘扬，也需要一定的经济手段。如果普通村民的生活没有保障，就不可能人人讲奉献、人人讲道德。村民自治更是如此。村民自治需要有独立的经济来源。现在村干部的工资是上级给的，村干部没有衣食之忧就可以完成上级布置的工作。但村民要求的事情不是上级布置的，如果要村干部全心全意完成这些工作，村集体经济就要给他们一部分经济激励。对村民亟须办理的公益事情，村集体经济能够提供支持。这样自治才能落实，才能算自己能够解决自己的问题，实行了自治。村集体经济是特别重要的。集体村社在集体经济之上，对各类组织的支持，以及对它们的协同管理，是农村社区治理的一个基础性架构。

第五章

农耕文化
振兴之魂

朱启臻

中国农业大学教授，中国农业大学农民问题研究所所长，中国农村社会学会副会长

传承农耕文明
振兴乡村文化

　　乡村是文化的宝库。农业文化、民间文艺、乡村手艺、乡村生活方式、乡村习俗与娱乐以及尊老爱幼、诚实守信、邻里互助、勤俭持家等传统美德，都是乡村文化的重要组成部分。乡村文化承载着中国人的精神寄托，折射着中国人的生存智慧，反映着人们对美好生活的向往。乡村也是传统文化的根。丰富的文化存在于乡村空间结构和社会结构之中，农家院落及其特定的排列方式构成的村落形态、村落公共空间，乡村的劳动与消费方式等都是乡村文化得以存在和延续的载体。皮之不存，毛将焉附？乡村文化建设只有从保护村落开始，遵循乡村发展规律，做到与时俱进，才能取得事半功倍的效果，否则就会出现建设性破坏。

　　人们常说，乡村是文化的宝库，乡村是传统文化的根。但是如果追问根在哪里，恐怕一时难以回答。但这又是我们必须回答的问题。唯有把这个问题搞清楚，才能理解乡村文化价值所在，才能遏制乡村的进一步破坏。这里，我们重点探讨三个问题：一是乡村到底有哪些文化；二是乡村文化得以存在的载体在哪里；三是各地乡村文化建设有哪些经验和做法。明白了这几个问题，乡村文化振兴就有了依据，乡风文明建设就有了抓手。

一、乡村是中国传统文化的宝库

到底乡村有哪些文化，又有怎样的寓意呢？我们从以下几方面来叙述。

（一）农耕文化

广义的农耕文化，是指由农民在长期农业生产中形成的为适应农业生产、生活需要形成的国家制度、礼俗制度、文化教育等文化的集合。狭义的农耕文化是与农业生产直接相关的知识、技术、理念与信念的综合，包括农学思想、栽培方式、耕作制度、农业技术文化、地方知识、农业信仰、农具文化、治水文化、物候与节气文化、农业生态文化、农产品加工储藏文化、茶文化、蚕桑文化、畜牧文化和草原文化等，还包括了农业哲学思想和农业美学文化。农耕文化是中华文化发展的重要根脉和基础，是现代社会发展中挖掘不尽的宝藏。

我国有丰富的农业文化类型，被列入世界重要文化遗产保护名录的就有15项，被列入中国重要农业文化遗产的更多，如浙江青田稻鱼共生系统、云南红河哈尼稻作梯田系统、内蒙古敖汉旱作农业系统、浙江杭州西湖龙井茶文化系统、河北宣化传统葡萄园等。其实，没有被列入遗产名录的优秀农业文化更多。农业文化在四个方面对乡村建设发挥作用：一是协调人与自然的关系。农业文化渗透着"天人合一"理念，体现尊重自然和利用自然的智慧，许多农业信仰维系了人与自然的和谐共生，成为保护环境和生态建设的重要精神财富。循环农业理念成为现代可持续农业的模板，也是影响和规范人们养成珍惜资源、合理使用资源习惯的重要动力源泉。二是塑造人的良好品格，农业文化附着在农事活动和生活方式之中，其教育与熏陶作用越来越受到人们的重视，从事农事活动本身就是实施教化的重要途径。三是增强凝聚力。无论是传统的小农生产还是未来的规模化经营，互助的传统、合作需求、生产经验与技术交流、生产示范模仿都不会消失，而且会得到不断强化，这个过程密切了村民彼此的关系，增加了对社区的认同和凝聚力。因此，农业文化也是现代合作文化的基础。四是促进农产品品牌建设。农产品品牌的创建主要不是靠包装宣传，农产品品牌的核心是农产品所蕴含的农耕文化，当赋予农产品文化内涵后，农产品就获得了文化价值。

今天，人们反思工业化农业导致的环境污染、土壤退化、生物多样性丧失等问题时，不由得想到从传统农业文化中寻找现代农业发展的理念。《四千年农夫》的作者富兰克林·H.金认为中国、朝鲜半岛和日本可持续农业经验对全人类都是有帮助的，应该成为西方向东方学习保护自然资源的第一课。面对工业化农业耕作方式存在的弊端，"回归自然"重新成为受人关注的理念。应该看到，中国传统博大精深的农业文化是个远没有被揭示出来的话题，有些重要农业文化或许只有在丧失之后人们才能认识到其存在的价值，而有些东西一旦失去几乎不可能再恢复。丰富的民间智慧是农民在长期的农业实践中形成的，是农民常年在与耕地打交道的过程中发现并归纳出来的。村落的存在是这些经验得以形成的前提，也是这些经验和其他乡土知识得以传承的基本条件。这也提醒我们研究乡村价值对农业的重要性。

（二）乡村手工艺文化

不论哪一类乡村手艺，都像"文以载道"一样，所包含的思想、道德、信仰、愿望等内涵，使手工艺的价值超出其使用价值而成为教化的载体。像木匠、瓦匠、石匠盖房子这样的技艺，也蕴含了很多讲究。因此就有很多神秘感，使匠人们获得了村民更多的尊重。乡村传统手艺一般基于当地的自然条件和风俗习惯，并与乡村传统节日有机融合在一起，凝结了村民们敬畏自然、崇尚祖先的淳朴精神信仰与心理诉求，承载着乡村悠久的历史文化和民间习俗及精神信仰。有些专门为村民提供精神寄托和日常娱乐等方面的乡村手艺，如祠堂或寺庙里的雕塑和彩画，做寿衣、扎纸人，祭祀仪式中的杂技表演、民乐制作及表演、舞狮舞龙、地方戏曲、风筝、皮影、木偶、剪纸、对联、绒制工艺品、绢花、灯彩、彩扎狮头、面具、民间玩具等。凝结了村民们崇尚自然的"天人合一"理念与淳朴的幸福心理诉求，如蓝印花布上的佛手柑、桃、石榴等图案寓意着福、寿、多子，希望人们一生幸福、子孙众多和绵延不绝。木雕糕点模子上的鸳鸯双喜、万年如意、聚宝盆等图案体现了人们对婚姻美满、诸事遂心和财产丰富的愿望与祝福。"麒麟送子"银锁项链,"麻姑献寿"刺绣挂屏,"寿星"瓷塑、"天官赐福"纸织画、"一帆风顺"和"车马平安"木版年画等,表达着劳动人民祈求美好、幸福生活的愿望和思想感情。许多手工艺品散发着浓郁的乡土气息,丰富着村民的精神文化生活,伴随着乡村风俗活动而为乡村增添喜庆气氛,一直沿袭到现在。

乡村手艺所凝聚的巧夺天工的技艺和浓郁的乡土文化,使其具备独特魅力。乡村手艺所蕴含的村民的文化价值观念、思想智慧和实践经验,体现着村民的创造性,凝结了村民的精神信仰与心理诉求,是乡村文化传承的重要载体。

(三)乡村景观文化

乡村景观是以农业活动为基础,以大地景观为背景,由聚落景观、田园景观、社会生活景观和自然环境景观等共同构成的,集中体现人与自然的和谐关系。广义的乡村景观包含的内容十分丰富,传统民居、田园风光、山水林田、耕作传统和种植模式、农事作业活动、各种农产品的贮存与加工方式、农业工具、农业机械、特色的农作物等,都是乡村景观要素。近些年各地热衷于举办各类农业节日,有以花为主题的桃花节、梨花节、油菜花节、葵花节等,有以农产品为主题的苹果文化节、草莓文化节、南瓜文化节、葫芦文化节以及稻米文化节、蔬菜博览会等,还有各类以农事活动为主题的采茶节、开耕节等。这些节日蕴含了农业文化内涵,成为观光旅游的新业态,越来越受到城乡居民的喜爱。

梯田景观文化是最有代表性的乡村景观。云南红河的哈尼梯田、贵州从江的加榜梯田,广西龙胜的龙脊梯田都成为人们青睐的游览对象。龙脊梯田距今已有650多年的历史,其规模磅礴壮观,是世界杰出的稻作文化景观,被誉为一部空前绝后的立体田园诗。其实,农业劳作方式也可以成为景观。春天的牛耕图、踏水车的妇女、水田中插秧的人群、剥玉米的老奶奶等,都是艺术家留给人们的美丽画卷和挥之不去的乡愁。今天,再现这样的生产场景,可以成为乡村发展新的经济增长点。

(四)乡村产品文化

乡村产品包括农产品(乡村土特产)、手工业品和乡村食品,也包括现代产业提供的休闲、体验、农家乐等新型业态。乡村产品文化是指凝聚在这些产品中的精神文化，可以分为农业产品文化、乡村手工艺文化、乡村美食文化、村落建筑文化、乡村休闲与旅游文化等类型。每类产品文化都有丰富内容。例如，农业产品文化，从农作物的开花到结果，再到对农产品的加工，都被赋予了丰富的文化内涵，如赏花文化、果实文化、茶文化、酒文化、面食文化等。

（五）乡村节日与习俗

传统生活习俗是一个地区自然生态环境、经济环境、社会环境所共同决定的，是该地区居民生活方式的反映。生活习俗具有明显的地域性，故有"三里不同风，五里不同俗"的说法，习俗是村民对自己作为本村成员身份的心理确认。这种祖祖辈辈流传下来的心理认同，是一种向心力和凝聚力，能从人的心理深层唤起对村落利益的关心。生活习俗作为生活中的文化现象，包括生老病死、衣食住行、婚丧嫁娶的习俗，宗教信仰、巫术与禁忌等广泛内容。一些习俗仪式给予人们心理安慰，让人内心平静，寄托希望，让生活更有奔头。村落习俗对人们的价值观、为人处世的原则和行为产生着重要影响。因此，如何传承习俗的社会功能，并通过移风易俗使之发扬光大，是乡村文化建设的重要内容。

（六）乡村艺术

乡村艺术领域十分广泛，不仅包括二人转、山歌、民乐、地方戏、故事传说、舞狮、舞龙、杂技等表演类活动，也包括皮影、剪纸、编织、绣花、布贴画、泥塑、糖人等手艺。很难统计乡村艺术到底有多少种，有艺术家形容中国民间艺术的种类比大地上的野花还要多，其中不乏绝活儿，是中华文化之瑰宝。乡村艺术是生活文化，有些就是生活需求本身，如农村妇女纳鞋垫、制作布鞋、织毛衣、做窗帘、刺绣、制作美食等。既是生活必需品，也是为满足精神享受或信仰需要而创作的艺术品，与民俗融合在一起，如年画、剪纸、玩具等。

（七）村落娱乐

繁重的农业劳动、琐碎的家务，需要通过娱乐活动缓解和释放压力，以获得精神的愉悦。于是在乡村发展出丰富多样的娱乐文化，很多乡村娱乐是与乡村艺术合二为一的，如地方戏、杂耍、游戏、舞蹈、民族体育、故事、评书、民歌、乡土文学等文化类型。扭秧歌、踩高跷、放鞭炮等民俗活动和节日庆典也是乡村娱乐文化的重要组成部分。村落娱乐文化除了娱乐功能，还是实施教化的有效途径，即所谓"寓教于乐"。"寓教于乐"通过感化、榜样和褒贬对村民的精神文明、道德情操产生影响。娱乐文化之所以能够发挥教化作用，是因为在一种文化环境中成长起来的村民已有很深的认同感，他们的价值观具有一致性和稳定性。所以通过文化活动弘扬敬老、诚信、互助等传统美德，总能得到大家的认可，就逐渐成为村落文化的主旋律。

二、乡村是中国传统文化传承之载体

中华民族以崇尚道德和礼仪之邦而著称于世。爱国、诚信、厚仁、重义、敬亲、贵和、求新、好学、勤俭、奉公等优秀品质，经过数千年的不断陶冶、实践和发展，已经融入中华民族的血脉，成为中华民族精神的不可分割的部分。在乡村，尊老爱幼、上慈下孝、邻里互助、诚实守信等优秀品质，在任何时代都不会过时。但是，这些文化的载体在哪里？优秀传统文化存在于什么地方呢？这个问题并不容易回答。唯有彻底明白传统文化的载体，才不至于出现建设性破坏，才能把乡村文化保存好、利用好、发展好。

任何文化都需要特定载体，中国传统文化的载体就在乡村。由于传统文化内容包罗万象，每一类文化的存在空间、呈现形态都是不同的，如邻里互助文化与地方戏曲的载体不同。同样是手工艺文化，剪纸与编织存在的条件不同。婚礼、葬礼与美食义化传承的空间也不同。诸如此类，难以穷尽。这里，我们仅从乡村民居、乡村生产与生活等三个方面对乡村文化的载体意义进行论述。

（一）乡村的空间形态

乡村空间形态是乡村文化得以存在的物质载体。乡村空间由村落边界、民居、院落及其排列方式、街道、路口、公共建筑、祠堂、庙宇、基础设施、公共空间、村落形状等构成。建筑学上提出了"建筑叙事"的概念，当然不是让建筑再现文学作品内容，也不是建个影视城让人看故事，而是指建筑本身所具备的对人的心理和行为的影响，或感化，或感染，或教育，通过建筑表达一种理念，传达一种观念。建筑是可以叙事的，有些建筑庄严肃穆，有些建筑却轻松愉快。中国传统园林就有境生象外的功能，营造诗一般的意境、画一般的情趣，甚至匾额楹联的使用都起着画龙点睛的作用。置身其中，让人情不自禁、不由自主，这就是建筑对人的教化作用。其实，乡村建筑哪怕是简陋的民舍，都有丰富的叙事功能。下面我们以孝文化的保存与传承为例，阐述乡村空间文化载体的意义。

孝作为一种信仰和行为准则，对社会主义和谐社会构建的现实意义是显而易见的。孝文化有助于提升个人修养，在孝文化的熏陶下，个人能够做到"上不欺天、下不害物，内心平和中正，自立利他"，我们的精神、信仰和修养就达到了新的境界。孝文化有助于规范家庭成员长幼有序、尊老爱幼，家庭和睦也因此顺理成章。当尊老爱幼的观念扩展到人与人之间的关系时，友爱与尊敬的社会风尚就蔚然成风。孝文化也是爱国情怀的根源和动力，对凝集民族精神意义重大。当今社会，孝文化如何传承与保存，是一件极具挑战性的工作。那么，乡村哪些地方可以成为孝文化传承的载体呢？

第一，农户院落。在华北地区，就是普通的三间坐北朝南的房子，也很有讲究。中间一间称为中堂，是民宅的中心，功能最为复杂，堂桌上供奉着"天地君亲师"之神位，左侧，供奉的是祖先，右侧多供奉灶王或观音。有的家庭把先人的画像或照片也挂上去。在所供奉的牌位的两侧，一般挂有堂联，如"天高地厚君恩重，祖德宗功师范长"等。这是家中最重要的地方，逢年过节，敬天地、拜祖先、供奉家族牌位以及烧香磕头等活动都是在这里完成的，这里是举行家庭祭祀和重大仪式的场所。中堂也是家中长辈见客人的地方。按传统礼数，不仅主人与客人的位次颇为讲究，长辈和晚辈的座次也有严格的规定。东西各一间卧室，东侧为上，是家庭中长辈住的，西侧为下，是晚辈住的。如果有厢房，则正房长辈居住，厢房晚辈居住。把长幼有序的伦理隐喻性镌刻在民宅建筑中，并赋予民宅严格、深刻的道德规定。

第二，村落的公共空间。公共空间包括传统的祠堂、庙宇、戏台，今天的文化礼堂、文化大院、活动中心、敬老院以及其他标志性建筑等，大都具有孝文化传播功能。特别是祠堂，作为重要的家族象征符号，依靠尊祖敬宗的孝道，渗透着崇老、敬老理念，把后人与祖先、个人与家族置于血缘脉络系统中，通过树立家族权威与伦理，传递传统敬老养老观念。祠堂建筑威严，宗族中的每个人对祠堂都有敬畏感，祠堂在建筑上采用多种措施来强化这一效果。一方面，祠堂的装饰与梁上的匾额、题跋、装裱能提升祠堂的地位。另一方面，通过惩戒提升其权威，凡有人严重违背家规、族约，都会受到惩罚。祠堂作为建筑实体勾连着孝道观念与人伦秩序，支撑了孝文化的传承。

第三，祖坟。对中国人而言，"生养死葬"是最正常的生命历程，"事死如事生，事亡如事存"是中国人对待死者的终极态度。坟在乡村社会具有特殊的社会功能，寄托着子孙的哀思，是村民日常祭祀生活、慎终追远的具体场所，是维系农民本体性价值的重要社会空间。它较好地解决了中国农民的生死焦虑问题，实现了农民与自己内心世界的对话。正是这种"祖祖辈辈而来，子子孙孙而去"的实践性日常生活，以及传宗接代日常表达，最终成为农民安身立命的基础。在具体日常生活中，这既表现在一系列严整的丧葬礼仪方面，更体现为葬后的日常祭祀，寄托生者的哀思与感恩。

2009 年民政部颁发《关于进一步深化殡葬改革促进殡葬事业科学发展的指导意见》以来，在具体的实施过程中遇到了障碍。民政部关于殡葬改革的方向是正确的，但在具体实施中之所以遇到的障碍很大，就是缺乏对祖坟文化的认识，简单地认为那些都是封建迷信，并给予简单否定，使老百姓无法接受。笔者曾多次参加这样的研讨会，一直主张的观点就是殡葬改革一定要与尊重传统祖坟文化相合，结合本地实际，不要搞一刀切，要让这项改革成为移风易俗、老百姓能接受的改革。

（二）乡村的农业生产

第一，农业生产是传承农业文化的重要载体。以农民为主体的乡村生产方式存在，农业文化就能存在、传承和发展。农具的使用，地方品种的延续与更新，传统栽培措施、特殊的农业制度等都是在特定的农业生产过程中得以存在的。显然，没有农民种养结合的农业生产方式，种养之间循环利用的农业文化就难以存在。当用千篇一律的标准化农业技术代替传统经验后，具有地方特色的农业文化就会消失，如稻田养鱼、梯田生态系统等文化遗产就失去了存在和传承的空间。我们并不是强调机械地维系传统农业方式，而是主张尽可能因地制宜地给传统农业生产方式留下存在的空间，并不断从中汲取智慧，为发展现代农业服务。

第二，以农民为主体的农业劳动有助于保存互助文化和促进劳动经验的交流。无论是从事传统农业，还是所谓现代农业，人们只要从事农业生产活动，就需要经验的交流。我们对有一定规模的家庭农场主进行调查，调查内容是遇到生产问题如何解决。结果发现，农场主的微信群是解决生产问题的最有效途径。有谁生产上遇到问题，在群里提出来，一些种植高手就凭自己的经验支着，大多问题可迎刃而解。这种交流是传统邻里之间进行生产经验互动的升级版。

第三，农业劳动维系文化的代际传递。传统社会，土地是由父辈传给子辈的。土地就是财富，是安身立命之根本。父辈不仅掌握着土地的分配，还掌握着生产技术（主要是经验）的传授，这都需要子代向老一辈请教和学习。子代需要在两个方面承担责任。一是承担经营和维护土地的责任。上一辈给子辈留下的最为重要的财富是土地，上一辈在土地上倾注毕生心血，如打埂包坎，改造土壤，培植地力，他们把荒坡变沃土，把贫瘠的土地变成良田。前人栽树后人乘凉，后代不仅继承了土地财富，而且承担了对土地同样的责任，让土地这个"命根子"一代代传下去。二是承担家庭责任。上一辈人通过艰苦的劳动，尽可能给子女们创造好的生活条件，父母无私的付出才有子女的真情回报，所谓"上慈下孝"。慈和孝，虽然是一种人伦、一种义务，并受道德的支持和约束，但这种人伦和义务，同样要靠良心和责任去维护、传递和感染。而农业劳动过程是慈孝文化得以传承的最有效途径。农业劳动需要家庭成员的共同努力，也最能体现齐心协力和力所能及。这个过程中，家庭成员可以体验到劳动的艰辛和各尽所能的合作。家庭成员之间最能体现利他行为和高度的责任感。这也是家庭经营农业具有生命力的根本原因所在。

（三）乡村的生活方式

乡村生活是乡村文化活态传承的重要途径，失去了乡村生活，再优秀的传统文化也会成为展览品和记忆。村民日常生活的人生礼仪、岁时节令、民间信仰、民间文学、地方戏曲、日常礼仪、宗教活动以及街谈巷议、饮食习惯等都是传统文化的重要载体。需要指出的是，载体强调的是外在的有形的东西，文化更多的是内容所蕴含的价值取向。形式和内容并不总是一致的，街谈巷议是文化载体，具体载的什么内容取决于民风和乡风的不同，就像一个瓶子装什么酒一样。这些文化载体形式是老百姓喜闻乐见的、容易接受的，因此十分重要。

第一，人生礼仪。从某种意义上说，重视人生礼仪，就是传承传统文化。一个人从生到死，要经过几个重要阶段，总是要有一些特殊的、有见证性的礼仪做标志。如诞生礼，新生个体通过一系列的仪式被接纳为家庭谱系中的成员，为后续实施教化奠定了基础。诞生礼的核心内容是表达美好的祝福，体现长辈对后代的关心和慈爱，尽管诞生礼的对象是新生个体，参与和受教育的却是所有亲人。成人礼是家族（现在多为学校）为庆祝其成员长大成人而举行的礼俗仪式。目的是提示受礼者从此将由家庭中的"孺子"转变为正式跨入社会的成年人，承担合格的社会角色。所以，人们认为成人礼就是"以成人之礼来要求人的礼仪"，灌输社会责任理念和尊老爱幼的品行是其重要内容。今天，通过一定的仪式作为成人的标志，对提示和培养受礼者的社会责任心与义务感依然是有意义的。婚礼仪式无论复杂还是简单，其意义都离不开三个方面：一是获得社会认可，邀请亲朋出席见证，把幸福昭示天下；二是赋予新人双方对于家庭的使命感、责任感；三是感谢天赐良缘，更要感谢父母养育之恩，不忘孝敬之道。通过现代婚礼仪式创新弘扬传统文化，特别是把夫妻相互尊重、尊老爱幼优秀传统融入其中，使其成为优秀文化载体，是乡村移风易俗和文化建设的重要内容。葬礼是人生礼仪中最隆重的礼仪，突出孝文化是汉民族丧葬文化的主题。不能尽孝，对于传统的中国人来说，就等于精神支柱的崩塌。通过葬礼表达缅怀先人、慎终追远，表达人们对生命的热爱、弘扬伦理孝道以及对先人的报恩情感等，包含了延续孝道、构建社会秩序和认同世俗生活的鲜明特征。

人生礼仪，还包含庆生和祝寿礼，现代社会还发展出升学礼、毕业礼等。无论是何种礼仪，其要义都是教化人们的责任意识，规范人们的行为，要求人们在人生的各个阶段严肃对待，郑重其事，不能轻率潦草。

第二，岁时节令。岁时节令包括农事节日、祭祀节日、庆祝节日、社交游乐节日等，多以民俗形式表现，是重要的乡村文化载体。这里以春节为例来说明。春节是中国很多民族共同的最热闹的节日。春节一般指农历正月的第一天，但民间传统的春节是从农历十二月初八到正月十五，其中除夕和正月初一是高潮。其主要活动有拜神、祭祖、除旧、迎新，伴有贴春联、门神、年画、福字、窗花、逛花会、闹社火等活动，以祈福为主要内容。早期的春节，反映的是古人自然崇拜、天人合一、慎终追远、固本思源的人文精神；一系列的祭祀活动，则蕴含着礼乐文明的深邃文化内涵，集中体现在祭祖和拜年。除夕，人们会摆上菜肴、倒上美酒，举行隆重的祭祀仪式，祭拜祖先，报祭祖先的恩德，以表达对先人的怀念并祈求祖先的庇佑。拜年首先是晚辈给长辈请安、致敬，然后是亲戚朋友之间互相致意、祝贺。还有学生给老师拜年，女婿携同妻子和孩子给岳父岳母拜年，外甥也要去给舅父拜年。拜年突出尊敬和友善，弘扬和谐文化，民间也常常通过拜年化解矛盾。

除了春节，清明节也是中华民族传统隆重盛大的春祭节日，尽管包含亲近自然、踏青游玩、享受春天乐趣的欢乐内容，但慎终追远、礼敬祖先、弘扬孝道仍是清明节的主旋律。重阳节本是祭祀祖宗，以示孝敬、不忘根本的节日，今天赋予了重阳天长地久、健康长寿的寓意，具有了敬老节的新含义。

第三，民间文艺。民间文学和民间艺术作为乡村文化的载体，是以乡村喜闻乐见的形式传承传统文化的重要渠道。民间文学是由劳动人民口头创作，并在民间广泛传播、流传，能够真实地反映劳动人民的社会生活和思想情趣的一种口头语言艺术。神话、传说、民间故事、歌谣、谚语、谜语、歇后语以及民间寓言和笑话等，都属于民间文学的范畴。民间文学以其独特的乡土气息和表现手法，以自然质朴的内容和单纯、鲜明的人物形象，家喻户晓，深入民心，为人们津津乐道。民间文学植根于社会生活，很多民间谚语是农民、渔民和工匠等对生产生活经验的总结和提炼，传递经验，指导人们生产与生活实践。民间艺术比民间文学形式更活泼，传播也更广泛。民间艺术是劳动者为满足自己的生活和审美需求而创造的艺术类型，广义的民间艺术包括了民间曲艺，如快板、评书、琴书、大鼓、相声、小品等。民间小戏，如东北的二人转、山东的吕剧、江苏的锡剧、花灯戏、花鼓戏、道情戏、木偶戏、皮影戏、傩戏等。因其简便灵活，民间小戏欣赏人口超过 80%。此外，还有民间工艺美术，是老百姓为生活和审美需要创作的实用性与艺术性相结合的艺术形式，是与岁时节令、人生礼仪、宗教信仰、建筑装饰等相融合的民间艺术创造。按照制作技艺的不同，可以将民间艺术分为绘画类、雕塑类、编织类、剪刻类、印染类等；按照材质分类，有纸、布、竹、木、石、皮革、金属、面、泥、陶瓷、草柳、棕藤、漆等不同材料制成的各类民间手工艺品。民间工艺美术是人们须臾不能离开的，像年画、剪纸、对联、风筝、编织、雕刻、泥塑、陶瓷、印花、刺绣等，渗透到人们生活的方方面面。一年中的节日时令、从出生到死亡的人生礼仪、衣食住行的日常生活，都有民间艺术的陪伴。民间艺术既丰富人们的精神生活，满足人们的兴趣爱好，又体现人们的理想和愿望。

无论是民间文学、民间艺术，还是民间工艺美术，都是寓教于乐的文化载体，记录和表达了劳动人民的思想感情和审美趣味，是劳动人民智慧的结晶，蕴藏着中华民族的精神，发挥着重要的教化功能。

三、活化传承传统文化，建设和谐美好乡村

农耕文明是中华民族对人类文明的重要贡献，是中国乡风文明的根和魂。农耕文明所孕育的生活方式、文化传统、农政思想、乡村管理制度等，与今天所提倡的和谐、共享、低碳等理念十分契合。中央强调要深入挖掘优秀传统农耕文化蕴含的思想观念、人文精神、道德规范，培育文明乡风、良好家风、淳朴民风，改善农民精神风貌，实现乡村文化振兴。如何实施乡村文化建设行动呢？近些年，各地方在建设乡风文明实践中积累了许多经验，为我们通过乡村文化建设实现乡风文明目标提供了基本思路。我们选择了以下案例进行说明，旨在帮助大家选择乡村文化建设的切入点。

（一）功德银行

浙江省义乌市有个何斯路村，村党支部书记叫何允辉，针对"守望相助"的村落共同体日渐式微、乡村传统道德的承载基础在无形中逐渐消解、乡村道德出现滑坡、乡情乡味日渐淡薄等乡村文化日趋荒漠化的状态，为了促进乡风文明，恢复传统美德，2008 年在村里创办了一个"功德银行"。旨在引导村民

恢复和睦邻里和淳朴敦厚的乡风民俗，增强互帮互助的共同体意识，倡导村民相亲相爱，邻里互助，重塑熟人社会的道德规范，形成文明、互助、礼让、共享的新风尚。

所谓功德银行就是由村委会设立的记录村民积德行善、好人好事的家庭档案。"功德银行"以家庭为单位设立专用账本，由村里老党员负责记录村里的各种好人好事，见义勇为、捐款济困、邻里互助、为盲人引路、义务清扫垃圾、志愿服务等，不论功德大小，一一记录在册，由村"两委"干部、村监委和村义工代表共同参与评议。功德银行积分方式规定如下：

功德银行实行累计积分制，一年为一个积分阶段，积分不跨年累积；"功德银行"的积分标准划分为五个档次，所做的好事可以自报、他报或互报。功德银行把一年内村民的积分情况进行统计排队，对排名靠前的村民进行表彰，年度得分最高者视为何斯路村作出突出贡献的人，号召村民向其学习；所有有关"功德银行"的事项均可以到村委查找，每个季度公布积分情况。旨在通过倡导奉献爱心，在全村形成互助和奉献的意识。

自创办以来，功德银行已设立 219 户账号，记录村民们好事善行数千件。村里还涌现很多做好事不留名的人，默默奉献蔚然成风。就连一直在外经商，对村内事情不甚关心的人，也回村主动帮助一些弱势村民，积累功德。功德银行潜移默化地重塑起乡村道德体系，增强了村落共同体的认同感、凝聚力和向心力。守望相助、积德行善的民风逐渐形成。

何允辉介绍说，"功德银行"设立之初，人们不理解。有人反对，在他们看来，做好事不应告诉别人，实际上他们之前从来没有为村里或他人做过什么好事。有的是观望，不参与，做旁观者；有的人认为，做好事很可笑。50 多岁的村民何雪华，主动为一位 65 岁的双目失明的精神病患者洗脚，结果竟遭到其他村民的嘲笑。因为人们不习惯为他人做好事，感觉别扭。为他人做好事一旦形成风气，就不感到陌生和奇怪了。如今，帮助他人、为村里做好事蔚然成风，册子上记录的好人好事大概只占实际数量的 1/5。全村 95% 以上的人都主动做过好事。

功德银行的设立优化了乡村教化环境，成为乡风文明建设的有效载体。特别是老年人带头做好事，发挥了示范作用，具有权威性和影响力，通过他们传承优秀乡村文化，影响年轻人，村庄的精神面貌焕然一新。功德银行的设立还重塑了乡村信用体系。诚实守信是传统美德，也是社会主义市场经济健康发展的基本要求。然而，种种原因，诚信品质缺失成为十分普遍的现象。为激发广大村民参与全村道德信用体系的建设，何允辉采用以道德信誉换取金融信用的办法，把中国农业银行授信给他的2000万元无抵押贷款额度的优惠政策无偿转化给村民。村民只要根据他们在"功德银行"的信用积累，经过村委会审核便可得到银行优惠利率贷款。自2013年实施以来，村民们通过积累的功德储蓄换来了良好的金融信用。中国农业银行和义乌农商银行等金融机构主动与村委会合作，凡是因生产生活需要贷款，只要经村委会认定其具有道德信誉并盖章，无须抵押担保，村民即可获得不超过30万元的银行贷款。

（二）家风建设

家风作为家庭成员的行为规矩、祖祖辈辈恪守的优良传统，受到村民们的普遍重视，甚至是找对象的重要条件。关于家风对子女的影响已经有很多研究。家风不仅是家长教育子女的态度和风格，更主要的是一个家庭、家族的传统，包括信仰、理念、处世哲学和行为规范等丰富的内容。古代中国家庭大多为几世同堂的大家庭，人数众多，关系复杂，不立规矩不便于管理，因而会设立一系列规矩；规矩代代相传，便成家风，一家人无时不受家风的熏陶，又处处维护家风，违规者会受到批评和排斥，家风成为约束、教育个人的无形力量。在家庭生活中会发展出一套约束家庭成员行为的规矩，被称为家规。人从出生开始就受此礼俗的熏陶并且从心里认可这种规范，遵守家规就成为自然而然的事。

从弘扬优秀家规、家训入手，开展家风村风建设，促进社会和谐发展，湖北省竹溪县创造了很好的经验。由于长期忽视乡村文化建设，乡村出现了收入增长、道德滑坡的现象，有些人一面大操大办婚丧喜事，另一面却不赡养老人；有些人外面住着小洋楼、开着小汽车，回到村里却争当贫困户；扯皮闹事、不讲信用、无理缠访、邻里纠纷、虐待老人等现象时有发生；甚至出现自己搬进新家，却将老母亲遗弃荒山中老房子里的现象。针对乡村出现的"爱子不孝老、自己小康、父母喝稀汤"等现象，2012年竹溪县组织专业人员，深入群众挖掘当地孝德故事，以期用家训文化激发群众守德尽责的行为自觉。以"慈孝"为道德原点，建立"孝、勤、礼、德、信、善"等人文六德，按照"人立言、家立规、族立训、村立约"的要求，在全县开展家规家训进万家活动。6年时间，竹溪县社会风气发生了根本改变，家庭和睦，邻里关系密切，消除了干群矛盾，社会和谐了，促进了经济发展和人民的幸福，为乡村文化建设和有效治理提供了有益经验。

第一，从挖掘乡村优秀家规家训资源开始，重拾传统家风文化。组织开展寻根问祖活动，对姓氏大族的家规家训进行探源，寻征了徐氏、甘氏、刘氏等老家谱家训十余套。组织姓氏大族对家规家训进行修订，剔除家规家训中不合时宜的内容，将爱国、敬业、诚信、友善等社会主义核心价值观内容融入家训，使之成为族群的共同价值遵循，用以教育后代，规范族人的言行。

第二，组织开展家立规、人立言活动，在村委会亮晒和展示"我们的治家格言"。鼓励以姓氏家族为单位，总结提炼家族的族规、族训，既发扬传统，也与时俱进，融入现代法治与社会主义核心价值观的内容。全体家族成员参与酝酿，形成全族共识，在姓氏大族聚集区进行展示，在村民面前演讲自己如何为家族争光，为乡村作贡献，增加了为家族争光的进取心。

第三，组织开展家风评议活动。依托村内"五老人员"组建乡风（红白）理事会，负责村内红白喜事监督、乡风评议活动，定期公布红白喜事办理和乡风评议情况。村里每年组织村民开展"××村好人""慈孝之星""乡贤""好婆婆好儿媳"等评比活动，引导和培育积极向上向善的村风。涌现了"宁可不盖房，也要咱爹娘"的陈受江，待公婆如亲生父母的郭晓丽，爱管"闲事"的林九义，热心公益的徐承东等一大批模范。对这些模范事迹，不仅召开大会，大张旗鼓地予以宣传表彰，还在广场、院落建立好人榜，使优秀家风文化得到广泛传播，"注重家庭、注重家风、注重家教"的良好社会风气在各村逐步形成。

家风家训对成员的约束作用也开始显现。例如，中峰镇同庆沟村的刘某被大家认为是"不守规矩"的人。在开展"家规家训进万家"活动中，刘氏家族整理了"父慈子孝兄友弟恭，不得有萁豆相煎之行为；孝老尊贤敦亲睦族，不得有忤逆不道之行为；明礼尚义入孝出悌，不得有悖反伦常之行为……"等 10 条家训，家家户户悬挂"刘氏家训"。刘某把"刘氏家训"当作一个形式，不置可否，依然我行我素。后来，刘氏中有威望的长辈上门用刘氏家训规劝刘某"改邪归正"，触动其心扉，启发其心智。如今，刘某不仅遵守家规，而且助人为乐、热爱公益，还成为当地公认的热心人士。该村的徐某过去大事干不了，小事不愿干，无所事事，游手好闲。在开展"家规家训进万家"活动过程中，家族长辈通过给他讲祖辈传下来的族训和故事，教育他"人要走正道"，不要给祖宗丢脸，启发他要有上进心，做有益的事，如今他已成为年收入 5 万余元的贡米产业大户。通过在该村推行"姓氏家训入院""家规牌入户"，老百姓的精气神在耳濡目染中，发生了潜移默化、润物无声的神奇"裂变"，崇德向善、见贤思齐、知荣明耻、从善如流的风气和价值取向得到激发和回归。该村 2017 年被评为全国文明村。时任竹溪县委书记余世明是"家规家训进万家活动"的主要倡导者和推动者，他认为慈孝文化架起了传统美德与核心价值观相融的桥梁，逐步引领了社会新风尚，有助于维护社会稳定和推动经济发展，是乡村有效治理不可忽视的宝贵财富。

在乡风文明建设过程中，许多乡村都把文明户的评选活动作为抓手，创造了如"星级文明户""文明信用户""五好家庭""双文明户""十星级农户"等创建活动，采用评比形式，把现代文明和传统美德结合在一起，引导村民树立正确的恋爱观、婚姻观、子女观，正确处理夫妻关系、婆媳关系、邻里关系，赡养老人，教育子女，形成和谐的人际氛围。有的乡村利用现代化的舞台，表演传统节日，利用传统艺术形式宣传现代理念，取得了较好的效果。通过电视、报纸、公告栏、图书室等现代媒介宣传乡风文明，传播典型事件和人物，开展社会公德教育活动，营造乡风文明建设氛围，让文明礼貌、尊老爱幼、助人为乐、崇尚知识、和谐相处等观念成为村民的行为准则。

在乡风文明建设实践中，人们创造的典型案例还有很多，如通过村规民约的订立引导村民参与村级事务，激发村民的自我管理能力；通过弘扬乡贤文化，鼓励乡贤返乡作贡献；通过培养地方文艺人才，繁荣乡村文化生活等。不少乡村，通过广泛开展好媳妇、好儿女、好公婆、好邻居等评选表彰活动，开展寻找最美乡村教师、最美医生、最美村官、最美家庭等活动，深入宣传道德模范、身边好人的典型事迹等活动，使家风、乡风发生了根本性变化。

这些活动之所以有效，主要依据两个条件：一是村落中的熟人社会，人们彼此熟悉，谁人缘好，谁是热心人，大家一清二楚。评选过程中广泛的参与性使人们可以给帮助过自己的人投以赞成票，体现了"感恩"的情怀。被评者赢得村民的尊敬，获得巨大的成就感，对周围的邻里也发挥着教育与示范功能，激发了村民的上进心。在乡村，我们可以切身感受到村民对"文明户"等荣誉的重视，就连给男女青年介绍对象都要提及对方家庭是"十星级文明户"，以证明"家主儿好"。二是评选内容把传统文化与现代文明相结合，既体现了尊重传统，也体现了与时俱进。例如，某村的十星具体内容是：爱国爱村星、创业致富星、家庭和睦星、邻里互助星、尊老敬老星、科技教育星、遵纪守法星、环境卫生星、文明礼貌星、公益奉献星等。这些评选内容蕴含了家庭和睦、尊老爱幼、惠及乡里等传统美德，又有学习科技、遵守法律、创业发展等现代性要素，每一项内容都包含了许多具体的指标，这些指标与村民利益和行为密切相关，不是抽象的和虚无缥缈的，而是具体的，可测量的，容易为村民所接受。当村民接受了这些目标，就会变成自己的动机，进而转化为追求和实现这一目标的行动，成为乡村德治、善治的重要基础。

张孝德

中共中央党校（国家行政学院）教授，
原国家行政学院经济学教研部副主任，
中国乡村文明研究中心主任

千年耕读文明的
时代价值解读

中国几千年的农耕生产方式，不仅创造了高效率的农耕经济，还发现了农耕生产所携带的文化与教育价值。在"耕"与"读"的结合中所形成的耕读文化与耕读教育，是中华民族长寿的秘密所在。如何重新认识并活化传承中华耕读文化的价值，是实施乡村振兴战略的重要内容，也是迈向新时代传承中国农耕文明的重要教育。在农业机械化的背景下，脱离生计压力的耕读劳动所携带的道法自然的文化、精神、滋养生命的价值更加凸显出来。耕读教育将是新时代做人之根、爱国之本、智慧之源的教育，对于增加中国人文化自信、提升整个社会对乡村价值认识都具有重大意义。

中国农耕文明是世界上历史悠久、发展最成熟的农耕文明。但是在工业文明的背景下，按照现代工业化的标准，这种古老的农耕经济被认为是落后的、效率低下经济的同时，其所支持的农耕文明和文化也失去了应有的价值。正是在这样一种背景下，承载着五千年中华文明历史的乡村的价值也被严重低估。由此形成了在实施乡村振兴中，严重忽视了中国农耕文明所承载的耕读文化的价值。如何重新认识并活化传承中华耕读文化的时代价值，是实施乡村振兴战略的重要内容。

一、耕读传家是中华民族长寿的秘诀

"建国君民，教学为先。"中华民族是高度重视教育治国的民族，而耕读教育是中国古代修身、齐家、治国、平天下教育的基础，也是中华民族长寿的秘诀。

在中国古代乡村使用频率很高的一副门联是"耕读传家远，诗书继世长"。"耕读传家"这四个字包含了中国人特有的世界观和价值观，蕴含着中国古人关于做人教育的智慧。中国古人从天地运行中，不仅发现了服务农耕的天文科学，如已列入联合国非物质文化遗产的二十四节气，还独具慧眼地看到天地中的"道"和"德"、天地所携带的精神与文化。《易经》中说："天行健，君子以自强不息。""地势坤，君子以厚德载物。"在古人心中，天有我们学习的自强不息的精神和智慧，大地是我们要学习的厚德典范。水在常人的眼中是解渴的，在科学家的眼中是氢元素和氧元素的组合，但在中国古人眼中，水中有道，水中有德。老子在《道德经》第八章中所观的水是："上善若水。水善利万物而不争，处众人之所恶，故几于道。"古人告诉我们，最高的善行要向水学习，最厚的德行要向大地学习，自强不息的精神是要向天学习。所以，老子讲："人法地，地法天，天法道，道法自然。"

中国古人不仅发现天地长久的秘密是天地之德慧、天地之精神，而且发明了将天地长久的密码植入中华文明基因中的治国之道。这个重要治国之道就是耕读教育。躬耕的过程，不仅是一个与天地连接对话的过程，也是一个接受天地之能量、学习天地之德慧的过程。"耕"不仅能生产自养的粮食，还有一个非常重要的功能就是"修德"与"开慧"。"读"可以知诗书，达礼义，修身养性，以立高德。

将治国之道的耕读教育置入日常生活、置入中华文明的细胞——家庭，是中国古人的另一个智慧。耕读教育不是单纯学习知识与科技的教育，而是以心传心的修德开慧的文化传承教育。根据这个原理，中国古人创造了秉承天地之德慧、将物质生产与精神生活融为一体的晴耕雨读、昼耕夜读的耕读生活。由此，耕读不仅成为中国古人崇尚的物质与精神自足的诗意生活，也成为长久治家治国之秘诀。这种嵌入中华文明基因的耕读教育，是中华文明长寿的密码。

然而，对于接受了西方现代教育的人而言，耕读传家远这条祖训已经过时了，现代化的中国不需要了。因为，我们认为现代化创造财富靠的是科技。让我们生活更美好的是城市，不需要回到农村搞什么耕读教育了。这恰恰是今天我们的悲哀，这恰恰是我们今天教育危机的原因所在。中国古代大家族、望族凡是能够经久不衰的，都是恪守了耕读传家的祖训，比如，陶朱公、颜氏家族、范增家族、袁了凡家族、曾国藩家族等。正是这些耕读传家、积德行善的家族，承担了古代乡村教育、修路、文化传承等公共事业，为国家培养出治国安邦、文化传承的人才。

二、耕读教育是身心灵一体的全生命教育

在现代人心目中，农耕劳动是脸朝黄土背靠天，体力强度最大、最苦的劳动，也是挣钱最少的劳动。正是基于这个原因，农耕劳动成为农业现代化过程中被机械所替代、被人们厌恶的劳动。但是从劳动给人的生命带来的效应看，我们发现农耕劳动是生命必需品。

第一，农耕劳动是滋养身体的良药。农耕劳动的过程是在天地之间，与滋养人的另一种生命进行互动滋养的过程。这个过程带来的喜悦是养心的良药，劳作过程更是一个汲取天地之能量的过程。按照《黄帝内经》的原理，农耕劳动是免费接受大自然五行能量的过程，土补脾、金益肺、水润肾、木养肝、火护心等滋养五脏六腑的过程。农耕劳动的过程也是一个接受自然中百草植物释放出的芳香能量的过程。

第二，农耕劳动是给人心带来喜悦程度最高的劳动。衡量一种劳动给我们带来喜悦程度的高低，一种最直观、简单的标准，就是这种劳动是否可以边劳动边唱歌。按照这个标准，可以发现，工人开机器的劳动，是一种需要精神高

度集中的劳动，如果边劳动边唱歌会分神，导致工作事故。特别是随着工业化、自动化程度的提高，工人劳动越来越成为服从于分工的单调、枯燥的机械化劳动。卓别林主演的美国电影《摩登时代》就是对这种劳动的讽刺。马克思也把这种劳动看成对人性异化的劳动。在办公室从事脑力劳动的白领，同工人的劳动一样，也不能边工作边唱歌，这种呕心沥血的强脑力劳动，不仅不能生发出内心的喜悦，而且时间一长还容易产生诸多精神疾病。如果长期进行单一的脑力劳动而没有体育锻炼调节，对身心会产生很大的副作用。

然而农耕劳动和牧民的劳动，可以边唱歌边劳动，唱歌不仅不会影响劳动，还能提高劳动效率、体验与抒发劳动喜悦。在天地之间劳作带来的喜悦成为给予劳动者的最大回报。由此我们可以解释，为什么牧民是天生的歌唱家，为什么少数民族同胞多是天生的歌舞者，因为青山绿水就是创造歌舞的大舞台。

第三，农耕劳动是滋养心灵、开发智慧之源。中华民族被认为是世界上最有智慧的民族。中华民族的智慧从哪里来？中华民族的智慧源于农耕生产。作为"大道之源、群经之首"的《易经》明确告知我们，人的智慧来自古人仰观天文、俯察地理、中看人和的感悟。作为《易经》六十四卦逻辑起点的三爻，所代表的就是天、地、人三大要素。而这三大要素正是农耕劳动必需的三大要素。《道德经》可以说是中国智慧的结晶，是对天、地、人这三大要素感悟的结果。《道德经》第七章中讲："天地所以能长且久者，以其不自生，故能长生。是以圣人后其身而身先，外其身而身存。非以其无私邪？故能成其私。"老子观察天地永生的秘密，是无私奉献，最后成就自己的大德。按照天地之道做人间之事，就是老子所讲的"道德"。

儒家的治国思想和智慧也与农耕劳动有密切关系。孔子的学生曾参所撰《大学》中所主张的治国之道遵循的次第是：修身、齐家、治国、平天下。儒家治国遵循的这个次第的哲学根据是："物有本末，事有终始，知所先后，则近道矣。""事有终始"的道理正是农业生产必须遵循的规律。农民种地，春是始，秋是终，要想收获粮食，必须春天下种，夏天耕耘，秋天收获。春种秋收，这就是生命必须遵循的先后规律，违背了这个规律，无论付出多少劳动都没有收获。农民要收获更多的粮食，必须做的第二件事，就是选优质种子下种，施足底肥强根固本。这就是《大学》所讲的"物有本末"。所以，儒家的治国之道与农耕之道相通。

将在农耕中发现的植物生长必须遵循的天地规律，运用于人的生命，就是中医。中医治病的理论源于生命系统与天地自然是一种全息、同频共振的原理。中国自古就是农医同源、药食同源。作为中华民族五谷发现者的炎帝，也是中国中药材的发明者。

农耕劳动给身心灵带来的如此多滋养，是今天在封闭的工厂、办公室中的现代化劳动很难有的。依靠知识科技和机器的现代化劳动，是手脑分离、身心分离、物质生产与精神生产分离的劳动。例如，白领是动脑，不动体；工人是用手，不用脑；科学家从事科学研究，不管艺术；艺术家关注精神，不管物质。农耕劳动则是身、心、灵全面参加同时被滋养的融健身、修德、开慧、学艺为一体的劳动。正是基于这个原因，可以说中国古代农民既是艺术家，也是哲学家；中国古代工匠既是工程师，也是文化人。接受耕读传家教育熏陶的中国古代知识分子，大都是"不为良相，便为良医"的人才。

然而，在物质主义主导的现代化文明标准下，农耕劳动的价值被严重误读，农耕劳动被当作农业现代化要抛弃的苦役劳动。脱离农耕劳动的现代人获得现代化物质享受的代价是，身体机能下降，生理上的慢性病和精神类疾病爆发式增长。即使在农村，年轻人不仅自己不参加田间劳动，甚至阻止父母种地，认为像城市人一样，不种地就是幸福。许多父母亲，不种地之后，跟着儿女进了城，反而增加了得高血脂、高血压、脑梗等病的风险。

三、耕读教育是让生命崇高、生活幸福的艺术教育

耕读不仅是中国古人崇尚与向往的物质与精神自足、田园与书香共存、诗意与禅意共生的理想生活，也是中国古代文化与艺术创作之源。耕，创造物质；读，滋养精神。正是这种基于物质与精神的自足、自养的耕读生活，使生命相关自主、自在、自觉的更高程度提升成为可能。纵观历史可以发现，不同的生产和生活方式是形成不同的文化与艺术的源泉。代表中华文明高度的融诗

意美与禅意生命为一体的中国古代文化艺术正是源于这种耕读生活。这种让生命实现自主、自在、自觉提升的耕读生活，使中国古代文化艺术走向了源于心法的内求性、自我生命体验的崇高性、与天地感应的自在性之路，由此发展到现代人无法企及的高度。

哲学与艺术、文化与政治、生产与生活融为一体的《诗经》就是源于中国古代乡村这种诗意生活的表达，成为中国古代最早的艺术和审美样式的记录。《诗经》共收录自西周初年至春秋中叶大约500年的诗歌305篇，在内容上分风、雅、颂三大部分。其中雅、颂以宗庙乐歌、颂神乐歌为主，而来自民间的风的部分，所表现的正是3000多年前中国古代乡村的生活样态。在《诗经》的305篇中，有153篇出现了植物的名称或对其的描写。这充分说明，这种道法自然的农耕生活是中国古代诗歌与艺术的源头。从《诗经》到汉赋，一直到唐诗宋词，耕读生活成为中国诗词的重要来源。最具有代表性的就是陶渊明的《归园田居》，其所展示的乡村耕读生活成为另外一种"清明上河图"。陶渊明式"采菊东篱下，悠然见南山"的与天地为邻，以自然为友的自由自在的耕读生活，成为古代文人告老还乡之后崇尚的隐居生活。充满禅意与生命活力的中华民族艺术，之所以流传千古而不衰，就是因为这种艺术是来自天地间、来自人心的有根艺术，是一种与天地自然共存的艺术，是一种对人类的身心灵有滋养能量的艺术。

现代化社会的流行艺术，像工业产品一样，是在封闭的工作坊中用各种现代科技手段加工出来的艺术。这种艺术就像流行的快餐一样，是一种满足当下消费娱乐的艺术。这些满足现代人的艺术消费品，不仅不能给身心带来正能量的滋养，反而带来许多负面的能量。

四、耕读教育是中国共产党不忘初心的根性教育

毛泽东领导的新民主主义革命独创了一条具有中国特色的农村包围城市的道路。从井冈山开始，通过建立农村根据地，扎根农村，动员群众参加革命，是中国共产党取得新民主主义革命胜利的重要法宝之一。中国共产党之所以能

够有效地组织群众、动员群众，得到群众的支持，就是将中国几千年传统的耕读教育创造性地运用在根据地建设和党的建设上。

在井冈山斗争时期，帮助农民解决生计"耕"的问题，是党帮助农民做的第一件事。随后要做的第二件事就是在农村开展"读"的教育。在民主革命时期，中国共产党创造性地解决了农民"耕"的问题，这就是把群众生产生活中的疾苦挂在心上，并采取切实措施予以解决。红军和政府工作人员参加生产劳动，组织农民实行耕牛和农具互助，解决劳动力不够的问题；组织群众修水利、修路，开展农田基本建设，解决农业设施落后问题。

中国共产党创造性地解决"读"的教育，就是帮助农民读书识字，以便于进行革命教育。中国工农红军每到一个村庄，主要做的就是两件事：一是帮助组织农民发展生产，打土豪分田地，解决耕的问题；二是帮助农民学习革命思想，解决"读"的问题。可以说，正是毛泽东领导的中国共产党在农村实现了革命时代的"新耕读教育"，才为中国革命的胜利提供了物质与精神的支撑，才使人民群众踊跃参加革命。

中国共产党从井冈山到延安时期，之所以高度重视农村的耕读教育，就是因为毛泽东坚定地认为，农村是一个广阔的天地，是进行革命教育的大学校。1946年1月，在苏联学习的毛岸英从莫斯科回到延安后，毛泽东作出一个出人意料的决定：让毛岸英师从延安劳模吴满有学种地。后来，毛岸英的妻子刘思齐曾动情地说：毛岸英是中国知识青年"上山下乡"第一人。在毛泽东的心目中，毛岸英去苏联读了马克思主义理论、参加了苏联卫国战争还不够，还必须通过与耕的结合，继续上"劳动大学"。

1949年3月，在中国革命即将胜利的前夜，毛泽东在党的七届二中全会上提出了"两个务必"思想。"两个务必"的提出，恰恰是毛泽东对共产党离开农村进城后的担忧。因为中国共产党的根在乡村，而中国共产党与乡村之根的连接就是在革命时代形成新耕读教育。共产党进城如果远离了这个根，远离耕读结合的革命教育，那么中国共产党就面临着变色风险。这正是毛泽东具有高瞻远瞩的建党思想所在。

1969年，15岁的习近平下乡来到陕西省延川县梁家河大队成为一名知青，度过了 7 年的青春岁月。习近平曾说，"15 岁来到黄土地时，我迷惘、彷徨；22 岁离开黄土地时，我已经有着坚定的人生目标，充满自信"。习近平同志把 7 年的梁家河生活看作决定他人生方向的第一粒扣子。可以说，中国改革开放的中坚力量恰恰是下过乡的那一代人。在今天，习近平总书记向全党提出"不忘初心、牢记使命"，其意义重大。从中国历史和中国共产党的历史看，耕读教育不仅是中国古代文明长寿的密码，也是新时代中国共产党永葆青春的密码。

中华文明与西方文明的最大不同，就是中国是根源于农耕文明的国家，西方从古希腊、古罗马开始，就是属于城邦文明的国家。西方文明的兴衰遵循着城市兴则西方兴的轨道，而中华文明则一直走在乡村兴则中国兴的轨道上。从毛泽东领导新民主主义革命到邓小平领导改革开放，走的都是一条农村包围城市的道路。农村是中国最大的国情，农村是中华文明之根，农村是中国共产党的学校。因此，实现农村与新时代嫁接，实现农村与城市互动，让中国共产党员和所有中国人都不忘初心，一个有效的教育应是耕读教育。

五、劳动革命与进入新时代的新劳动观

在农业机械化的背景下，当高强度的农耕劳动从满足生计中解脱出来后，农耕劳动不是没有价值了，恰恰相反，在 21 世纪人类迈向新时代的背景下，农耕劳动的价值将比任何时候都高。脱离只满足生计的劳动之后，人类万年农耕劳动所携带的道法自然的文化价值、精神价值、生命价值更加凸显。

马克思曾经科学地预测，未来的共产主义社会，社会生产力高度发展，物质财富的一切源泉都充分涌流，产品极大丰富，全世界实现大同，实行"各尽所能，按需分配"。到那时劳动已经不是谋生的手段，而成为人们生活的第一需要。那么，在物质产品极大丰富之后，什么样的劳动才能成为人类生活的第一需要呢？笔者目前的判断，既不是现代工业化的工厂劳动，也不是办公室的脑力劳动，最有可能的是集生命健康、艺术创作、物质自养、精神自主于一体的农耕劳动，包括游牧劳动。马克思在《1844 年经济学哲学手稿》中就对工业化时代高度分工下的劳动异化进行了深入分析。170 多年过去了，历史证明，

马克思关于劳动异化的思想是正确的。

现代人工智能的发展正在引发有史以来最深刻的一次劳动革命。我们不否认，随着人工智能的发展，工业化时代的许多劳动将会被机器人所代替。但由于我们对此缺乏正确认识，对于即将发生的这次革命，充满了恐慌和不确定性。其实，当我们从马克思的劳动思想看未来的机器人革命时，恰恰会发现，现代智能机器人所代替的恰恰是工业化时代对人性和生命有副作用的异化劳动，但对人类生命有价值、没有异化的农耕劳动不仅不会被替代，反而更加凸显它的价值。从这个意义上来看，未来时代不是人类成为智能机器人的奴隶的时代，而是人类从异化劳动中解放出来的时代。

马克思讲劳动创造了人，人正是因为劳动才使自己与其他动物区别开来。21 世纪人类劳动革命的意义，是让劳动承担起实现使人类与机器人区别开来的新使命。让人类从劳动满足物质需求中解放出来，使劳动所具有的满足人类的生命健康、生命崇高、生命幸福的价值充分释放出来。

六、耕读教育是新时代做人之根、爱国之本、智慧之源的教育

反思今天中国教育出现的最大弊端，就是我们在追赶西方现代化的过程中，使教育越来越走向急功近利的"做事教育"，同时导致了"做人教育"的供给严重不足。"做人教育"的严重缺失，使我们把人当成了实现财富和 GDP 增长的工具和机器，而最能滋养人的精神和文化的教育被严重挤压。如果从满足现代化"做事教育"来看，那么中国几千年的耕读教育就没有价值。但是如果从探索新时代最有效的"做人教育"来看，耕读教育恰恰是现代最需要借鉴且最有效的"做人教育"。2020 年，教育部印发了《大中小学劳动教育指导纲要（试行）》，赋予了劳动教育非常重要的功能和使命。在落实指导纲要提出的劳动教育中，耕读教育是最好的方式。在新时代如何让耕读教育发挥其应有的作用，笔者思考如下：

第一，将耕读教育作为大中小学生劳动教育的必修课，纳入国民教育体系。

特别是教育部印发的《大中小学劳动教育指导纲要（试行）》，充分说明劳动教育是"做人教育"、素质教育的重要途径，正在成为社会共识。耕读教育所具有的修德、开慧、学艺的功能，应成为大中小学生劳动教育的必修课，应成为当代中国教育改革的主要内容。

第二，耕读教育应成为中国农业类大学改革的突破口。现在，农林类的大学教育不接地气、不承传统，中国五千年农耕智慧在大学教育中严重缺位。耕与读的教育严重脱节，培养的大学生对土地、乡村没有感情，无法为乡村振兴输送回乡人才。全国有农业类大学 50 多所，开设农学专业的大学有 150 多所，每年培养的大学生约 30 万人，但真正能回到乡村的非常少。将耕读教育纳入农林类大学的改革方向，迫在眉睫。全国农业类大学改革要从"农业大学"办学思维向全面为乡村振兴服务的"乡村大学"思维转变。这应该成为新时代农业类大学改革的方向。田地就是教室，乡村就是课堂，农民就是老师，让耕读教育成为中国农业类大学独特的教育方式。凡是考入农业类大学的学生必须过耕读教育关，至少要在乡村完成一年的耕读教育。这样才能让农业类大学真正成为热爱乡村和热爱土地的莘莘学子的乐园。

耕读教育应该以制度化方式纳入现代大学教育。乡村是中国人共同的精神故乡，是中国革命的摇篮，对大学生而言，开展耕读教育也是最好的不忘本的传统教育和爱国教育。

第三，树立新时代的劳动观，让耕读教育成为全民参与的通识教育。按照新时代的劳动观，耕读教育作为传承中华优秀传统文化的教育，作为中华民族生生不息的长寿密码，如何承担起实现中华民族伟大复兴的新使命，是新时代的重大课题。从这个意义上讲，耕读不仅是从儿童到大学生的"做人教育"的必修课，也应该成为如何做中国人的必修课。

第四，让耕读教育成为全党不忘初心的党性教育的重要内容。"不忘初心、牢记使命"主题教育是党的十九大之后在全党开展的主题教育活动，是推动全党更加自觉地为实现新时代党的历史使命不懈奋斗的重要内容。为把不忘初心、牢记使命作为加强党的建设的永恒课题和全体党员、干部的终身课题，形成长效机制，需要以新的理念和思路探索新时代党员、干部教育方式。其中，将融修心、健体、深入群众、体察民情、弘扬党的传统、传承优秀文化等多种功能为一体的耕读教育，导入不忘初心、牢记使命的制度值得探索。

第五，耕读教育使我们重新发现中国乡村的价值和未来，耕读教育是乡村振兴的灵魂。

进入 21 世纪以来，撤点并校、拆村并居等消灭乡村的做法一直在进行。尽管中央提出并大力推进乡村振兴战略，但目前在很多人心目中，对乡村价值的认识和信心一直未能真正确立。而耕读教育是我们在新时代重新发现乡村价值的重要教育。乡村振兴的时代意义，不是单纯的资本下乡的产业振兴，而是中国古老的乡村文明如何实现与新时代嫁接的振兴。新时代的乡村振兴中，耕读教育将承担起把古老的农耕文明与新时代嫁接、实现过去与未来对话、城市与乡村互补共生、物质与精神统一的使命。

耕读教育是乡村振兴的灵魂，人才将增强乡村振兴的生命力。随着在全国开展耕读教育，中国人不仅可以找到回家的路，而且为乡村振兴带来人气与人才、资源与市场、自信与文化。从这个意义上看，在全民、全党中开展耕读教育，是乡村振兴的重要途径。耕读教育，不仅会使全社会重新认识中国乡村的价值，也会推动教育回村，带动乡村教育改革，使古老的乡村走向伟大的复兴。

孙庆忠

中国农业大学人文与发展学院教授，农业农村部全球重要农业文化遗产专家委员会委员

农业文化遗产的
永续价值与保护实践

数千年的农耕文化是祖先留给我们的宝贵遗产。它们具有丰富的农业生物多样性、传统的知识与技术体系、独特的生态和文化景观，充分体现了人与自然和谐共处的生存智慧。如何将祖先的农耕智慧引入现代化农业生产和现代生活方式之中，使其成为助推农业绿色发展的重要力量，成为慰藉人们心灵的文化源泉，既是农业文化遗产保护的现实依据，也是全面推进乡村振兴的时代命题。基于保护不只是对传统的刻意存留，而在于活化利用传承的保护的理念，中国农业大学农业文化遗产研究团队所进行的陕西佳县古枣园四年社区保护行动实验证明，按照激活集体记忆，形成文化认同、民众参与、激活内生动力、循环永续，活化传统生态农业智慧、对接现代需求、文化变成新财富的思路进行，文化遗产就可以变成活财富。

作为中华文明立足传承之根基，长达数千年的农耕文化是祖先留给我们的宝贵遗产。它们具有丰富的农业生物多样性、传统的知识与技术体系、独特的生态和文化景观，充分体现了人与自然和谐共处的生存智慧。党的十八大以来，

习近平总书记多次强调保护中华优秀农耕文化，指出"我国农耕文明源远流长、博大精深，是中华优秀传统文化的根"，要"深入挖掘优秀传统农耕文化蕴含的思想观念、人文精神、道德规范"。因此，如何将祖先的农耕智慧引入现代化农业生产和现代生活方式之中，使其成为助推农业绿色发展的重要力量，成为慰藉人们心灵的文化源泉，既是农业文化遗产保护的现实依据，也是全面推进乡村振兴的时代命题。

一、文化根基：储备丰富的遗产资源

我国地域广阔、生态环境复杂多样，由此造就了种类繁多、形态各异的农业文化遗产。它们鲜明的生态属性和社会文化属性，是我们认识"三农"问题和研究乡村社会的理论基点。

2016 年开展的农业文化遗产普查工作，共发掘 408 项具有保护潜力的农业生产系统。作为联合国粮农组织"全球重要农业文化遗产（GIAHS）保护运动"最早的响应者，中国政府从 2012 年就启动了中国重要农业文化遗产的发掘与保护工作。截至 2020 年底，农业农村部共认定了 5 批 118 项中国重要农业文化遗产，涉及 136 个县级行政区域，其中 45 个属于少数民族地区。这些遗产涵盖了稻鱼共生、桑基鱼塘、湿地农业、山地梯田、农牧复合、草原游牧等类型多样的生产系统，都是可持续农业和乡村发展的典范。

浙江青田稻鱼共生系统是我国第一个全球重要农业文化遗产，1300 多年来一直保持着传统的农业生产方式——稻鱼共生。它既是一种种植业和养殖业有机结合的生产模式，也是一种资源复合利用系统。鱼依稻而鲜，稻依鱼而香。鱼以田中之虫为食，而禾苗恰以鱼儿之粪为料。稻鱼共生系统通过"鱼食昆虫杂草——鱼粪肥田"的方式，使系统自身维持正常循环，保证了农田的生态平衡。此种生态循环系统大大减少了对化肥农药的依赖，增加了系统的生物多样性，以稻养鱼，以鱼促稻，生态互利，实现了稻鱼双丰收。

与青田同宗的是贵州从江县侗乡稻鱼鸭复合系统。在这个有近千年历史的农业系统中，为了保证稻鱼鸭系统良性发展，侗乡人建构了与生态环境高度兼容的鱼塘、稻田、沟渠、河溪相连通的人工复合水域环境。在稻田中，侗乡人种稻、放鱼、养鸭，通过掌握水资源的利用与管理，鲤鱼的自繁自育，小香鸭世代选育驯化等知识和技术体系，将本来具有相克禀赋的稻、鱼、鸭等物种，智慧地按照成长时间的不同而将他们编织到一个系统中，促使有机体之间构成了一个复杂的食物链网络结构，能量、水、肥得到高效利用，从而稳定系统、对抗外界风险，确保稻、鱼、鸭三丰收，维持和延续了千年的日常生活。

云南省红河哈尼族彝族自治州是哈尼梯田的故乡。崇山峻岭之中的哈尼梯田，历经千年开垦而成，处于多元的系统循环之中。哈尼族的寨子大多建在当阳有水、有林，海拔在1000—2000米的半山腰。森林在上，村寨居中，村寨之下依地势造田，一层层的梯田由此绵延至河谷山麓，河谷的河水升腾为水雾，继而凝结为雨，落在森林，再流入村寨、灌溉梯田、流进河谷，从而形成"森林—村寨—梯田—河谷"四素同构的人与自然高度协调、可持续发展、良性循环的生态系统。

内蒙古自治区阿鲁科尔沁草原游牧系统，以蒙古族传统的"逐水草而居，食肉饮酪"的生产和生活方式为特征，利用大自然恩赐的资源和环境来延续游牧人的生存技能——人和牲畜不断地迁徙和流动，从而既能够保证牧群不断获得充足的饲草，又能够避免由于畜群长期滞留一个地区而导致草场过载，草地资源退化。游牧系统内的三要素，牧民—牲畜—草原（河流）之间形成了天然的相互依存和相互制约的关系。

此外，已经被列入中国重要农业文化遗产名录的遗产地，如稻作类的江西万年稻作文化系统、云南广南八宝稻作生态系统，茶类的云南普洱古茶园与茶文化系统、福建安溪铁观音茶文化系统，林果类的浙江绍兴会稽山古香榧群落系统、河北宽城传统板栗栽培系统，都是生物多样性和文化多样性保护的天然基地，也无一不是现代化背景下人们理想的生态宜居之地和乡愁栖居之所。如果能将其潜存的深厚资源挖掘利用，实现一二三产业的融合发展，那么乡村传统的知识系统以及与此共生的社群生活，就会转化成为乡村发展的内生性动力。

二、循环永续：传统农业的生态智慧

农业文化遗产是人与自然环境长期协同进化的传统农业系统，是农村生计、多样化粮食系统、农业生物多样性的保护和可持续利用的来源。这些传承久远的生产与生活系统，以及活在其中的本土知识和生态原则，经受住了千百年的考验，具有极高的适应性。

我国的传统农业之所以能在生存资源极度短缺的自然条件下，滋养着中华民族繁衍生息，孕育了不曾间断的中华文明，正得益于积聚了数千年的农耕智慧。就观念层面而言，"天人合一"的哲学思想、五行相生相克的辩证认识，深度地影响了人们的生产与生活实践。就经验层面而论，不同季节作物种植的安排、有机肥料的使用方法、各种旱作技术、稻田生产技术、选种和积肥技术等，无不蕴含着丰富的科学道理。农业生态学家曾经从景观多样性、物种多样性和遗传多样性三个层次，探讨了农业生物多样性的保护与利用问题。以物种多样性为例，将利用方法分成三类：一是群落立体模式，利用不同农业物种之间物理和营养差异进行。例如，南方的橡胶和茶树交叉间作，北方的泡桐和粮食间作；南方鱼塘中不同鱼种立体混养模式；云南病虫害防治模式，玉米间作马铃薯，可以有效地防治玉米大小斑病和马铃薯晚疫病。二是食物链模式，利用物种之间吃与被吃的关系进行。比如，用赤眼蜂控制水稻三化螟；用平腹小蜂防治荔枝园的椿象；稻田养鱼，鱼撞击稻禾，50% 的稻飞虱掉下来被鱼吃掉，鱼身上分泌的黏滑物质还可以控制水稻的纹枯病。三是相生相克的害虫防治模式，利用生物之间的化学关系进行。例如，北方棉田间作玉米，玉米可以吸引棉铃虫的天敌瓢虫、蜘蛛等，从而有效地减少棉花遭受的危害。可见，利用生物多样性可以不用化肥农药实现田间病虫害的控制。

除了这些农耕技术的传统知识外，我国各民族的文化体系都蕴含着人与自然和谐共处的生态观。"森林是父亲，大地是母亲"的谚语，便是人们护林意识的形象表达。大自然是人类的衣食父母，只有精心呵护才是生存之本。在人与自然的关系序列中，人位居林、水、田、粮之后，"有了森林才会有水，有了水才会有田地，有了田地才会有粮食，有了粮食才会有人的生命"。正是这样的"人"观和"物"观，才使人们热爱身边的一草一木、一山一石。由此衍生出对大自然的呵护意识，从山林的祭祀到农事庆典，从农耕礼俗到乡规民约，都是维护生态平衡的重要资源。生活在黔东北的苗族的文化传统具有"重巫尚鬼"的特征。黔东北曾以"神鬼的力量"来实现对森林的管护，而现在曾经肃穆、庄严的"神判"仪式很少有人参加，也没有人来执行以往种种强有力的配套措施。在他们的生活中，这种文化的约束力降到近乎零点。但是这并不意味着传统文化的彻底消失。在其农民股份制林业企业的森林管护制度中，我们看到了传统文化资源的变体形式。企业的形成与发展，依靠的还是头人、寨老、家族力量等文化资源，"公司"不过是"合款"制度的翻版。可见，民族传统文化和乡土知识的开掘与应用，是决定当地生活环境变迁的主要因素，对于森林保护和农业的永续发展发挥了重要的作用。

然而，不幸的是，传统农业这类混合种植的用地制度和生物养地的本土化习俗，在与现代高科技遭遇之时，往往备受冷遇。在西方发展主义和现代化理论的胁迫之下，全球性的政治经济和自然生态问题凸显，更为严峻的是，乡村传统的知识系统以及与此相连的社群生活日趋瓦解，乡村发展陷入窘境。

乡村发展的主体是农民，但从事农业的人数在锐减，乡土知识的传承后继乏人。据国家统计局统计数据显示，2020年全国农民工总量达28560万人。他们告别乡土的直接后果是土地撂荒、村庄的社会生活缺乏活力。即使在重要农业文化遗产保护地，农民离村的趋势依旧无法遏制。在侨乡浙江青田，中青年劳动力绝大部分已经转移到国外和国内的城市从事二三产业；在贵州从江小黄村，几乎所有的农户在稻田养鱼的同时还要外出打工；在云南哈尼村寨，掌握梯田农耕技术的老者不断去世，接受学校教育的年轻一代外出打工，本民族传统文化渐已遗失；在江西万年，因产量低，老百姓的收益低，贡谷的种植面积在减少，保护区内的野生稻濒危。

作为一种特殊的遗产类型，农业文化遗产保护的动因之一，是反思现代农业的危机与弊端，意欲在传统农业系统中寻找农业可持续发展之源。从这个意义上说，保护不只是对传统的刻意存留，还必须考虑到农业生态系统中农民生活水平的提高和生活质量的改善。因此，保护农业文化遗产是对农业特性、对乡村价值的再评估，是对人类未来生存和发展机会的战略性保护，其终极指向是现代化背景下的乡村建设。

三、文化干预：陕西省佳县古枣园保护案例

陕西省佳县的东北部，有一个被群山环抱的古村落——泥河沟。三面环山、面朝黄河的泥河沟村，掩映于千年枣园的深处。独特的自然景观、传承久远的村落形貌，使这里大得依山傍水之灵秀。每当旭日东升，河面波光粼粼，氤氲的水气便会弥漫山谷。每逢黄昏将近，群山布满晚霞，窑洞的炊烟又会随风蒸腾。这般的日出日落，记录着乡村时间的刻度，承载着村落的岁月流年。古朴静谧的村庄就这样在村口金狮山和银象山的守护下，恰似神仙居所，宛如世外桃源。然而，与中国绝大部分村庄的处境一样，这里的自然景观并未转换成村庄发展的资源。

（一）缘起：乡村减贫

陕西省佳县古枣园是泥河沟村民在适应自然环境的过程中，创造出的人与枣林和谐共生的文化系统。2013 年被原农业部列为中国重要农业文化遗产，2014 年被联合国粮农组织列为全球重要农业文化遗产。同年 11 月，这个陕北偏僻的山村又被纳入"中国传统村落"保护名录。这些接踵而至的名号，令曾经默默无闻的村落声名鹊起，也使村民燃起了改变贫困生活状态的热情与渴望。此时，全村 213 户 806 人，常年在村的 158 人中，有 111 人年逾花甲。他们是管理 900 亩耕地和 1000 亩枣林的主力军。这里是隶属于全国 14 个集中连片特困地区之一的吕梁片区的深度贫困村落，有贫困户 188 户 560 人，其中包括五保户 3 户 4 人，病灾户 15 户 36 人，残疾户 29 户 88 人。事实不止如此，与经济贫困相伴的是村落文化的落寞。

那么，作为一种特殊的文化干预，农业文化遗产保护能否为村庄的发展带来一线生机？能否从乡土文化入手，探索出一条通往精准扶贫的有效路径？正是立足于这样的思考，中国农业大学农业文化遗产研究团队进行了四年的社区

行动实验。

（二）行动：民众参与

按照联合国粮农组织的定义，全球重要农业文化遗产是"农村与其所处环境长期协同进化和动态适应下所形成的独特的土地利用系统和农业景观，这些系统与景观具有丰富的生物多样性，而且可以支撑当地社会经济与文化发展的需要，有利于促进区域可持续发展"。可见，农业文化遗产蕴含着丰富的农耕智慧，深具促进乡村发展的潜质。而农业文化遗产保护的核心则包括与农业景观浑然一体的农民的生产与生活。

有一种力量可以拯救乡村，那就是村落生活中祖祖辈辈携带的集体记忆。面对村落凋敝、农民贫困的处境，让村民生起对家乡文化的认同与自信，继而利用本土资源寻求自我发展之路，正是农业文化遗产保护的内在诉求。因此，通过记忆的搜寻，使村民获得情感的归属，便是我们行动的起点。

2014年7月，中国农业大学农业文化遗产研究团队驻村调研之初，村民不知农业文化遗产为何物，更不解外来者为什么要追问村子里的陈年旧事。尤其令人伤感的是，我们到村之日，正是武国雄老人的周年祭。他曾经是小学校长，当过大队书记，是村里公认的文化名人。我们也因此体会到，抢救记忆是遗产保护的当务之急。作为村落记忆的载体，老人们的相继谢世，意味着他们熟知的村史连同那些鲜活的生命体验，都将付诸东流。这也是农业文化遗产濒危性最直观的体现。更为严峻的是，村民对农业文化遗产缺乏了解，这种价值认同的濒危，使民众参与遗产的保护工作迫在眉睫。缺此，那些祖辈相承的乡土知识就无法发挥其延续文化根脉的作用。基于这样的认识，与村民共同找回村落记忆，使其在参与保护行动中，最终成为农业文化的守望者、传承者，既是我们驻村调研工作的起点，也是乡村建设的终极目标。

我们从搜集老照片、老物件入手，使村庄的尘封往事得以呈现。武岳林（1944年生）珍藏着祖上嘉庆十五年（1810）的地契、咸丰九年（1859）的出租地账、同治元年（1862）的赁窑老账、1912年的迎婚礼账；王春英难以忘怀的是传了三代的木箱，那是外婆给母亲的陪嫁，也是自己出嫁时母亲所赠的妆奁。当古稀老人捧起他妈妈1950年用毛笔书写的日记时，当耄耋老人告知我们照片上的年轻人是他的父母时，他们无以言表的神情，好像又一次回到了童年。当我们把这些有情感的物件用相机重新翻拍的时候，我们不仅存留了一段又一段家庭的历史，也收藏了一份温暖的生活记忆。

在搜集老物件的同时，我们通过口述史的方法，采写了那些在乡村里生活的父一辈、子一辈传承的村落故事。在他们的讲述中，破旧的十一孔窑与乡村学校的兴衰连在一起；河神庙与龙王庙与他们的灾害记忆一并而至。他们饱受过黄河之苦，也享用了水运之便。如今，码头已不见踪影，艄公已走下船头，但痛苦与欢乐并至的往事总是呼之即来。那些贯穿村庄的水利工程，那座护佑枣林的拦河大坝，那条背扛返销粮的陡峭山路，都留下过他们的汗水与泪水，承载了村落的集体记忆。正是通过这样的记录，有关"文化大革命"时期青年突击队、铁姑娘队、老愚公战斗队、红色娘子军的记忆被唤醒，村中那段激情的岁月也因此得以重现。在这项采录口述史的工作中，我们不仅询问村内的老人，也对那些虽然漂泊在外，却心系家乡的年轻人做了细致的访谈。他们创业的艰辛、打工的经历，是近 30 年来农民群像的缩影。他们的人生起伏不再是一个村落的故事，而是中国农民刻骨铭心的生命历程。

为了增进村民自我组织和自我建设的能力，2016 年 7 月 15 日至 21 日在佳县县委和政府的支持下，我们积极协助村民举办了"佳县古枣园文化节"。这期间的"全球重要农业文化遗产暨中国传统村落 2 周年庆典"晚会，是村民自编自演的集体联欢。这是继 2014 年 7 月 7 日、2015 年 7 月 16 日以"乡思"为主旋律的又一次洋溢着真情与感动的盛会。这是寂寞山村里的片刻喧嚣，是燃起村民走出贫困生活的点点希望。这一个又一个不眠之夜，不仅唤醒了村民的家乡情感，更使对重要农业文化遗产的保护意识深入人心。

在举办此类庆典的同时，2016 年夏、2017 年冬和 2018 年春，我们分别开办了三次"泥河沟大讲堂"，全面展现了我们的村落调研成果、建筑师的设计理念和青年志愿者对乡村愿景的积极作为。村民对于这样的集中学习热情很高，无论冬夏。91 岁的武玉书老人是村里年龄最长者，每天搬凳子第一个坐在最前排。当我问老人家，大讲堂好不好啊？老人说："好着呢，我长这么大，从来都没有享受过这么好的生活！"当我问 52 岁的武耀存，这几年间咱村发生最大的变化是什么? 他告诉我两个字:"人心!"尽管陕北的生活无法与东部沿海地区相比,但是村民对乡村又萌生了新的希望。尤其令人欣慰的是,农业文化遗产保护走到了老百姓的心中。保护不能仅是农业农村部的保护、地方政府官员的保护,更应该是老百姓自己的保护。

(三)效应:促发改变

回首我们所做的工作,表面上是在追问一个又一个"枣缘社会"的故事,实际上唤醒的是那些早已悬搁的村落记忆。在我看来,村落也和生命个体一样,都活在记忆里,一旦失忆了,就会不知自己从何而来,更不知迈向何处。在泥河沟村的 36 亩枣园里,生长着 1100 余株古枣树,树龄最长者有 1300 多年。它们目睹了窑洞院落里的人来人往,听惯了古戏楼里传出的悲欢离合。遗憾的是,如此古老的村庄没有文字记载,漫长岁月里的往事都潜藏在一辈又一辈村民的记忆之中。而今值得庆幸的是,在与村庄同行的日子里,在驻村调查的过程中,我们与村民共同完成了三卷本村落文化丛书的编撰工作。《乡村记忆——陕西佳县泥河沟村影像集》、《村史留痕——陕西佳县泥河沟村口述历史》和《枣缘社会——陕西佳县泥河沟村文化志》,2018 年已由同济大学出版社出版发行。正是通过这种特殊的文化干预,我们的工作把村庄的历史与当下连接在了一起,村民的日常生活展现的是陕北地域风情,他们追忆的往事汇聚的正是本土知识的宝库。通过这种参与式的行动,淳朴的村民不再是遗产保护的旁观者,他们成为自身文化的讲述者。那些曾经被遗忘的往事,转化成了把人、情、根留住的集体记忆。这种"社区感"的回归,正是村落凝聚和乡村发展的根本动力。

与这份情感记忆回归同步的,是村民言谈举止上的变化。他们开始珍爱古枣园及其附近破旧的村落。他们知晓了全球重要农业文化遗产,萌生了修葺小戏楼的愿望;那些曾经废弃的老物件被想起,落满灰尘的牌匾被拂拭;被淡忘的地名裤裆湾、小嘴峁成为"人市儿"上谈论的热点;风水宝地卧虎湾的故事再度被演绎。在我们驻村调研的 70 余日里,村民的生命叙事与村庄的历史形态就这样慢慢呈现。更为可贵的是,村委会协助组织了老年人协会,村庄平淡的生活因此增添了许多新的内容。傍晚时分的锣鼓秧歌,让沉寂多年的山村格外红火;共食一锅里的饸饹,让久违的乡情更显浓烈。在外打拼的年轻人也因

"爱枣协会"的微信群而集结在一起，共同寻找红枣出路，谋划家乡发展。

曾几何时，无论是学术界还是地方政府，很多人都将贫困的原因归结于农民素质差，观念落后，懒惰愚昧，因而忽视或否定贫困群体在反贫困中的贡献和主体地位。事实上，缺乏对"贫困群体是反贫困行动的主体"这一原则的认识，贫困问题就不会得到根本性的改观。只有唤醒其自觉改变生活的意识，其价值观念和理念才会转变，因为扶贫说到底是"扶人"，是改变人。

四年间有三种变化是显著的：其一，我们抢救了那些行将消逝的村落文化，将村民记忆中的往事定格成为有据可查的历史。这是村落凝聚的情感因素，其更为深远的意义在于，为后期的社区营造做了坚实的思想铺垫。其二，撰写文化志，搜集口述资料，是一个民众参与互动的交流过程，其中，不仅村落尘封的往事被唤醒，也让村民有机会重新面对自己的家乡文化，获得尊重与自信。因此，建立在信任基础上的社区行动，在客观上培育了村民改变处境、创造生活的能力。其三，这项工作的一个意外效益是培养了一批优秀的年轻学者。我带学生进行乡村调查实践，在为乡村发展尽力的同时，也把它当作实践教学的一个环节。中国农业大学农业文化遗产研究团队先后有18位本科生、硕士生和博士生加入队伍，一次次的乡村之行不仅培养了他们对乡村生活的洞察力、对所学专业的感悟力，更培育了一批优秀的年轻人，使其拥有了关注乡村、服务乡村的情怀，一种年轻生命里不可或缺的精神力量！

促发村庄和村民的改变是我们行动的指向，也是"三农"工作队伍所肩负的一项神圣使命。从人文社会科学的角度视之，我们参与中国及全球重要农业文化遗产的保护工作，小而言之是以文化干预的方式所做的村落减贫和脱贫实验，大而言之是在探索乡村复育的路径，是在寻找乡村振兴之道。

四、资源效应：保护与发展的创造性转化

无论是农业的可持续发展还是"活化"乡村，农业文化遗产的挖掘和利用都是不可替代的资源。近年来的保护实践证明，以农民为主体、以政府为主导、社会多方力量参与的保护机制，是农业文化遗产保护的有效路径。

　　内蒙古敖汉旗是我国旱作农业的发源地之一。当地政府将重要农业文化遗产打造成地方经济社会发展的金字招牌，先后建成敖汉旗旱作农业展览馆、中国小米博物馆。从 2014 年开始，连续 6 年举办了世界小米起源和发展大会，与国内外农业遗产地交流保护经验，确立敖汉旗小米的品牌地位，让小米产业链成为助力脱贫攻坚的主导产业。以王金庄村为核心保护区域的河北涉县旱作梯田系统，在地方农业部门的支持下，2017 年农民自发筹划成立了旱作梯田保护与利用协会，他们组织开展社区资源调查，使村民对梯田、对村庄产生了强烈的认同感和归属感。这些案例展现的内涵从不同层面说明了，在生态脆弱和经济贫困地区，农业文化遗产保护使地方政府找到了脱贫攻坚的抓手，使农民看到了乡土文化资源潜藏的多功能价值，使民间组织拥有了服务国家建设的积极作为。

　　综观我国农业文化遗产的保护实践，还会发现，无论是遗产保护与产业发展并举的江苏兴化垛田传统农业系统，还是借助农业文化遗产解困而重现原貌的浙江湖州桑基鱼塘系统；无论是桑产业带动大健康生态农业的山东夏津黄河故道古桑树群，还是利用原生态民族文化旅游资源保护和利用的贵州从江稻鱼鸭复合系统，都展现了在应对现代化危机中农耕文化强大的适应性和创造性。这些具有示范性质的案例充分说明，保护农业文化遗产并不是让我们回到前现代的农业社会，而是立足于当下重新思考农业的发展和乡村的未来。同时证明，作为践行"绿水青山就是金山银山"理念的现实成果，农业文化遗产保护的经验对于我国农业和农村发展以及国际可持续农业运动，都具有重要的示范和借鉴意义。

　　作为一种"情感的学问和实践"，保护农业文化遗产的目的是形成一种精神纽带，让我们的子孙在祖荫下更好地生存与生活。如果在追逐现代化的过程中，我们丧失了对这些生产和生活经验的传承能力，失去的不仅是我们这个民族的文化特质，更是基于历史认同的安顿心灵之所。就此而言，保护农业文化遗产表面上是保存传统农业的智慧，保留和城市文化相对应的乡土文明，其更为长远的意义则在于留住现在与过往生活之间的联系，留住那些与农业生产和生活一脉相承的文化记忆。这不仅是弘扬农耕文化的精神基础，也是社会再生产的情感力量。

第六章

乡村建设
特色引领

顾益康

浙江省农业经济学会会长

潘伟光

浙江农林大学浙江省乡村振兴研究院执
行副院长

乡村振兴的余杭样本:
"两进两回" 特色之路

　　浙江省是美丽乡村的首创地和乡村振兴的先行地,也是首个部省共建乡村振兴示范省。杭州市余杭区以打造现代版"富春山居图"为目标要求,通过"科技进乡村、资金进乡村、青年回农村、乡贤回农村"的"两进两回"为主引擎的乡村高质量全面振兴的新路子,探索出经济发达地区乡村振兴的余杭样板。余杭的经验做法给我们展示的是一个高质量现代农业示范区、高品位美丽乡村样板区、高智能数字乡村先行区、"三治融合"乡村善治模范区、高水平农民幸福美好生活的标杆区。余杭模式对浙江乃至全国很多经济发达县(市、区)都有重要的借鉴意义,对加快推进部省共建乡村振兴示范区也有重要的启迪意义。

┃ 顾益康　潘伟光 ┃　　**乡村振兴的余杭样本："两进两回"特色之路**

　　浙江省是习近平新时代中国特色社会主义思想的重要萌发地，是美丽乡村的首创地和乡村振兴的先行地，也是首个部省共建乡村振兴示范省。现在全国各地人士纷纷到浙江考察学习千万工程、美丽乡村和乡村振兴，浙江正面临着"全国学浙江，浙江怎么办"的时代之问。浙江省委省政府已经提出浙江要争当新时代乡村振兴排头兵，加快建设乡村振兴示范省，跻身国际先进水平，打造现代版"富春山居图"的目标要求。实施乡村振兴战略是中华民族伟大复兴的基础工程。我们曾到良渚古城所在地杭州市余杭区就经济发达地区乡村振兴进行专题调研，发现余杭区实施乡村振兴战略中站位很高、动作很快、力度很大、措施很实，成效也很显著，探索出了一条充分发挥城乡融合发展的体制机制优势，以"科技进乡村、资金进乡村、青年回农村、乡贤回农村"的"两进两回"为主引擎的乡村高质量全面振兴的新路子，探索出经济发达地区乡村全面振兴的余杭样板。余杭的做法也很好地回答了"全国学浙江，浙江怎么办"的时代之问，余杭的经验做法对浙江乃至全国很多经济发达县（市、区）都有重要的借鉴意义，对加快推进部省共建乡村振兴示范区也有重要的启迪意义。

一、余杭样本：发达地区乡村建设的先行试验

　　在中国特色社会主义进入新时代的今天，在余杭实施好乡村振兴战略具有特别重要的意义。余杭区结合"不忘初心、牢记使命"主题教育，自加压力，高标准建设经济发达地区乡村振兴的余杭样板，较好地回答了乡村振兴"全国学浙江，浙江怎么办"的时代之问。

　　第一，以"新六化"行动，建设高质量现代农业示范区。

　　一是以主体新型化打造一支强农兴农的主力军。余杭区近年来把培育引进新农人、农创客、新型农业经营主体作为农业高质量发展的根本性举措。以新农人、农二代、农创客为主体形成了农业龙头企业 140 家、农民专业合作社252 家、家庭农场 339 家、各类种养大户 1827 户，正在成为余杭现代农业的主力军。二是以农地园区化打造"百园农业"的强农形态。新农人大量进入和农业经营主体新型化强有力地带动了农地规模化、集约化、园区化的经营，已形

成 500 亩以上农业园区 133 个，建成高水平粮食生产功能区 492 个，成为园区化程度最高县（市、区）之一。三是以产品品牌化打造国家农产品质量安全县。大力发展"一镇一品、一镇一特"等特色产业，形成鸬鸟蜜梨、塘栖枇杷、径山禅茶等农业特色强镇；"塘栖枇杷""径山茶"获国家农产品地理标志认证，推出"禹上田园"农业区域公共品牌，创建成为"国家农产品质量安全县"。四是技术集成化打造农业高科技示范综合区。大力推进先进科学技术在农业全产业链和农业园区中的集成应用，物联网互联网技术、生物技术、新材料技术、AI 技术等为农业转型升级提供了强大的技术支持。五是以生产绿色化打造了生态循环农业先行区。成功创建了绿色农业发展示范区、绿色生态畜牧业发展示范区、渔业转型发展先行区。六是以产业融合化打造国家级农村产业融合发展示范区。积极推进现代农业与二三产业的融合发展，大力发展农旅文融合的新产业新业态，余杭区成为首批国家农村产业融合发展示范区。

第二，以"六个全"的高标准，建设高品位美丽乡村样板区。

一是美丽乡村"全规划"。坚持规划先行引领，优化乡村生产、生态、生活空间布局，推进"多规合一"，落实"县域乡村建设规划—村庄规划—村庄设计—农房设计"四级乡村规划设计体系，做到全域乡村全规划。二是美丽乡村精品村全覆盖。余杭区对于 125 个规划保留村，不让一个村掉队，3 年投入 22 亿元，全覆盖建设美丽乡村精品村。三是形成美丽乡村全系列。全域推进美丽乡村建设，形成美丽城镇、美丽村庄、美丽庭院、美丽河湖、美丽田园、美丽牧场、美丽民宿等美丽乡村系列，建成全域美丽乡村大花园。四是环境整治高标准全实施。强化全域基础环境整治，统筹推进治水剿劣、"无违建"创建、小城镇环境综合整治、垃圾分类、厕所革命、围墙革命等专项行动。五是美丽乡村建设"十不十宜"全管理。针对村庄美丽乡村建设"重洋轻土""有形无魂""喜新厌旧"等问题，明确十个方面正负面清单，扎实推进"产、村、人、文"四位一体融合发展。六是美丽经济全经营。以农村一二三产业融合发展为导向，建立景区村庄运营管理机制，建设一批地域特色鲜明、文化品牌独特的农旅文融合发展示范村。

第三，以数字化驱动，创建"高智能"数字乡村先行区。

一是打造农业数字化转型先行区。搭建包括农业大数据中心、农产品质量安全、农产品价格监测与服务、智慧物联网、灾害预警等模块的数字农业大平台，为农产品质量安全生产和农业资源监测保护提供"云保障"；建设智慧农业示范基地，打造了一批数字农场、数字牧场、数字渔场，为农业增效节本提供了"智慧脑"；推动农机装备数字化转型，打造农业机器换人的"升级版"；引进培育数字化农业技术服务公司，为数字农业提供强大的"人才技术库"；大力发展互联网农产品电子商务，开创数字农业的"新营销"。二是打造数字政务便民服务先行区。深化"最多跑一次"改革在乡村延伸，探索"一件事"联办改革，推进"一窗受理、集成服务"改革；构建覆盖全区、统一管理、上下联动的益农信息服务体系，打造智能化、便利化的未来乡村社区新样板。三是打造智慧综治先行区。推进杭州"城市大脑·余杭平台"的创新与应用，汇聚共享包括综治、安监、公安等在内的 23 个部门数据，利用大数据、云计算、人工智能等前沿科技，构建共建共治共享的社会治理新格局。

第四，以基层党建为引领，建设"三治融合"乡村善治模范区。

一是把基层党建作为乡村治理体系和治理能力现代化的最关键举措。中共余杭区委出台《关于加强党建引领助力乡村振兴工作的实施意见》，实施"红雁"系列队伍建设、村（社）"最强支部"创建等十大行动。全面推行网格党建工作，实施网格支部、党员联户、组织生活、组团联村等全覆盖。二是完善"三治融合"治理体系样板。推广小古城村基层民主协商经验，搭建公众参与平台共同治理。建立邻里协商议事中心，实现村社全覆盖；深化"法治余杭"建设，不断提升社会治理法治化水平。三是以智能化管理来提升基层治理和服务水平。积极推进智慧化社会治理和服务，实现农村财务智慧监管和村级财务"零现金"结算，建立农村集体产权线上交易平台，推动农房从申报、审批到建房等全过程管理服务的智慧化，让广大农民群众在新的治理体系中充分享受当家作主的权利和"高效能"服务。

第五，以富民强村为目标，建设高水平农民幸福美好生活标杆区。

一是建设民富村强的新标杆。2018 年余杭区农村居民平均可支配收入达37691 元，位居全省第二，增幅连续 12 年高于城镇居民，城乡居民收入比下降到 1.67∶1。大力开展村庄运营，村级经营性总收入达 8.9 亿元，村均 339.7 万元，在全省率先消除经营性收入 30 万元以下的薄弱村。二是树立城乡公共服务一体化的新典范。打造"美丽交通"自然村村村通，实现"优质教育"户户享，居家养老服务村村有，低保救助一个都不少，优质"公共医疗"便捷通，"刷脸就医"领跑全国，已建立起城乡统一的社会保险制度、城乡一体化社会救助体系，普遍实现了老有善养、幼有好学、病有良医、弱有多助，成为首批全国农村幸福社区建设示范单位。

二、以"两进两回"为平台：首创乡村建设要素供给新体系

余杭区以全面推进"科技进乡村、资金进乡村、青年回农村、乡贤回农村"的"两进两回"行动为主抓手，全面强化人才、资金、土地、科技、文化、生态等六大要素支撑，充分发挥市场在要素配置中的决定性作用，为高标准高质量推进全面乡村振兴提供了强大的助推力，这也是余杭打造经济发达地区乡村振兴样本的最重要的经验。

第一，"五管齐下"，吸引人才要素。

实现乡村振兴战略关键在人。余杭区采取"五管齐下"的措施引进培育壮大乡村振兴的人才队伍。一是以新产业、新农业来招引新农人、新人才。园区农业、体验农业、休闲农业、数字农业和民宿、康养等新产业带动了各类人才返回农村的热潮。二是在全省率先出台乡村人才振兴新政。余杭区政府出台了《进一步加强"三农"人才振兴工作的实施意见》，加大农业科技人才招引力度，引导支持海归人才、科研专家、高校毕业生等农业科技人才创新创业，强化农村经营与管理人才引培力度，开展优秀农村工作人才选聘，扶持农村电商创业孵化和青年创客发展。三是加强农村实用人才队伍建设。抓好"土专家"、农民技能大师等乡土人才培养、使用和激励，鼓励新型职业农民、农创客、村社干部等参加农业类大专、本科学历继续教育，学费全免。鼓励参加专业技术职称评审和农民技术职称评审。四是诚聘新乡贤回农村。发展新乡贤组织，1100

余名乡贤以项目回归、信息回馈、人才回乡、技术回援、文化回哺等多种形式参与乡村振兴。五是实施青年"吸附工程"。成立余杭区乡村人才协会，开辟青创农场，吸引年轻人返乡创业就业，积极培育农创客，2019 年举办杭州市首届海内外农创客大赛。

第二，调动多元主体，满足资金要素需求。

余杭区从经济发达地区的实际出发，建立起政府主导、农民主体、社会主动"三位一体"的高投入建设机制。一是充分发挥地方财政收入充裕的优势，大幅度增加对乡村振兴的财政投入。政府公共财政 2019 年在农业产业发展、美丽乡村建设、壮大村级集体经济、西部生态补偿、医疗养老等社会保障体系建设、乡村基础设施等方面投入近 100 亿元。二是充分发挥政府投入"四两拨千斤"的作用，把政府对农业的财政性投入和政策性农业保险结合起来。为有资本、有技术、有信息、有意愿的新农人成为农业投资的新生力量保驾护航，探索一条依靠新型农业经营主体、新型农业投资机制来加快新型农业现代化建设的新路子。三是加大"三农"信贷支持和普惠金融的支持力度。重点加大对农业农村经济社会发展重点领域和薄弱环节的支持。财政和金融支持有效带动了农业新型主体、工商企业、各类投资基金参与现代农业和美丽乡村的投资建设。

第三，统筹谋划，解决土地要素瓶颈。

余杭作为经济发达地区，面临着土地资源的刚性制约，如何解决乡村发展建设用地需求增加与保护基本农田之间的矛盾，强化土地要素支撑是乡村振兴面临的一个特殊难题。一是扎实推进全域土地综合整治，提高土地集约使用效率。出台《余杭区农村全域土地综合整治实施方案》，通过整治优化乡村发展空间，挖掘盘活农村存量建设用地潜力，着力提高农村用地效率，保障乡村发展用地需求；通过增减挂制度，将节余指标优先满足乡村发展新产业新业态用地需求；通过农用地整理、建设用地复垦，实现农田与建设用地集中集聚，推进耕地连片程度和质量提高。二是加强乡村建设用地支持。以"节约集约用地、保护耕地"为原则，积极盘活闲置、低效利用、零星分散的农村存量建设用地；优先落实乡村振兴重点项目、重点工程用地指标。2018 年，共计保障农民建房 85 亩，安置用地 2028 亩，以及确需新增建设用地的村级基础设施项目 11 亩。三是创设建设用地方案，解规模农业园区燃眉之急。为打响"百园农业"品牌、打造"田园综合体"，实现农业一二三产业融合发展，按照农业生产、加工、展示必需设施建设的最低土地配置核定用地面积，优先保障 A 级示范农业园用地，落实供地 50 亩。四是完善耕地保护激励措施。全面建立耕地保护补偿机制，2018 年共计发放耕地保护补偿资金 4657 万元，主要用于农田基础设施修缮、地力培育、耕地保护管理等。

第四，跨界创新，推动科技要素流动。

余杭区把促进科技进乡村作为农业高质量发展和农村经济社会发展的强大动力。一是以新产业、新农业、新业态发展和新主体成长，大力促进生物科技、新材料科技、数字化互联网、人工智能等高科技在农业农村经济社会的广泛应用。二是大力引进培育科技服务型企业组织，加快新技术市场化推广，提升镇街公共服务中心科技服务能力，加快传统产业的新技术改造，全面提升了农业科技进步贡献率。三是积极利用高等院校和科研院所科技人才优势。共建"农业科技创新园"，并按照"一个镇（街）一支工作队"的要求，组建 10 支校地合作专家服务队，组建 17 支科技人才服务队，推动科技进乡村，组织引导各类人才定期到镇街、村社开展精准服务。

第五，活化传承，发挥文化要素作用。

文化振兴是乡村振兴的软实力和重要支撑。一是保护传承、弘扬优秀传统文化。充分发挥五千多年良渚文化、两千多年运河文化、千年禅茶文化、千年古镇、历史文化村落等深厚传统文化积淀优势，大力挖掘乡村文化基因、历史文脉、非物质文化遗产，彰显文化建设对乡风文明的重要作用。二是推进社会主义先进文化建设，培育农村新时代新风尚。开展美丽乡村文化展示、文化活动、文创产品等"三文"创建。加强基层文化供给、文化阵地建设，全覆盖建设互助互爱、敬老爱幼"邻里中心"，充分发挥德治在乡村治理中的教化作用，全面提升农民道德文化素养。三是把余杭特色文化要素与美丽农业、美丽村居、美丽经济紧密结合起来。打造了文化底蕴深厚的"禹上田园"农业区域公共品牌和塘栖枇杷、径山茶、鸬鸟蜜梨等特色农产品品牌，形成一批以民食民俗为特色的山沟沟村、以皮影戏的传承为特色的河西埭村、以竹艺文创为特色的溪口村等"一村一特"文化乡村，打造以传统美食、传统工艺、传统民俗节日等为载体的乡愁产业，实现文化建设与美丽乡村、美丽经济互促共进、相得益彰的新格局。

第六，坚持绿色发展，发挥生态要素作用。

营造绿色优美的生态环境是乡村振兴的重要任务。一是以"两山理论"为指引，率先建立生态制度体系。探索建立绿色 GDP 考核体系，是全国最早建立生态补偿制度的县（市、区）之一。对镇街进行分类考核，促进西部镇街强化森林资源保护、水资源保护、生态设施建设、生态创建和绿色经济发展。二是把高水平生态宜居美丽乡村建设作为优化生态环境的基础工程。出台《余杭区高水平推进农村人居环境提升三年行动方案（2018—2020 年）》等一系列推动生态宜居美丽乡村建设的政策举措，全覆盖建设美丽乡村精品村。三是全域推进生态文明建设。以打造全域"大花园"为目标，实施全域生态环境治理、全域基础环境整治、全域大绿大美建设，纵深推进"美丽余杭"建设，形成"美丽城区＋美丽集镇＋美丽乡村＋美丽田园"的新格局，创建成为省级生态文明建设示范区。

三、余杭样本的示范价值、启示与建议

余杭区以"两进两回"为平台，高质量推进乡村全面振兴的经验，较好地回答了"全国学浙江，浙江怎么办"这一时代之问，对部省共建乡村振兴示范省有重要的启迪。

第一，全面优化营农环境，让"两进两回"成为促进部省共建乡村振兴示范省的主引擎。

在城乡融合发展新时代，实施"两进两回"行动，最大的作用和功效是改变农村要素净流出状况，推动人才、资金、技术等要素回农村，实现城乡要素资源的优化组合和城乡产业的融合发展，促进乡村从凋敝到振兴的根本性转变。余杭以"两进两回"为主引擎，高质量推进乡村全面振兴的先行实践经验证明,"两进两回"只要抓住青年回乡、乡贤回乡、城市人才资本项目"上山下乡"这一关键点,就可以成为推动乡村振兴的主引擎。为此提出三条建议:一是把实施"两进两回"行动作为推动全国乡村振兴的新引擎。建议借鉴"千万工程"现场会形式选择"两进两回"促乡村振兴成效显著的县(市、区)召开现场推进会,总结推广好的经验做法。二是国家要出台促进人才、科技、资金回农村的新政。通过新产业发展、新环境营造、新创业平台打造为"两进两回"创造更好的营农环境。三是加快深化城乡融合发展的土地制度、不动产制度、公共服务制度和"最多跑一次"改革,为"两进两回"破除体制性障碍。

第二,从时代的高度,建设乡村振兴先行省、先行市和先行县(市、区)。

习近平总书记在2017年中央农村工作会议上提出,实施乡村振兴战略也是为全球解决乡村发展问题贡献中国智慧和中国方案。解决好乡村发展问题是发展中国家面临的十分紧迫的问题,中国作为最大的发展中国家,应该为世界发展中国家乡村发展提供智慧和样本。浙江"千万工程""美丽乡村"建设一直走在全国前列,既有必要又有条件,向全国乃至世界展示乡村振兴的成就和经验。为此,一要对标深圳创建中国特色社会主义先行示范区、树立城市范例的做法,建议农业农村部积极向中央申报余杭区创建中国特色社会主义乡村振兴先行示范区(市、县),为全国树立乡村振兴的市、县范例。二是争取在浙江召开世界乡村振兴大会,向世界展示中国特色社会主义乡村振兴发展成果和发展样本,彰显中国特色社会主义乡村振兴发展道路的优越性和强大生命力,与世界分享中国乡村振兴故事和经验,为全球解决乡村问题贡献中国智慧和中国方案。

第三,把智能乡村和数字农业作为提升乡村振兴水平的新抓手。

要把数字乡村建设和农业数字化转型作为提升乡村振兴的新动力,要提出全面贯彻国家《数字乡村发展战略纲要》的配套政策,并把数字乡村建设作为部省共建乡村振兴示范省建设的重要抓手,作为赶超发达国家农业农村现代化水平的重要手段。以农业产业的数字化转型、乡村智慧治理和乡村政务智慧化为突破重点,努力扩大数字乡村的覆盖面和影响力,全面推进乡村产业振兴、生态振兴、人才振兴、文化振兴、组织振兴。

第四，加快推进以基层党建为引领，自治、法治、德治和智治四治融合的善治乡村建设。

按照党的十九届四中全会的精神，把高水平乡村治理体系和治理能力现代化建设作为乡村振兴重要而紧迫的任务。借鉴余杭乡村治理的新经验，要把新时代美丽乡村建设重点从硬件建设转向软件建设和制度建设，充分发挥基层党建在现代乡村治理中的核心领导作用，把自治、法治、德治和智慧治理紧密结合起来，形成一整套党建为引领、四治合一的组织构架和制度安排。依托政务服务网平台，强化乡镇、村网上服务平台建设，把大数据、云计算、智能管理广泛深入地运用于自治、法治、德治，释放"互联网＋三治结合"新效能，实现乡村"最多跑一次""最多跑一地"，提升广大农民的幸福感、获得感、安全感。

第五，加快推动乡村建设与乡村经营的紧密结合，开创经营美丽乡村、发展美丽经济的新时代。

2006 年，时任浙江省委书记习近平提出"千万工程"要实现两个结合，"要把整治村庄和经营村庄结合起来，把改善村落村貌与发展生产、富裕农民结合起来"。浙江经过十多年"千万工程"久久为功的建设，造就了万千美丽乡村。如何经营美丽乡村、发展美丽经济已成为新时代美丽乡村建设一项重大而紧迫的课题。余杭区景区村庄经营提供了好的思路，这是乡村市场化竞争经营发展需要，是打造美丽经济内在发展的必然要求。为此，在美丽乡村建设基础较好的乡村，要把新时代美丽乡村建设的重心从建设美丽乡村转到管理、运行、经营美丽乡村、发展美丽经济上，把美丽转化为富民强村的生产力，找到绿水青山转换为金山银山的现实路径，形成美丽乡村与美丽经济互促共进的新机制，增强农民建设美丽乡村的内在动力和活力。

董进智

四川省农业农村厅二级巡视员、四川省乡村振兴战略研究智库专家

探索乡村艺术化之路
建设现代版"富春山居图"

打造各具特色的现代版"富春山居图",是习近平总书记在论述中国特色社会主义乡村振兴道路时提出的明确要求。本文分析了乡村艺术化的内涵,研究了乡村艺术化的客观必然性,提出了乡村艺术化的对策,展望了乡村艺术化发展的未来。笔者认为,乡村艺术化是美丽乡村建设的深化和升华,未来的乡村将因艺术化而与城市交相辉映、相得益彰,人们将在那里诗意地栖居。

打造各具特色的现代版"富春山居图",是习近平总书记在论述中国特色社会主义乡村振兴道路时提出的明确要求。这是要我们探索乡村艺术化发展之路,建设诗情画意、各美其美的美丽乡村。

一、乡村艺术化是建设现代版"富春山居图"的必由之路

乡村艺术化是近年来出现的新概念，人们对它的内涵和本质还有一个逐步认识的过程。这里，由它的来龙去脉入手，来看它的内涵和要求。

（一）现代版"富春山居图"：习近平总书记心目中的美丽乡村样本

2018 年 9 月，习近平总书记在十九届中央政治局第八次集体学习时强调，打造各具特色的现代版"富春山居图"。可见，现代版"富春山居图"是美丽乡村建设的样子。

《富春山居图》创作于 1350 年，是元代著名文人画家黄公望的代表作，画的是浙江富春江两岸初秋的景色。这是一幅旷世山水手卷。画里面，隐隐约约看到了村落。画家、中国艺术研究院客座教授刘墨认为，"展阅全幅，竟如电影画面般流畅，景与情，步步递进"。

中外艺术家、理论家、艺术史家都十分关注黄公望和他的《富春山居图》。从西方流行近百年的《加德纳艺术通史》中，我们看到了黄公望和他的《富春山居图》在世界艺术史上的重要地位。从美国著名艺术史家卜寿珊的代表作《心画：中国文人画五百年》中，我们看到了黄公望是文人画家的代表，而文人画家是士大夫，他们的画是"心灵的印痕"。从画家刘墨的专著《入山幽致叹无穷：黄公望〈富春山居图〉赏析》中，我们看到了黄公望曾涉足官场，后来归道，晚年隐居于杭州的筲箕湾，他的《富春山居图》"充满了只有江南才有的诗意和真实感"，隐含了"渔父在远离政治的地方，快乐而平静地生活"。北京大学教授朱良志的《生命清供：国画背后的世界》一书，则让我们看到了画中"峰峦起伏，云树苍苍，村落隐映，白帆、小桥以及远处的飞泉历历可辨"。

可以说，《富春山居图》绘出了我国古代文人画家心中的"美丽乡村"。由这样一幅代表中国文化、寄托着"美丽乡村"梦想的艺术杰作提出对乡村振兴的要求，是要我们在推动乡村全面振兴中，把艺术和乡村融合起来，推动乡村

艺术化发展。其实，习近平总书记经常强调的农村特点、乡土味道、乡村风貌、青山绿水、乡愁，就让我们看到了诗一般的美丽乡村。

（二）乡村艺术化的本质：把乡村建成艺术，把生活过成艺术

乡村艺术化，是指在全面振兴乡村、加快农业农村现代化的过程中，唤醒农民的主体意识，调动农民的内在情感，激发农民的创造性，让他们作为主体，同艺术家、企业家、市民等各界人士一起，重新认识乡村的存在价值，重新发现乡村的内在之美，因村制宜、因时制宜地开展绘画、诗歌、摄影、建筑、手工艺等丰富多彩、雅俗共赏的艺术创造和艺术体验，把乡村的人居环境和日常生活艺术化，建设诗情画意、各美其美的美丽乡村，打造各具特色的现代版"富春山居图"，让美丽乡村成为现代化强国的标志、美丽中国的底色。

简单来说，乡村艺术化就是要在保证农民群众丰衣足食的基础上，把乡村建成艺术，把生活过成艺术，让人人都成为乡村"艺术家"，让村民都得到自由全面发展。它是美丽乡村建设实践的深化和升华。这里有两个关键问题需要引起特别注意：

第一，要展示乡村的内在之美。美丽中国最美在乡村，乡村之美，美在山水，美在田园，美在淳朴，美在乡愁。这种美是质朴的，也是厚重的，在一定意义上是奢侈的。质朴，在于它根植于自然，体现人与自然的和谐；厚重，因为它源远流长，有深厚的文化底蕴，中华文明的根就在这里；奢侈，则是因为我们走得太远，难以返璞归真。乡村艺术化正是从这种质朴的美中"长出来的"，当然，恰当而有节制的艺术干预和"植入"也是有益的，但是过分了就会适得其反。

第二，要注重农民的切实感受。乡村艺术化最重要的目的，是增加农民的获得感和幸福感。这需要重新认识艺术。绕开理论界、艺术界的争论，回到现实生活，就会发现，只要农民群众带着情感、用心建设自己的家园，沉浸在自己所做的事中，发挥出自己的创造性，全神贯注地把手中的事做好，就会获得审美的、艺术的体验，就能把每一件事都做成艺术。乡村艺术化正是要营造艺术氛围，建设精神家园，把人们导入艺术场景，让人们沉浸其中，共同创造与体验。

这样的乡村艺术化，带着乡愁，烙上农耕记忆，体现着农家情趣，充满着乡土气息，承载着乡村价值，展示着乡村内在之美，寄托着人们的田园梦想，是乡村发展的未来。

（三）乡村艺术化的内容：自然山水、艺术田园、农耕体验、诗意栖居

乡村艺术化究竟是什么，还很难求得一致的看法，做一些形象的描述是有益的。同时，各种形式的艺术乡村建设又为我们展示了乡村多彩的形象，激发了人们的想象。我们可以借以进行不同的组合，创造出人们期待的艺术乡村形象。据此，可以把乡村艺术化描述为"自然山水、艺术田园、农耕体验、诗意栖居"。

第一，自然山水。天蓝地绿、山青水碧、风清气爽、鸢飞鱼跃、蛙鸣鸟叫，表现了山水林田湖草内在的和谐，是自然之美。自然山水是乡村艺术化的天然底色。例如，浙江省安吉县余村，践行"两山理论"，关闭矿山，调整产业结构，修复了生态环境，让人回归自然、天人合一。走进余村，人就陶醉于青山绿水和鸟语花香间。这也是不少文人墨客的理想生活。

第二，艺术田园。田园也有"意味"，其景色随区域、季节而变幻，并在日月映照下，与山川、村落交相辉映，成为乡村独特的风景线。艺术田园是乡村艺术化的鲜明特色。例如，在云南省红河谷，哈尼人经过成百上千年的辛勤耕耘，开垦出了满山遍野的层层梯田。鸟瞰红河谷，哈尼梯田精美又壮观，才是"真正的大地艺术"。20世纪八九十年代以来兴起的创意农业，正是艺术田园的新的组成部分，已经成为大景观和乡村旅游的亮点。

第三，农耕体验。农业生产中，人们与鲜活的动植物生命过程打交道，可以变农业劳动为农事体验，从中分享农耕之美，品味人生乐趣。农耕体验是乡村艺术化的文化标识。例如，四川雅安蒙顶山是世界茶文化的重要发源地，当地传承千年茶文化，形成了完整的茶产业链，游客可以体验、分享农耕之美。来到蒙顶山下，采茶、炒茶、品茗、听故事，其乐无穷。现在，城里很多青少年喜欢到乡下去，主要是想去体验农事，释放压力。

第四，诗意栖居。有了自然山水、艺术田园、农耕体验，加上优美的人

居环境和丰富多彩、特色鲜明、雅俗共赏的民间文艺活动，乡村便成为人们的诗意栖居之地。诗意栖居是乡村艺术化的综合体现。例如，四川省丹巴县中路藏寨，经过历史的演变，形成今天独特的自然和人文景观，成为"中国景观村落"。置身中路藏寨，那里雄壮的碉楼、多彩的民居、欢乐的歌舞、浓郁的风情，还有满天的星星，令人如临仙境、流连忘返。

二、乡村艺术化是乡村内在发展的需要

乡村是人与自然和谐的多功能空间。在工业化、城镇化、现代化进程中，乡村不可避免地会受到不同程度的冲击，相当一批村落衰落、消失。但是，广大乡村会再生和复兴，走向诗和远方。艺术化是乡村发展的未来，未来的乡村将是诗意栖居之地。

（一）中国千年乡村史就是一部艺术史

从辞源上看，"艺"最早指的正是"种植"，与"农"同源。"术"指"邑中道路"，引申为技术。"艺""术"合起来，是种植、劳作的方法、技艺。这就表明，艺术与乡村有着天然的联系，艺术源于乡村，乡村是艺术之母。中国农业大学教授朱启臻认为，"乡村本来就是艺术的，无论是形式的还是内容的"。

的确，从审美、艺术视角审视，我国乡村有着丰富而独特的艺术表现。走进四川省丹巴藏寨、云南省元阳哈尼族村、安徽省黟县宏村、新疆布尔津图瓦村、福建省南靖土楼村落，从村落布局、山水田园、乡间小路、建筑风貌，到男耕女织、节庆活动、民间故事、民族风情，都体现着代代相传的智慧和创造，展示着乡村的内在之美。中国社科院研究员高建平指出，乡村之美有四层意思：一是田园生态之美，二是传统故事之美，三是有机生长之美，四是家园情感之美。这样的乡村艺术、乡村诗意，是几千年文明积淀下来的。所以，中共中央党校（国家行政学院）教授张孝德认为，中国几千年乡村史就是一部艺术史。

只是，在工业化进程中，乡村曾经迷失在路上。有的遭遇大拆大建，城不像城、村不像村；有的人去楼空，出现"空心化"。但是，从世界各国看，在

现代化进程中，乡村必然要经历一场痛苦的蜕变和重生。这就是乡村发展的一条基本规律。如今，发达国家的乡村呈现一派兴旺景象。新时代农业农村发展取得的历史性成就表明，我国的广大乡村已经开始复兴的历程。乡村振兴之日，正是艺术回归乡村之时。

（二）新时代艺术化乡村将成为奢侈品

党的十九大报告明确指出，中国特色社会主义进入了新时代。我国社会主要矛盾已经由人民日益增长的物质文化需要同落后的社会生产之间的矛盾，转化为人民日益增长的美好生活需要和不平衡不充分的发展之间的矛盾。之后，我们打赢了脱贫攻坚战，建成了全面小康社会，实现了中华民族几千年来的小康梦，并开启了全面建设社会主义现代化国家新征程。

美好生活应当包括丰裕的物质生活、和谐的社会生活、丰富的精神生活。"美好生活需要"呈现多样化、个性化、艺术化等特征，人们在满足了基本的物质生活需要之后，越来越注重审美和体验，讲究品牌和时尚。以日常生活的衣食住行为例：衣，由穿得暖到穿得美，讲究个性和时尚。食，由吃得饱到吃得好，讲究多样化、色香味、地方特色和舌尖的体验。住，由住有所居到诗意栖居，讲究环境美和生活体验。行，由"快"到"慢"，讲究欣赏各地的文化、路边的风景。李子柒现象、"丁真的世界"进一步说明，人们渴望着充满诗意、纯朴而美丽的乡村。

回应人们对美好生活的向往，2008 年浙江省安吉县提出打造"中国美丽乡村"，2010 年浙江省实施美丽乡村建设行动，2013 年全国兴起美丽乡村建设热潮。人们认识到，乡村是具有自然、社会、经济特征的地域综合体，兼具生产、生活、生态、文化等多重功能，与城镇互促互进、共生共存，共同构成人类活动的主要空间。未来的乡村，将是希望的田野、干事创业的广阔天地，城里人也做起了乡村梦。

（三）美丽乡村建设走上了艺术化之路

国际上，在 20 世纪 80 年代就开始了艺术乡村建设实践。国内的艺术乡村建设，也有了十来年的探索。

放眼国外，英国的乡村最美，以至于人们说英国的灵魂在乡村。德国的施雷勃田园、法国普罗旺斯乡村、荷兰羊角村、日本合掌村，都被誉为童话世界。以施雷勃田园为例，它不是某一个特定的村庄，有点相当于近几年我国兴起的田园综合体，在整个德国有 100 多万个。在每一个施雷勃田园里面，家家户户独门独院，各具特色，充满了浓郁的自然情趣和文化气息。据说其中最美的，是门前的菜园子，均长满了各式各样的蔬菜、鲜花。一到周末，市民们一般都会举家去那里从事"山间劳动"和休闲健身，尽情分享着山水和田园之美。近几年，我们进一步由日本越后妻有大地艺术节，看到了艺术对乡村的意义。

再看国内，近几年的艺术乡村建设正在走向乡村艺术化发展之路，主要表现在：绘画、雕塑、舞蹈、音乐等众多艺术门类协同，呈现融合发展趋势；现代艺术与传统艺术、民间艺术同台共舞，交相辉映；艺术融入乡村经济社会的各个方面，正在激活乡村沉睡的资源；注重彰显乡村的生产、生活、生态、文化等独特价值，日益呈现乡村韵味；由点到群，开始形成星罗棋布的乡村艺术乡村群落；当地村民受到启蒙，将逐步担当乡村艺术化的主角。如果我们把目光转到身边的乡村，即使看不到那些艺术乡村建设的景象，也能发现艺术的元素正在生长，艺术已经进入人们的日常生活。

（四）艺术化乡村能满足人的精神需要

往深层次看，艺术是人的精神需要，人的全面发展离不开艺术。我们知道，人的发展是全面的、和谐的、自由的、充分的发展，既要满足物质的需要，也要满足精神的需要，而且随着物质需要的满足，精神需要愈益凸显。按照马斯洛需求层次论，当生理、安全、归属、尊重等基本需要满足后，就会产生自我实现需要，包括审美和认知。

实际上，艺术的需要并不用等到基本需要充分满足以后。达尔文在一个荒岛上发现，那些光着身子的土著，宁愿没有衣服，也不能没有舞蹈。舞蹈正是一门最古老的艺术。难怪《美国艺术教育国家标准》在序言中就指出："一个没有艺术的社会和民族是不可想象的。正如没有空气便没有呼吸，没有艺术的社会和民族无法生存。"其实，德国美学家席勒早在 200 多年前就指出，"只有当人是完整意义上的人时，他才游戏；而只有当人在游戏时，他才是完整的人"。所以人们说，艺术让人成为人。

　　值得关注的是，我国广大农民群众对艺术的需求，随着脱贫攻坚的胜利和全面小康社会的建成，已经变得越来越强烈。2020 年 6 月，浙江省温州市一对农村夫妇，从平凡的日常生活中获得灵感，创作出自己的舞蹈，在屋里屋外、田间地头、乡间小路，自由自在地边跳边唱，既释放了生活的压力，又获得了艺术的享受，还感染了无数网友。类似的现象正在不断涌现，足以反映出新时代农民群众的艺术需求。这正是乡村艺术化最重要的内生动力，有了这样的动力，乡村艺术化便水到渠成。

　　综上所述，乡村艺术化的土壤、条件和动力正在形成，全面振兴乡村应当审时度势，把传承历史文化、弘扬时代精神、展示乡村之美结合起来，积极探索乡村艺术化发展之路，建设诗情画意、各美其美的美丽乡村，打造各具特色的现代版"富春山居图"。

三、未来乡村艺术化发展新趋势、新格局

　　乡村艺术化是历史的必然，是现实的选择，更是乡村发展的未来。那么，顺理成章的问题便是未来乡村的艺术化怎么展开，可能出现哪些趋势，会呈现什么样的景象。笔者认为，就是要把握乡村艺术化的发展趋势，展望乡村艺术化发展的未来。

　　讨论这个问题首先需要对它的时空范围作一个基本的界定，明确我们所讨论的未来立足何处，大体延伸到一个什么样的时间和空间，这期间又有多少不确定因素和可能发生的变化。基于这一考虑，这里根据党的十九大和十九届五中全会关于实施乡村振兴战略的重大部署，关注近十来年浙江、四川等地乡村的变化，把着力点放在今后 10 到 15 年我国的乡村振兴进程中，适当展开一些必要的想象，展望到 2050 年前后。今后 10 到 15 年，可以说是我国乡村振兴十分重要的一个时期，要在 2020 年全面打赢脱贫攻坚战和全面建成小康社会的基础上，全面实施乡村振兴战略，到 2035 年要基本实现农业农村现代化，生态宜居的美丽乡村也要基本实现。在此基础上，才能如期实现乡村全面振兴的宏伟目标。

通过初步的分析，今后一个时期的乡村艺术化发展，至少有以下五个方面的演变趋势值得关注：

（一）乡村艺术化将成为人们共同的追求

有几件事对我们触动很深：第一件，2019年7月，30支高校艺术设计团队进驻浙江省宁海县30个村庄，宁海县则启动了艺术家驻村、艺术提升品位、设计改变生活三大行动，计划3年内建成一批艺术特色镇、艺术特色村、艺术特色风景线。第二件，2018年7月，一群不同专业的艺术家走进浙江省松阳县，启动百名艺术家入驻松阳乡村计划，将与地方合作打造国际艺术家集合地，以艺术推动乡村振兴。第三件，2019年11月，华侨城集团有限公司与中国艺术人类学会联合，在深圳市举办了"中国艺术乡村建设展"。第四件，2020年9月，《人民日报》开辟了"乡村振兴，艺术为何"专栏，交流、探讨艺术乡村建设。第五件，2020年10月，四川省文化和旅游厅在武胜县举办了第一届四川乡村艺术节，这个乡村艺术节将定期办下去。这说明，政府、艺术家、企业、媒体正在以不同方式支持、参与艺术乡村建设，推动乡村艺术化发展。应该说，这还仅仅是个开始。

（二）乡村艺术化将形成世界性的新潮流

乡村艺术化发展离不开艺术乡村建设，艺术乡村建设的兴起必然会推动乡村艺术化发展，乡村艺术化完全有可能因此形成发展的浪潮。前面已经提到，国际上的艺术乡村建设早在20世纪80年代就开始了，近几年人们谈论较多的是日本越后妻有大地艺术节。越后妻有大地艺术节于2000年在距东京200多公里的新潟市创办，每三年一届，是著名艺术家北川富朗联合日本国内外艺术家创办的，主要发掘农村存在的意义，把梯田、农舍、雪景、山川以及日常生活用具作为艺术的元素和符号，进行艺术实践，致力于打造乡土的在地艺术节。到2018年已经成功举办了七届，艺术家们创作了上千件充满乡土气息的艺术作品，有效激活了当地乡村，被称为艺术振兴乡村的典型案例。类似的乡村艺术实践活动越来越频繁，国内形式多样的大地艺术节、田园艺术节正是在这样的背景下开展起来的，这也从一个侧面预示着，乡村艺术化浪潮可能在未来不远的某一天来临。

（三）未来的乡村将因艺术化而各美其美

明天是从今天走下去的，从这个意义上讲，未来的乡村艺术化就在当下，就在我们的脚下。近年来各地的艺术乡村建设，不管是政府打造的、艺术家启动的、社会资本介入的，还是农民自发建设的，普遍与过去新农村建设千村一面不同，都在寻找自己的优势，挖掘自身的历史文化底蕴，打造自己的鲜明特色。例如，成都市郫都区战旗村的"乡村十八坊"，展示了千百年传承下来的蜀绣、唐昌布鞋等传统手工艺之美。都江堰市七里诗乡，弘扬当地农民闲来吟诗作文的优良传统，吸引艺术家、企业家、市民共创共建共享，形成城乡融合发展的新景象。汉源县花海果乡，由政府引导农民改造提升原有水果产业基地，变田园为公园、农房为客房、劳作为体验，展示了田园生态之美。类似的乡村在四川越来越多，从全国范围来看也是这样，已经呈现各美其美的态势。这样发展下去，乡村将会形成一幅幅各具特色的现代版"富春山居图"。

（四）乡村将因内在美而与城市交相辉映

以前乡村的新村建设、景观打造、文创活动等，有一个带倾向性、普遍性的问题，是模仿城市，把城市建设的模式搬到乡下去，搞得城市不像城市、乡村不像乡村。后来人们逐步意识到这样的问题，开始注重农村特色、乡土味道、乡村风貌、农家情趣、乡愁，"微田园"的推广、普及便是一例。2012年5月，笔者到四川省绵竹市清平镇蔺家坎新村聚居点调研，看到村民在房前屋后又建上了小菜园，当地人称为"微田园"。它不只方便老百姓生活、优化土地利用，而且让乡村更有生机、更美。经过四川省农业农村厅的总结宣传，很快就普及开来，并在全国推广。2020年7月，浙江省衢州市的"一米菜园"正火，《人民日报》、中央电视台新闻都在宣传。"一米田园"实际上就是"微田园"。可以想象，在乡村艺术化过程中，像"微田园"这样的元素将越来越多、越来越丰富、越来越有乡味。

（五）艺术不会因乡村艺术化终结于乡村

这涉及艺术领域一个很有争议的观点——"艺术终结"。中国社会科学院哲学所研究员刘悦笛认为，艺术会终结，但艺术终结并不等于艺术的死亡。他说，艺术终结于观念、终结于身体、终结于自然，艺术终结之日正是生活美学兴起之时。借用刘悦笛的研究,我们认为乡村艺术化可能意味着艺术在乡村的终结,但是,艺术在乡村的终结并不意味着艺术在乡村的死亡,而是乡村本身已经成为艺术,乡村与艺术或艺术与乡村已经没有分别了。这是不是又意味着艺术化的乡村将带来人们的审美疲劳?至少有这样四点能够提供否定的回答:一是艺术门类多样,乡村艺术同样丰富多彩;二是乡村艺术化各美其美,每个村庄都有自己鲜明的特色;三是乡村将因艺术化而与城市形成鲜明对比,交相辉映、相得益彰;四是事物不可能停止变化,乡村艺术化也不例外。也就是说,未来乡村的艺术化是多样化的、个性化的、持续变化着的。乡村艺术化了,乡村还将艺术化。

还可以再作一些其他方面的分析,但是以上五个方面是基本的,能够把这些趋势理出一个脉络来,其他方面可依此类推。这样的发展趋势必然会成为新时代农业农村高质量发展的新动能,推动形成城乡融合发展的新格局,还可能催生城市发展的新理念,为美丽中国增光添彩。把握这样的发展趋势,能够打开我们的眼界、增强我们的信心,有利于我们明确发展目标、制定工作措施,更好地推进乡村艺术化发展,建设美丽乡村。

四、建设各具特色现代版"富春山居图"的若干思路

乡村艺术化发展需要理论指导,更需要实践探索。研究乡村艺术化的内涵和要求,认识和把握乡村演变发展的客观规律,目的是将其用于指导乡村建设实践,以便在农业农村现代化进程中更好地建设美丽乡村。走进新时代,全国各地的美丽乡村建设、艺术乡村建设,为乡村艺术化发展积累了一些经验。应当以此为基础,按照全面推进乡村振兴的战略部署,在美丽乡村建设的基础上,积极有序地探索乡村艺术化发展之路。

我国历史悠久、地域辽阔、民族众多、文化深厚、村庄千差万别,乡村艺术化可以绘出多姿多彩的最美图画来。必须分类指导,因村制宜,精准施策,各美其美,打造各具特色的现代版"富春山居图"。以目前人们比较关注的成渝地区双城经济圈为例,可根据其打造"高品质生活宜居地"的独特定位,结

合区域内自然、经济、历史、文化、社会等方面的资源和特点，建设"巴蜀水墨乡村"。

在"巴蜀水墨乡村"中，水，山水，代表自然。人们常说巴山蜀水美如画，这是事实，但只是表象，必须继续往深处看。比如，以国宝大熊猫、"植物活化石"中国鸽子树为代表的生物多样性，北纬23度、30度从这里穿过带来的神奇现象，平原、丘陵、高山、峡谷、高原的交错，大江、大河、溪流的千河交织等，这些共同造就了多样化的、极致的自然之美。墨，书写，代表巴蜀农耕文化、地域文化、民俗文化，如两千多年前李冰父子修建的都江堰，还有一大批农业文化遗产、非物质文化遗产等，同样是多样的、深厚的、不可代替的。"水""墨"融合便是诗、画、艺术。平原、丘陵、山区、民族地区如诗如画的水墨乡村，将构成一幅巴蜀特色鲜明的现代版"富春山居图"。应该说，水墨乡村还适宜于整个西南地区，包括云南、贵州和西藏。

推进乡村艺术化发展、打造各具特色的现代版"富春山居图"，包括"巴蜀水墨乡村"，是一个长期的过程，需要在明确方向和目标的前提下，对各个方面的任务从时空上进行合理的组合。根据党的十九大和十九届五中全会对实施乡村振兴战略的部署和要求，当前应当紧紧围绕未来5到10年实施乡村振兴战略的重点任务，找准突破口和着力点，精准发力。

（一）提上议事日程，加强组织领导

探索乡村艺术化发展之路，建设各具特色的现代版"富春山居图"，是实施乡村振兴战略、推进农业农村现代化的一项具有前瞻性、创新性的新任务，离不开各级党委、政府的组织、引导和支持、鼓励。应当充分认识其重要性，顺应发展潮流，把乡村艺术化纳入经济社会发展规划和乡村振兴规划，明确目标任务，实行分类指导，一张蓝图绘到底，一届接着一届干。制定相关配套政策，落实必要的项目资金，以调动农民、艺术家、企业家、市民、媒体等各方面的积极性。开展专题调研，及时分析面临的实际困难，提出有针对性的对策，切实解决推进工作中提出的问题。组织试点示范，有序推进，防止一哄而上，盲目跟风。

（二）重塑绿水青山，打好绿色底色

良好生态是生存发展的前提，必须打好乡村艺术化的绿色底色。乡村是守护自然生态的主角，乡村艺术化必须牢固树立尊重自然、顺应自然、保护自然的生态文明理念，慎砍树、禁挖山、不填湖、少拆房，搞好自然生态的保护、恢复和建设，让天蓝、地绿、水净，努力实现人与自然的和谐。同时，根据各地的实际情况，可以逐步通过音乐、绘画、诗词、雕塑、建筑、体验等艺术形式，为山水营造艺术氛围，展示大自然的和谐之美以及天人合一的理想境界。在重塑绿水青山的过程中，也要按照"两山理论"的要求，把绿水青山转化为资本，发展"美丽经济"，使之成为当地农民持续增收的重要来源，防止中看不中用。

（三）融入现代农业，助推产业提升

产业发展是乡村振兴的重中之重，应成为乡村艺术化的切入点。应当在确保粮食安全的前提下，把农耕文化和各种艺术元素同农业生产全过程结合起来，使之融入农田建设、品种改良、田间管理、品牌打造、产品营销等各个环节、各个方面，着力培育现代创意农业，促进乡村一二三产业融合发展，发展观光农业、休闲农业、体验农业等新产业、新业态，让田园变公园、农房变客房、劳作变体验。这是新时代全面提升农业产业的有效路径，值得鼓励。需要注意的是，一些地方、一些企业以植入艺术为由，在稻田等永久性基本农田里面大兴"造型艺术"、游道、绿道、观景台等永久性硬化设施建设，打造景点，这是必须反对的。

（四）结合乡村建设，营造美丽家园

乡村建设是乡村振兴的重要任务，应当重视展示乡村建筑艺术。实施乡村建设行动，特别是进行基础设施建设、公共服务配套和推进农房的建设与改造，都应当充分考虑农民群众对美好生活的向往，在确保质量安全、注重经济实用的基础上，按照"小规模、组团式、微田园、生态化"的建设理念和自然、宁静、质朴、和谐的乡村美学原则，注重农村特点、乡土味道、农家情趣、乡愁记忆，讲究艺术设计，让乡村建筑传承历史文化，留下时代足迹，展示乡村之美。同时，要汲取过去一些地方借新农村建设之名搞"化妆运动"的教训，力

戒本末倒置，把有限的人力、物力、财力都放在"穿靴戴帽、涂脂抹粉"上。

（五）传承优秀文化，形成持久活力

文化是乡村艺术化的活的灵魂，艺术是文化的形象表达，乡村艺术化应当在优秀农耕文化上大做文章。对乡村物质文化遗产和非物质文化遗产进行全面调查梳理，研究保护利用措施，使之转化为乡村的艺术形象。比如，保护传统村落，用好二十四节气，讲好家风家训家谱故事，传承优秀文化。培养非遗传人，复兴传统手工艺，把小手艺做成振兴乡村的大产业。开发乡村传统美食，让特色美食走向世界，把诗意留在人们的舌尖上。以农民丰收节等节会为平台，组织开展丰富多彩的群众性文化艺术活动，让乡村活起来，把城里人吸引到乡下。当然，要防止简单复古，打造"古镇""古村"，更要反对复制"欧洲风情"。

（六）培养艺术人才，铸造中坚力量

乡村艺术化人才是关键，也是目前的瓶颈，应抓紧培养乡村实用的各类艺术人才。比如，在高校包括职业技术学院的艺术类专业中增加乡村常识，让学生了解乡村、热爱乡村。在与乡村振兴相关的农业高校和涉农专业中，普及艺术知识，培养学生的艺术意识和"艺术细胞"，让他们能够把实际工作同艺术结合起来考虑，增强乡村艺术化的自觉。尤其要注重培养民间乡土艺人，不仅通过师徒关系传承传统艺术，还应当组织他们到艺术院校接受专业培训，提高理论素养；支持他们参加各类艺术展，开阔视野，增长见识。同时，搭建艺术创作、交流的平台，让各类艺术人才在乡村艺术化实践中成长起来，发挥引领作用。

五、结束语

总之，乡村艺术化是乡村全面振兴的新课题。就是要顺应历史发展的规律、回应人们对美好生活的向往，在推动乡村全面振兴的过程中，把艺术与乡村在科技全面进步的基础上融合起来，把充分发挥农民群众的主体作用与有效聚集社会各方面的有生力量在共创共享的基础上结合起来，使艺术像科技一样

成为乡村腾飞的翅膀，充分展示乡村的内在之美，建设诗情画意、各美其美的美丽乡村，打造各具特色的现代版"富春山居图"。

毋庸置疑，未来二三十年，最迟到 2050 年，也就是当我们实现第二个百年奋斗目标、实现中华民族伟大复兴的时候，我国广大乡村将成为充满希望的田野、干事创业的广阔天地，将因艺术化而与城市交相辉映、相得益彰，人们将在那里诗意地栖居。到那时，生活在乡村里的人，将成为自由而全面发展的、幸福感满满的、令人羡慕的人。

周 立

中国人民大学农业与农村发展学院教授，
国家社会科学基金重大专项"乡村振兴核
心机制研究"首席专家

"带头人 + 农民"：乡村建设农民主体性提升之路

农民是乡村振兴和乡村建设的主体，如何提升农民的主体性，是实施乡村建设行动要解决的问题。对农民主体性的讨论，需要置于乡村建设的具体场景中。本文基于过程角色理论，以角色互动为分析工具，提出了"乡村带头人 + 农民"互动视角下的农民角色转型模型，并通过对陕西省礼泉县袁家村的单案例探索式分析，对如何提升农民主体性这一问题进行具体场景分析。本文认为，在乡村带头人与农民互动的角色实践中，精英的综合刺激激发了农民初期的自主性；随着精英对产业化、合作化的推动，农民角色参与的程度深化、范围扩大，角色认同增加，农民的主动性得到提升。

一、农民主体地位是乡村建设中的瓶颈问题

党的十九届五中全会明确提出："实施乡村建设行动，把乡村建设摆在社会主义现代化建设的重要位置。"会议公报将乡村建设作为"十四五"规划与2035 年远景目标建议的重点任务，强调"要牢固树立农业农村优先发展政策

225

导向，把乡村建设摆在社会主义现代化建设的重要位置"。2021年4月29日通过的《中华人民共和国乡村振兴促进法》将"坚持农民主体地位"作为五大原则之一写入总则，强调"坚持农民主体地位，充分尊重农民意愿，保障农民民主权利和其他合法权益，调动农民的积极性、主动性、创造性，维护农民根本利益"。

梁漱溟说："乡村建设，实非建设乡村，而意在整个中国社会之建设。"可以说，乡村建设乃至整个中国社会建设的一个核心内容，就是提升农民主体性，而农民主体性的提升作为乡村建设的重要内容长期备受关注。早在20世纪30年代中国的乡村建设运动中，晏阳初便提出，"中国的大多数人是农民，而他们的生活基础是乡村，民族的基本力量都蕴藏在这大多数人——农民——的身上，所以要谋自力更生必须在农民身上想办法"。梁漱溟在梁启超的影响下，也指出要通过教育实践，不断培育符合现代社会的"新民"。

进入21世纪，学界越来越认识到农民是乡村建设的主体，因此新时代乡村建设行动，必须确保农民主体地位的提升。回顾百年来乡村建设历史，缺乏主体性的乡村建设，难逃失败覆辙。1935年梁漱溟在自省和总结乡村建设的经验教训时指出，乡村建设要么"高谈社会改造而依附政权"，要么"号称乡村运动而乡村不动"，从而"走上了一条站在政府一边改造农民而不是站在农民一边来改造政府的道路……与农民处于对立的地位……"在21世纪以来社会主义新农村建设、脱贫攻坚、乡村振兴战略的多个促进乡村发展的政策实施过程中，农民主体性缺失，一直是一个核心问题。陈晓莉和吴海燕指出，由于权利和能力普遍存在不足、缺失、被侵害的现状，农民日益成为乡村振兴的客体和旁观者。因此，新时代乡村建设运动必须关注农民主体地位的提升，使农民群体实现由乡村建设的旁观者到建设者、经营者、管理者的转变。

随着我国现代化的发展、城乡二元结构特征凸显，越来越多的学者倾向于进一步打开农民主体性的不同方面，但不同学者对农民主体性的定义不同。例如，王国敏认为农民主体性是自主性、能动性、独立性、创造性的有机统一，李卫朝和王维认为农民主体性是自主性、能动性、受动性的统一等。本文在李卫朝这一概念的基础上，进一步将农民主体性明确界定为以下三个方面的内容：一是农民的自主性，即农民进行自我选择的基本权利；二是农民的能动性，即农民积极参与村庄经济发展、村务活动等；三是农民的受动性，即农民发挥主观创造性的时候，也将受到管理规范和社会约束等方面的制约。

除了对于农民主体性概念的讨论，已有对农民主体性的研究主要集中在两大维度：一是农民主体性缺失的原因分析。学者们普遍认为农民主体性缺失是内外因共同导致的结果，外因包括城乡结构断裂的制度环境、市场失效、乡村共同体的瓦解、农民去组织化；内因主要是农民自身的素质问题，表现为文化水平低、市场意识差、政治参与意识不强以及"等、靠、要"等错误价值观的滋生等。二是提升农民主体性的路径分析。从微观到宏观的路径安排，依次是提升农民素质、促进农民组织化、改善制度环境等。

已有研究对农民主体性缺失的原因分析已较为全面，但对于如何提升农民主体性的探讨仍存在不足，主要集中在如下几个方面：首先，现有研究认为农民主体性的提升主要依赖于农民自身素质的增强和外部条件的改善，而忽视了村庄内部力量对农民的直接影响，尤其是乡村带头人的重要作用。随着农村经济社会变迁带来的社会分化，乡村带头人与农民愈发处于乡村社会的不同位置，农民主体性的提升也愈加离不开乡村带头人角色作用的发挥。其次，主体性这一描述属于抽象的概念层内容，需要透过可供观察的经验视角加以理解，即农民主体性属于内化的认知层级，需要通过外化的行为表现去识别。角色理论常用于研究与特定社会角色相关联的社会行为，在已有研究中，角色理论也已用于分析农民角色向市民角色的转型等。最后，现有关于农民主体性的研究往往就事论事，难以意识到农民主体性提升在乡村建设运动中的重要意义。因此，本文将引入过程角色理论，分析和讨论在乡村带头人与农民角色互动的过程中，农民主体性的增强对乡村建设运动的积极意义。

因此，本文拟立足于陕西省礼泉县袁家村的发展实践，采用单案例探索式的研究方法，以角色理论为分析工具，从乡村带头人与农民的角色转型及其互动切入，分析农民何以通过角色转型来提升主体性，并推动乡村建设的发展。

二、"带头人＋农民"：主体性提升路径

（一）过程角色论的引入

角色理论兴起于 20 世纪 30 年代，由米德、莫雷诺等人提出并构建。角色理论认为人类的行为方式与人们的社会位置、社会身份相关。围绕角色理论展开的讨论集中在两大阵营：一派是以林顿为代表的结构角色理论。结构角色理论认为，角色概念是用于构造关于社会结构、社会组织理论体系的基石。另一派是以特纳为代表的过程角色论。过程角色论以社会互动作为基本出发点，强调互动中的角色扮演过程。由于本文聚焦于乡村发展过程中乡村带头人与普通民众之间的互动及互动过程中两者的角色转变，因此以过程角色论为本文的理论依据。本文将过程角色论的核心理论内涵总结为以下三个方面：一是角色认知，指个体按照其独特的社会文化类型对与自己所处地位有关的社会角色规范和角色评价信息进行不断加工和处理，在心理上确定相应的社会反应模式的过程。二是角色实践，指个体根据自己所处的特定位置，并按照角色期待和规范要求所进行的一系列实践。三是角色建构，具体指行动者在社会互动过程中，会根据他人的行为、根据他人对处于某个社会地位的人所抱的期待即时创造出角色。

在国家城镇化、工业化的进程中，农民往往承担着单一的农业生产角色，忍受微薄的农业利润，或是被动的外出务工角色，成为受市场力量驱使的劳动力要素。可以说，在乡村治理和乡村产业发展的过程中，农民一直扮演着"场外人"的单一角色，缺乏选择的自主性、积极发展的能动性、遵守规则的受动性。与农民"场外人"的单一角色相对，乡村带头人经济实力、政治领导力、社会号召力方面都比较突出，在乡村建设中发挥着不可替代的作用。乡村带头人有着不同的分类标准，如经济精英、政治精英和社会精英的三类划分、体制内精英与体制外精英的二类划分、在地村治精英和回流村治精英的二类划分等。孙立平指出，中国的乡村带头人处于一种垄断着政治资本、经济资本和文化资本"总体性精英"状态。本文在借鉴孙立平对乡村带头人定义的基础上，

将乡村带头人定义为具备丰富的政治、经济、社会资源，在村庄中富有感召力和领导力，且在村庄经济、政治、社会事务等方面均发挥着引导、推动、规范作用的综合型精英。综上，本文以农民的角色转型分析为切入点，通过观察乡村带头人与农民间的互动，来探究农民如何由单一的"场外人"角色逐渐演变为自主选择意识增强、主动服务于村庄发展的综合型角色，以及在这个过程中农民主体性的增强。

（二）基于"带头人 + 农民"角色互动的主体性提升的分析框架

本文构建了一个"乡村带头人 + 农民"互动的角色转型的分析框架（见图 6-1），来解读乡村建设过程中农民的主体性的增强。首先，为角色认知阶段，这一阶段乡村带头人扮演着引领村庄发展的综合型角色，农民则为单一的"场外人"角色。其次，为角色实践阶段。角色实践阶段的主要内容表现为乡村带头人与农民的互动以及农民角色转型的实现。在乡村带头人的引导下，农民进入新角色；在乡村带头人的推动下，乡村产业化与合作化持续推进，农民产生强烈的角色认同；在乡村带头人牵头产生的制度约束下，农民行为受到规范，成功实现角色转型。角色实践的过程分别对应着农民自主性、主动性的提升和受动性的强化，是农民主体性提升的核心环节。最后，为角色建构阶段。在农民角色转型的过程中，精英的综合角色更加受到认可和拥护，即精英角色

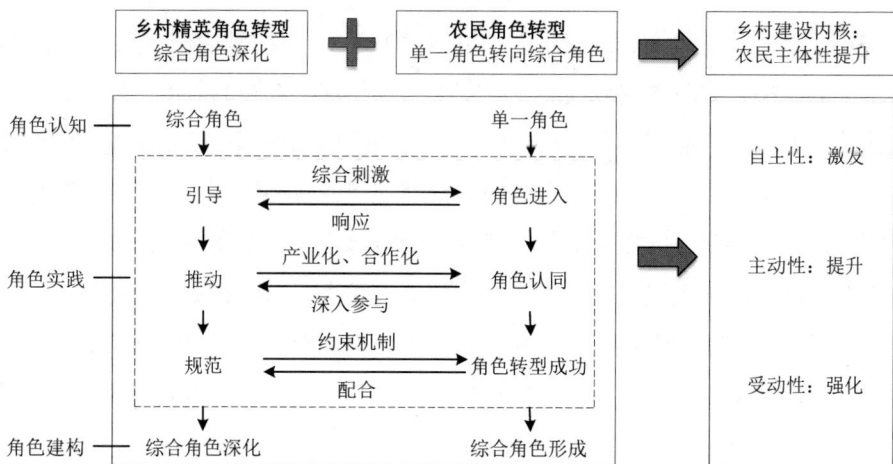

图 6-1　"乡村带头人 + 农民"互动下农民主体性的增强

得以深化，同时农民开始在村庄发展和村务管理中发挥积极作用，即农民开始形成综合型角色。

第一，激发自主性：精英引导，角色进入。村庄发展初期，普通农民由于教育、认知等方面的限制，难以自发认识到自身的新角色——综合角色，从而主动参与乡村建设的实践。与之形成对比的是，乡村带头人有着清晰的角色定位，可以通过提供发展平台、优惠措施、经济利益刺激等多种方式，积极引导农民加入村庄发展。在这一过程中，精英与农民互动开始产生：一批风险偏好程度较高的农民响应乡村带头人的引导，率先进入新的角色，部分普通农民对于这一引导也进行了回应，开始发挥自主性，自发选择进入新角色，乡村建设的力量得到初步凝聚。

第二，提升主动性：精英推动，角色认同。村庄共同体在取得一定发展成果后易进入平台期，乡村带头人在村庄发展平台期的关键决策影响着村庄发展的方向。这一时期，乡村带头人一方面可以推进村庄的产业化进程，增强村庄经济实力；另一方面可以通过合作化形式解决分配不均的问题，促进共同富裕。村庄合作化、产业化的推进有助于打造更多、更丰富的新角色，进而推动农民角色参与程度的深化、参与范围的扩大。在深度参与村庄发展的过程中，农民对新角色的认同增强，其参与乡村产业发展、乡村治理建设的热情也在提高，主动性得到提升。

第三，强化受动性：精英规范，角色转型成功。乡村建设需要农民自主性、能动性的发挥，同时需要合理的制度安排约束和规范农民的行动。随着村庄共同体的发展壮大，经济要素变得活跃，人际关系也越来越复杂，愈发需要制度约束。在此情景下，乡村带头人意识到管理规范的重要性，形成了一系列标准的管理规定，同时，依托乡土社会特有的价值体系与行动逻辑，形成了一系列具有乡土特征的非正式约束，对农民的角色实践进行指导和规范。在这一过程中，农民反映出其对于精英规范的配合，也会表达出与其他农民继续互动的信号，进而成功实现角色转型，建构起新的农民角色，乡村带头人与农民的互动得以深化，角色转型成功。

三、袁家村模式："带头人 + 普通大众"
主体性提升之路

（一）袁家村发展秘诀：解决了农民主体性问题

袁家村的发展具有典型性，切合本文乡村带头人与农民互动的分析视角及农民主体性提升、乡村建设的研究内容。袁家村的典型性可概括为以下三个方面：一是因为在袁家村发展壮大的不同阶段，农民由乡村建设的"场外人"这一单一角色逐渐转变为乡村产业项目的投资者、乡村经济活动的管理者、乡村公共事务的参与者，在这一综合角色转变的过程中，农民主体性的提升效果明显，且符合乡村建设的主旨；二是袁家村的集体产业兴旺发达，资源流动活跃，人际关系丰富，精英的作用特征明显，乡村带头人与农民之间的互动更加充分，制度规范与约束有着具备乡土特征的更加细腻的表达；三是在实地访谈的过程中，村庄重要知情人 Z 老师多次提到袁家村发展的根源是因为解决了农民主体性的问题，这与本文的主题非常接近，如他提到"村庄组织有效，实际上就是解决农民的主体性"。

袁家村本村村民仅有 62 户。在城镇化与工业化高速发展的背景下，袁家村的青壮年劳动力流出严重，成为典型的"空心村"。2007 年以前，村民的主要生计来源是种植苹果，人均年收入不足 3000 元。2007 年后，老支书的儿子 G 某回到袁家村，当选为村支书，带领村庄发展民俗旅游。截至 2020 年，袁家村农民的人均年收入达 10 万元以上，村庄旅游收入超过 10 亿元，并带动了周边 3500 多人就业。

在袁家村的发展过程中，乡村带头人与农民的角色与本文的分析框架一致。G 某就是综合精英的代表，从小成长于袁家村的生活背景让其具备乡土关怀并积累了丰富的社会资本，在城市经商的经历使他具备更加广阔的发展视野并具备丰厚的经济资本，返乡竞选为村干部又令其拥有稳定的政治资本。因此，G 某是典型的综合精英。袁家村的农民也经历了由单一角色向综合角色的转变。角色转型前，袁家村农民的角色定位是农业生产者或外出务工者，缺乏参与村庄发展建设的自觉性，也缺少发挥自身能动性的机会。自2007年起步后，参与乡村产业建设的农民在村庄发展的过程中逐渐有了多重角色，袁家村的农民既是商铺的雇员，又是商铺股份的持有者；既是一产原料的生产者、二产原料的加工者，又是三产行业的从业者；既是社区的建设者，又是社区的管理者，在村庄经济活动、村务管理、村庄文化生活等方面扮演越来越重要的角色，成为袁家村发展的真正的当家人和受益者，农民的主体性得到充分的体现。接下来，本文将结合袁家村乡村建设的具体实践，剖析农民的多重角色如何在乡村带头人与农民的角色互动中得以实现，以及在这一过程中农民主体性如何走向提升。

（二）引导—响应：吸引村民入场

袁家村的发展自以 G 某为代表的乡村带头人返乡正式开启。2007年，G 某从城市返回村庄，作为村庄发展的带头人，他最先指明袁家村发展旅游业、打造关中民俗旅游区的发展方向，并在袁家村发展之初，指导第一批具有一定资金、技术及其他资产的村庄能人率先发展起来，为农民参与村庄建设与经营管理提供条件与契机。

村庄起步阶段，在村支书 G 某的带领下，袁家村主要通过搭建稳定经营的场所、出台优惠条件、提供施展个人才能平台的方式刺激普通农民的角色进入。首先，袁家村打造了康庄老街，为手艺人提供了稳定的经营场所。例如，粉汤羊血的商户 L 先生之前在礼泉县摆烧烤摊，他说："之前在县城摆摊卖烧烤的，经常需要与城管'打游击'，在袁家村就非常稳定，前几年村上还统一给我们办理了经营许可证和营业执照呢！"加入袁家村后，L 先生从一位流动小摊贩主转变为袁家村小吃街明星商铺粉汤羊血的经营者和受益者。其次，村委会为发展农家乐的农民提供一半装修费用，为康庄老街的手艺人免费供水供电并置办经营所需的工具。这些优惠措施的出台降低了普通农民的创业成本，引导着普通村民积极成长为农家乐的业主、小吃街的经营者。最后，袁家村平台为许多像 G 某一样对家乡怀有眷恋的能人们提供了发挥个人才能、施展个人抱负的平台。例如，S 村长之前为西安市某个旅游公司的小职员，受到 G 某的感召后，S 村长也积极加入返乡创业的队伍，协助 G 某制定小吃街发展规划，带领村民举办袁家村的春节晚会等团体活动，从一名小雇员逐渐成长为袁家村发展的重要规划者、设计者。总结来看，在进入新角色之前，农民或在家务农，或外出打工，也有凭借技艺成立小型加工坊在村庄及附近谋生的，但是这种谋生渠道由于规模小、流动性强而缺乏稳定性，尤其缺乏集体的保护机制。可见，对于农民而言，在袁家村的产业经营意味着他们可以获得来自袁家村村集体的保护，还代表着他们摆脱了之前独立、不稳定的身份状态，开始逐渐成长为第三产业的经营者，部分村民甚至晋升为村庄的管理者。

此外，经济利益刺激使乡村带头人与农民的互动具有了联动效应，这表现为乡村带头人带动了部分农民的参与，在乡村带头人与率先发展的农民的示范下，越来越多的农民加入袁家村乡村建设的队伍。随着农家乐和康庄老街的发展、游客的增加，第一批发展起来的商户的可观经济收益日益显现，越来越多的农民观察到新角色带来的变化，于是效仿这批先行者，开始响应精英号召，加入村庄的发展。例如，农家 88 号院的 W 先生说，"看见北面的 11 号院挣得多，我知道里边有商机，这个事能成，我就也做这个（农家乐）了"。可见，G某的引导和第一批商户的示范，使越来越多的普通村民充分发挥自主性，在袁家村的发展中寻找适合自身的发展机遇，进入角色。

袁家村发展建设初期，在 G 某等乡村带头人的引领下，来自经营稳定性、优惠措施、发展平台以及经济利益的刺激吸引了普通农民的角色进入，使农民获得了新的谋生手段。由此产生了更多的角色选择，农民的自主性得到激发。可以说，袁家村乡村建设运动的起步便是以农民的动员、农民的角色转型、农民的主体性提升为内核。正是得益于此，袁家村的发展可以逐步凝聚整个村社共同体的发展合力，焕发村社发展的内生活力。

（三）推动—拥护：产业化、合作化推进，深入参与中农民角色认同增强

乡村带头人的推动作用主要体现为在村庄发展的关键节点作出关键决定，帮助村庄顺利渡过平台期，并向新的发展阶段转化。进入发展阶段，袁家村的产业发展模式单一，利益分配模式单一。为了保障乡村建设的有序平稳推进，G 某带领村社成员积极推动村庄的产业化、合作化，产业化、合作化的推进有

着"做大蛋糕""收益共享"的特点。一方面使农民有了更多的角色选择，另一方面也缓和了成员间利益分配矛盾，推动农民参与程度的深化、参与范围的扩大，进而增进了农民对村社共同体的认同，激发了其参与乡村建设的主动性。

第一，推动产业化，做大蛋糕，参与程度深化。2007 年，袁家村进入起步阶段，产业重心为农家乐的发展和康庄老街展示的传统工艺。随着袁家村游客的增多，面、辣子、油、醋等消费品的需求量快速扩大，并对加工能力提出了更高的要求。袁家村领导者抓住机遇，开始将面坊、醋坊、豆腐坊等由康庄老街搬迁至作坊街，并成立了一个个作坊合作社，袁家村逐渐由三产跨入二产，第二产业的发展又带动一产生产基地的建设与发展。此外，袁家村积极发展进城店、体验店、订单服务等，开拓销售渠道，进一步增强影响力，目前民宿、酒吧街、书院街、回民街也都林立在袁家村的产业形态中。产业融合的推进推动了农民参与程度的深化：其一，村庄经营者的角色趋于多样化，农民不再局限于简单的农家乐业主、小吃街商户，而是开始成为作坊的经理、民俗的设计者等更加多样化的村庄经营者的角色，角色选择趋于多样化。其二，村庄管理者的重要性凸显。产业化带来了袁家村整体经济体量的壮大，管理、督查、服务等工作显得尤为重要，这使袁家村逐渐发展出食物品尝小组、街长等诸多村庄管理者的角色。农民在参与的过程中逐渐意识到"服务大家，也是服务自己"的发展理念。可见，产业化推动了农民参与程度的深化，使农民有了更多的动力参与村庄建设与发展，对于新角色高度认可，主动性得到提升。

第二，推动合作化，收益共享，参与范围扩大。2012—2015 年小吃街合作社、各个作坊合作社的陆续成立，可以被看作袁家村合作化的标志。在合作化之前，只有农家乐业主、商户和作坊主享受到了村庄发展的大部分收益，普通农民基本游离于村庄共同体之外，主动参与村庄建设的积极性比较低。面对发展成果难以惠及大多数村民、农民要求发展的主动性威胁村庄长远发展的情况，G 某及时作出成立合作社的规划。自 2012 年开始，作坊合作社的收益开始向全体成员开放，2015 年，小吃街合作社成立。合作社成立后，小吃街经营商户以及作坊主的收益不再完全归自己所有，而是将部分收益分配给合作社的股东。总体来看，入股分红制度的实施，使发展成果惠及袁家村全体村民以及周边村民，使袁家村全体村民以及附近村子的村民都有机会实现角色转型，参与村庄的发展。小吃街油坨坨商户的经营者 Y 大哥说："目前的小店一年可以分十几万，这个主要是袁家村平台好，领导得好，要学会感恩，知恩图报，知足常乐，在袁家村要懂得这个。"可见，参与范围的扩大不仅推动了共同富裕的实现，也增进了农民的角色认同，增强了村庄的凝聚力。

在传统的务农者、务工者的角色中，农民只能获得第一产业微薄的利润，或者成为被市场调配的劳动力要素，所得寥寥。通过产业化，农民成为第二产业、第三产业的经营者，以及村务活动的参与者、经济活动的监督者，不仅获得了二三产业带来的高附加值，还成为村庄发展的管理者，即农民参与村庄发展的程度得以深化；通过合作化，越来越多的农民成为合作社的股东，分享村庄发展的经济收益，即农民参与村庄发展的范围扩大。参与程度的深化、参与范围的扩大使农民意识到了个体与村庄整体间的密切联系，进一步增进了角色认同，参与村庄发展与建设的主动性空前提高。总结来看，村庄的发展归根到底是农民的发展。农民成为村庄的投资者、持股者、管理者代表着村庄内部凝聚力的增强，即以农民主体性提升为内核的乡村建设，有助于为乡村建设打造和谐的社区氛围。

（四）规范—配合：制度约束下，农民角色转型成功

村庄管理规定的约束。随着村庄经济规模的壮大及与之伴随的不规范问题，袁家村人对村庄的管理工作提出了更高的要求。小吃街建成后，G 某要求"不许遮挡食品加工间，要让游客看得到加工流程，吃得放心"。并规定小吃街统一服装，要求"所有工作人员必须扎围裙、戴口罩、手套以及遮挡头发的帕子，妇女不要把头发掉食物里"。袁家村关中旅游公司成立后，要求财务公开透明，并对农民实行监管，袁家村所有的收入都要经过关中旅游公司的统一把关，不接受或者违反袁家村规章制度的商户将面临角色淘汰的风险。笔者在调研中了解到小吃街的一个商户因为卫生不达标，被老书记在村上公开批评，按照规定交罚款后才被允许重新开业，另一位农家乐的业主因另辟进货渠道直接被袁家村辞退。

村庄熟人社会的约束。除了上述的管理规定，"面子""声誉"等具有乡土

特征的约束机制同样不容忽视，其对规范商户经营行为、淘汰不合格商户也发挥着重要作用。例如，一位商户违反村庄规定私自去镇上购买白面馒头，没有为游客提供袁家村的手工馒头，不仅遭到了严厉批评，还被村委会罚款，这让他觉得"没有脸面"。

农民受动性的增强，代表着农民群体摆脱了角色转型前散漫的、无约束的状态，开始进行规范化的生产、生活、管理活动。因此，这也是乡村建设的重要内容。可以看出，在村庄管理制度、村庄熟人社会规范的约束下，农民的受动性增强，这也推动了农民间的相互认同，促进了农民角色转型的成功，也带来了村庄的有序运作、规范管理。

四、袁家村模式的经验与启示

基于农民主体性概念和过程角色理论，重点关注了乡村建设中的主体性建设，提出一个"乡村带头人 + 农民"互动视角下的农民角色转型框架，并对如何提升农民主体性这一问题作出回应：农民主体性表现为自主性、主动性、受动性三个方面，其对应着农民角色转型的不同阶段。因此，可以通过农民的角色转型过程获得提升农民主体性的实践经验。本文主要得出如下三点结论：

第一，农民角色转型框架有助于认知农民主体性实践。在"角色认知—角色实践—角色建构"的过程中，在乡村带头人优惠政策的推动下，农民开始认知区别于打工者、乡村建设局外人等单一角色，并逐步进行乡村产业项目的投资者、乡村经济活动的管理者、乡村公共事务的参与者等多样化的角色实践，构建适应村庄发展需求的综合型角色。其中，角色实践是整个过程角色论的核心环节，是农民主体性提升的关键。

第二，"乡村带头人 + 农民"互动有助于提升农民主体性。在精英引导下，农民获得了不同的角色选择机会，激发了初期的自主性；在精英的推动下，村庄产业化、合作化不断推进，农民开始深入参与村庄建设与发展，其对新角色产生了更加深入的认同，参与的积极性得以激发，亦即提升了农民的主动性；在精英的规范下，村庄经营管理规定逐步形成，农民一方面进行更加规范化的生产经营活动；另一方面也受到管理规定、传统社会的约束，这使农民的主体性得到了更加完整的诠释。

第三，国家推动乡村建设，需要推动农民角色转型以提升主体性。首先，乡村带头人、率先发展的能人的带动可以赋予农民多样化的角色选择，增强农民参与村庄建设的自主性，逐步凝聚村庄发展合力。其次，产业化、合作化的推进可以丰富村庄发展业态，并通过有效激励激发农民参与村庄建设的能动性，完善村庄发展的资源基础和社区基础。最后，规章制度和乡土礼俗的规范可以界定农民角色转型的边界条件，推动村庄的规范化管理。可以说，农民是乡村建设的主体，农民角色转变的成功关乎乡村建设行动的质量与效果。

第七章

生态发展
绿色之路

徐祥临

中共中央党校（国家行政学院）经济学
教研部教授，中共中央党校"三农"问
题研究中心副主任

"绿水青山"的价值及
实现形式

绿水青山就是金山银山，已经成为我国农村进行生态文明建设的指导
思想。但"绿水青山"作为公共产品无法在市场中变现，而培育"绿水青
山"必须投入的资本需要变现。马克思主义经济学诠释了变现的基本原理，
以财政支持农民组织起来构建"三位一体"农民合作社体系，作为培育"绿
水青山"经营主体，形成变现的具体路径。

绿水青山就是金山银山，是 2005 年 8 月 15 日习近平同志考察安吉县余村
时提出的论断，如今已经成为我国指导生态文明建设的名言，简称为"两山理
论"。十多年过去了，不仅余村及整个安吉县的生态文明建设取得了令人瞩目
的成就，全国的生态环境也在明显改善。但是，笔者在农村调研时也多次听到
处于生态文明建设一线的县乡两级领导干部反映：我们带领老百姓植树种草不
难，难的是如何让老百姓植树种草之后赚到钱。基层干部反映的问题，从理论
上说就是，培育良好的生态环境的价值如何在市场中实现。本文围绕这个主题
进行初步探讨，以求抛砖引玉。

一、"绿水青山"的价值难以变现的学理分析

游历世界的经历容易给人们留下这样的印象：发达国家的生态环境普遍好于发展中国家。在发达国家，不仅到处是绿水青山，乡村居民也比较富裕。这就从感官层面印证了"绿水青山就是金山银山"论断的科学性。其实，不仅中国，所有发展中国家都能够找到生态环境可与发达国家相媲美的局部区域，但总体上又不能与发达国家比肩。其中的道理是什么呢？笔者根据日常观察和学术积累，从两个方面予以解释。

（一）"绿水青山"的公共产品性质

"绿水青山"即生态环境，说到底是人类的生存与发展环境。人们创造这个概念，反映了人类对美好生活的期待与向往。为讨论问题的方便，本文权且按照人类个体对生存环境的可控性将其分成大、中、小三类。

第一，大环境。人类同其他物种一样，是自然界的一员。任何人类个体降生后，都处于天造地设的大环境中，如南半球或北半球，陆地或海岛。在中国，每到冬季，黄河以北地区经常下雪，而长江以南地区依然绿树葱茏。人类个体乃至人类总体，在可以展望的将来是无法改变大环境的。恐龙灭绝不是恐龙一族破坏环境的报应，而是大环境变得不再适合恐龙生存。与恐龙不同的是，人类个体对大环境能够积极地适应。比如，在中国，一些北方人冬季去海南岛避寒，一些南方人夏季去东北避暑。无论人类个体如何评价生存大环境，都不存在"付费"或"收费"的变现问题。穷国富国、穷人富人，遍及全球各个角落。所以，从"绿水青山"到"金山银山"的变现过程与大环境无关。人们为了避寒避暑固然花费很多，但不是把钱付给了地理意义上的某个地区，而是付给了地区内及沿途的经营者。

第二，中环境。人类个体必然生活在地球的某个具体区域内，或城市或乡村。这个区域内的土地、山川、花草树木、气候等要素构成人类生存的中环境。在这个区域内，人类无法改变天造地设的大环境，却可以近距离地改变地球表面的生态状况。正是因为人类具有这种能力，才创造出乡村和城市，形成有别

于其他动物族群的生产生活方式。人类在生存的区域内种植庄稼、栽花种草、改造河流等。总之，通过人工干预改变区域内地球表面的状态。从古至今，中环境范围内的生态群落或多或少都已经有人工干预的因素存在于其中，人类因此而付出了劳动、物资等方面的代价。

第三，小环境。是指人类为生活和工作而专门修造的建筑物，甚至可以把它狭义地理解为室内环境。在所有现代人的家居中，包括建筑物在内，几乎全部物件都是用货币购买来的。

对环境进行上述粗略区分后，可知本文所论"绿水青山"存在于中环境范畴内，它早已不是纯然的天造地设，而是千百年来人工干预的结果。对于人类生存而言，中环境质量如何，取决于人工干预过程是否符合自然规律和人类的审美情趣。人类干预环境的过程也是付出代价的过程，所有代价都要求回报。这是市场交易中的铁律。但显而易见，中环境中的人工干预付出的代价并不能做到全部通过市场获得回报。比如，在村里村外或城里城外植树造林，一部分人要付出劳动和资金，但成林后区域内的所有人都会获得空气和景观质量提升的福利，并且不会为获得这种福利而付费，与私人购买物件改善居室环境形成鲜明对照。经济学把植树造林这类行为称作提供公共产品或公共资源。一些人享用或消费了公共产品，并不会影响另一部分人获得同样的福利，或者说对公共产品的消费不具有排他性。

综上，对于作为公共资源的"绿水青山"而言，提供者不可能从市场交易中获得直接的利益回报，但由于整个区域内的环境质量提升了，一方面，全体居民不必付费即可获得比以前更多的福利；另一方面，提升了整个区域在更大范围内的市场竞争力，尤其是有利于高端产业的发展。在国家或区域之间进行横向比较就容易发现，经济发展水平的高低，与区域内公共产品的数量和质量成正比，从而成为区域性"金山银山"不可或缺的组成部分。所以，作为地方领导干部，不应该把目光局限在"绿水青山"提供者的变现上面，要从体现发展协调性和整体性的"五位一体"总体布局的高度看待环境保护及其质量提升。当然，在实际工作中如何处理好生态文明建设与其他四个方面建设的关系，不是学理阐释能够解决的问题，而是一个不断摸索的实践过程。如同改善家居小环境，有钱购买物件很重要，但这并不意味着有钱就可以让家居环境很美好很温馨，物件与物件之间功能、形状、色彩的搭配同样重要。

（二）传统经济部门尚未形成资本积累机制及其原因

"绿水青山"既然是公共产品，就要由政府来提供，至少政府要发挥主导作用，其中由政府提供资金支持是必不可少的。但我国还处在社会主义初级阶段，也就是仍然属于发展中国家，政府的财力是有限的。那么，是不是这个因素限制了政府培育"绿水青山"的能力呢？应该说，它与政府的财力确实有关系，但并不是决定性因素。其道理同家居小环境的温馨程度与家庭财力没有线性对应关系是一样的。富裕的国家和地区"绿水青山"质量很高，也并不是因为政府的财力充裕到没有上限的程度。简而言之，在我们确信"绿水青山就是金山银山"论断科学性的前提下，还必须深入探讨国家或地区培育"绿水青山"财力来源的体制机制问题，不能被政府财税部门账面资金多寡的表面现象所迷惑。

"绿水青山就是金山银山"的论断是习近平同志 2005 年在浙江省安吉县考察农村时提出来的。这意味着，现阶段中国培育"绿水青山"，重点在农村。这个道理并不难理解。一方面，除少数城市型国家和地区外，大部分国家和地区的国土面积属于乡村或由乡村所包围，我们中国正属于这种情况；另一方面，我国的城市发展已经步入现代化轨道，即对城市的生态环境是有规划要求的。具体地说，城区规划范围内绿地面积占多大比例，必须符合国家的下限要求，建成区的日常管理中，对绿地的养护是有财力保障的。所以，我国现阶段培育"绿水青山"的财力问题可以归结到农村经济问题上去，也就是本文开篇处县乡领导干部们提出的问题。

众所周知，我国城乡发展差距是比较大的，乡村相对比较贫穷。这样，就产生了一个不能回避的现实问题：乡村财力很弱，却要负责提供整个地区乃至国家必需的公共产品，即"绿水青山"，合理吗？可行吗？

要回答上述严峻的现实问题，我们必须回眸已经解决了培育"绿水青山"财力问题的城市。众所周知，现代社会的城市就是"金山银山"，那里聚集着巨大的社会财富，乃至大批就业者，尤其是创业者涌向城市，令其更加繁荣。

有人会因此得出一个结论：正是因为城市经济繁荣，政府有税收有财力，才进行绿地建设。但只要我们稍微调动一下逆向思维能力，就不难发现，这种认识是片面的。

我们要反向提出问题：城市规划中不安排绿地面积，到处都铺满钢筋水泥，为能够直接创造就业和税收的制造、信息、餐饮、娱乐等行业提供充足且廉价的场地，结果会是怎样呢？显然，这样的城市是单调的、乏味的。不论是企业家还是普通职工，都会逃离这样的城市，使之变成没有人类生活气息的"水泥森林"。国内外的城市不论是重视还是忽视绿地建设，对城市活力的影响，已经积累了不胜枚举的案例。这些案例告诉了我们一个简单的道理：经济活动的最终目的是满足人类多方面的需求。单纯的就业和税收——个人赚钱和政府收钱——无法满足人类多方面的需求。公共产品虽然不能直接为政府提供税收，但可以安排就业，更可以滋养创造税收的行业。所以，在私人产品生产和公共产品生产之间必须建立起资金流通渠道。否则，就业会出现结构性缺失，导致公共产品供给短缺。这是现代市场经济的真谛，也是国家治理必须解决好的基本问题。

虽然我国城市公共产品的提供还有诸多不尽如人意之处，但从制度设计层面考察，我们应该承认它是健全的，只是制度的落实还需要加倍努力。与城市相对照，农村还没有建立起这样的制度。或者说，农村的制度设计中还没有反映现代市场经济的真谛，提供公共产品的农民还不能得到相应的利益回报。对此，有一个专门的概念反映现阶段中国的这一基本情况，叫作"城乡二元结构"。2018年10月，习近平总书记考察粤北清远市时指出，要下功夫解决城乡二元结构问题，力度要更大一些，措施更精准一些，久久为功，把短板变成潜力板。

所谓城乡二元结构，从学理上看，缘起于二元经济结构。1979年诺贝尔经济学奖得主刘易斯在《劳动力无限供给条件下的经济增长》一文中建立了二元经济结构理论框架。该理论包括以下要点：

第一，该理论研究发展中国家如何进行资本积累。最终刘易斯给出的答案是，发展中国家发挥劳动力资源丰富的优势，从劳动密集型产业起步，推进工业化和城镇化进程。

第二，上述结论基于对发展中国家基本情况的判断。刘易斯分析了发展中国家的国民经济结构，认为这类国家的国民经济由两类性质不同的经济部门构成：一个是资本主义部门亦称现代经济部门，另一个是维持生计部门亦称传统经济部门。现代经济部门以工业部门为主（包括现代农业经济部门），按照利润最大化规则运行，随着资本积累不断扩大再生产；传统经济部门以农业部门为主，按照伦理行为准则运行，从事简单再生产。所谓二元经济结构，就是指一个国家的国民经济既包含传统经济部门又包含现代经济部门，呈现经济运行机制不同的两类部门并存的基本格局。

第三，发展中国家的传统经济部门中存在大量边际效益为零的劳动力，通俗地说就是存在大量剩余劳动力，只能获得维持劳动力简单再生产的低廉工资。现代经济部门正是靠这些低廉的劳动力获得利润，实现资本积累的。

第四，在传统经济部门的剩余劳动力转移完毕之前，现代经济部门一直能够以低廉工资获得无限的劳动力供给。当现代经济部门将传统经济部门的剩余劳动力吸收完毕之后，造成传统经济部门（农业）总产出减少，生活费用（农产品价格）升高，形成对于现代经济部门不利的贸易条件，导致工资水平提高，供求关系决定价格的规律在劳动力市场上充分发挥作用，标志着传统经济部门消亡，发展中国家完成由二元经济结构向现代化经济的结构性转换。

刘易斯的二元经济结构理论自改革开放初期传入我国后，对于选择劳动密集型产业发展国民经济起到了很好的指导作用，同时启发了我国学术界运用结构性思维分析基本情况，形成了城乡二元结构概念。

遵循结构性思维，探讨农村从"绿水青山"到"金山银山"的转换机制，我们就不难认识到，其实这就是农村如何进行资本积累的问题。所谓"金山银山"，只能是资本积累的结果。如果"绿水青山"没有转化成"金山银山"，则说明资本积累机制还没有建立起来，"绿水青山"也难以持续。2017年12月28日，习近平总书记在中央农村工作会议上的讲话中指出："良好生态环境是农村最大优势和宝贵财富。要守住生态保护红线，推动乡村自然资本加快增值，让良好生态成为乡村振兴的支撑点。"这已经明白无误地告诉我们，要透彻地理解"两山理论"，必须抓住资本增殖这一关键环节。

但是，如何在农村形成资本积累体制，是一个有待探讨的重大课题。刘易斯的二元经济结构理论只回答了现代经济部门如何进行资本积累，却没有回答传统经济部门内部如何形成资本积累机制。刘易斯的观点是，靠现代经济部门的扩张一步一步地把传统经济部门吞噬掉。实践证明，刘易斯的理论虽然对发展中国家积累资本（工业化）发挥了指导作用，却没有任何一个发展中国家按照他的理论顺利步入发达国家行列，而陷入"中等收入陷阱"的国家比比皆是。所以，我们只能另辟蹊径。

中国共产党担负起中国革命、建设和改革的领导责任已经 100 年。梳理这段历史，不论革命还是建设，解决农村问题一直是工作重点，而且自建立农村革命根据地那天起，解决农村问题的战略性思路都着眼于激发农村内生动力。在这一点上，与刘易斯存在重大差别。这是我们讨论农村资本积累机制问题时首先要明确的基本观点。在这个前提下，梳理成功经验与失败的教训，还能进一步得出如下结论：解决农村问题成功与否，不在于外部（如城市）有多少资源（如资金）输入，而是主要取决于内部制度创新是否成功。而制度创新能否成功，又取决于是否能够满足农民的利益诉求。打倒地主阶级的土地革命和改革人民公社体制属于成功的经验，而计划经济体制下的人民公社统一经营则属于失败的教训。

在上述认识基础上，结合资本积累的一般性制度安排，探讨由"绿水青山"向"金山银山"的转化问题，我们就会发现，现阶段农村还存在一个重要的制度短板，那就是缺乏符合农民利益诉求的财政金融体制机制。支撑这一观点最直接的论据是，在金融领域，农村还存在农民融资难、融资贵的问题，甚至各地都存在高利贷现象。在财政领域，2006 年农村税费改革前，以向农村索取为主，涉农财政资金投入严重不足，欠账太多；农村税费改革之后虽然涉农财政投入增加了很多，但效果很差，在培育"绿水青山"方面仍然严重不足。总而言之，用宏观经济学术语评价就是：农村处于货币供应短缺或流动性严重不足的状态。应该说，这个制度短板不是新问题，而是自小农经济制度形成以来一直存在的。在中国特色社会主义新时代，要在农村形成资本积累机制，实现从"绿水青山"向"金山银山"的转化，就必须彻底解决农村流动性严重不足问题，而要培育具有显著公共产品性质的"绿水青山"，就更当如此。

二、"绿水青山"经济价值的实质与数量评估

当我们把资本积累和货币概念引入进来以后，就必然会遇到在经济上如何评价"绿水青山"的价值问题。

第一，科学认识培育"绿水青山"创造经济价值的实质。

如前所述，"绿水青山"具有公共产品属性。所以，不可能像私人（包括所有企业）产品那样拿到市场上由供求关系对其经济价值作出判断。但是，公共产品和服务的提供者并不一定是公共机关，即使是公共机关，也必然有私人劳动参与其中，至少要为劳动者支付工资。所以，培育"绿水青山"创造的经济价值，必须在通常的市场经济交易之外进行讨论。

如何认识价值，是人们研究市场经济必然会遇到的基本问题。因为对这个问题的不同回答，形成了不同的学术流派。笔者认为，回答培育"绿水青山"创造的价值，应当回到马克思对市场经济中关于价值的基本立场和观点上去。

在马克思看来，价值是一个历史范畴，既不是从来就有的，也不会永远存在，与市场经济共命运。价值不是物，而是生产关系，即体现商品生产者之间的社会关系。价值量的大小由生产商品使用价值所花费的社会必要劳动时间决定。由于生产商品的劳动首先表现为社会分工体系中的私人劳动，即生产什么、生产多少，是由私人决定的，只有生产出来的商品经过交换由他人购买之后，私人劳动才能转换为社会劳动。这种转换以货币为媒介，即用货币表现商品价值量的大小，马克思称之为价格。商品的价格高低与包含于其中的价值，即社会必要劳动时间有关，但主要取决于交换时点的供求关系。

由马克思的价值理论可知，对于商品生产者来说，生死攸关的问题在于能否将私人劳动转化为社会劳动，马克思称之为从商品到货币的"惊险的一跃"。这一基本理论对我们科学认识培育"绿水青山"创造的价值如拨云见日，为提供公共产品（服务）付出的劳动不属于私人劳动，直接表现为社会劳动。因此，

从市场交换的角度看，在培育"绿水青山"的过程中，按照市场价格向贡献私人（包括企业）生产要素（劳动力、建材、设计费等）的所有者支付货币，就能够获得公共产品的充足供给，也能够保障这些私人生产要素贡献者的社会经济地位与其他市场主体平等。

第二，全面认识培育"绿水青山"对经济发展的支撑作用。

显而易见，在培育"绿水青山"的过程中，私人劳动直接转化为社会劳动，增加了社会财富。这个过程表现为实际工作，就是农村与生态文明建设相关的项目投资形成市场有效需求，扩大了经济总量，增加了就业岗位，创造了新的GDP。这就是建设项目对经济增长的直接拉动作用。

生态文明建设项目的范围十分广阔。培育"绿水青山"对经济发展的贡献，也应该以更宽的视角进行评估。习近平总书记在 2017 年底召开的中央农村工作会议上的讲话中，为中国乡村擘画了现代版的"富春山居图"的未来图景。具体绘制方法正是"山水林田湖草系统治理"和"农村人居环境整治"，也就是培育富含"自然资本"的"绿水青山"。

对于现代版的"富春山居图"的经济价值，难以作出精确的数量评估。但对于其中一些为人们所熟知的项目作些测算，还是能够管中窥豹的。我们大致评估一下农民最关心的耕地和住房。

首先，评估一下农田整治。

我国奉行严格的耕地保护政策。但该政策实施的重点在于防止耕地被非农化占用，对于提高耕地质量则相对重视不够。从培育"绿水青山"角度看，提高耕地质量才是重点。目前我国有近 21 亿亩的农田，其中 1/3 属于高标准农田，其余 2/3 是中低产田，即抗御自然灾害能力较差的农田。此外，还有总面积数倍于农田的林地、草原、湿地，与农田具有同等重要性，这里暂不讨论。先说改造中低产田。

从技术层面看，把中低产田变成高产稳产的高标准农田并不困难，早就有成熟的技术体系。但几十年来中低产田占农田总量的比重基本没变，成为我国发展现代农业尤其是粮食安全的软肋。形成这一局面的直接原因，就是建设高标准农田的投资强度太低，长期徘徊在每亩 1000 元至 2000 元的水平上，只相当于农田整治水平比较高的日本的 1/30 左右。这样，整治出来的农田质量仍然很低，容易退化为中低产田。如果参照日本的标准进行整治，我国的农田整治投资额至少需要达到每亩 1 万元。如果再按照日本 15 年为一个整治周期进行规划，全国每年进行高标准农田整治的投资总额就可以达到 1.4 万亿元。

然后，评估一下村庄和农房整治。

目前，我国在乡镇范围内有 2.6 亿左右的户籍家庭，绝大部分是农户。他们中间很多家庭还住在土木结构的老房子里，即使砖混结构或整体浇筑的住宅，相比城镇居民住宅，档次也普遍偏低。总之，农村居民住宅提升质量的空间很大，住宅依托的村庄规划建设质量就更差，没有现代意义上规划设计的村庄占大多数。

我们设想今后 15 年，在农村从事农业生产经营的农户下降到 1 亿户左右（其余家庭彻底移居城市，其可行性另外讨论），每年需要改造约 700 万户。每个家庭的住宅都按照日本、韩国乡村普通民居的标准进行改造，大约每户需要投资 50 万元，投资总额为 3.5 万亿元。

以上两类投资相加，总额可达到 5 万亿元左右。按照投资乘数效应 0.3 估计，可创造新增 GDP1.5 万亿元。在 2019 年全国 GDP 基数上增长幅度超过 1.5 个百分点。有人可能会怀疑，这样的投资额对于农村而言是否过于"奢侈"。其实，这种怀疑源于农村就要"低标准"的习惯性思维，反映了农村发展思路中严重缺乏"资本"概念，传统的小农经济意识仍在作祟。农村只有坚持高标准发展，也就是在治理山水林田湖草和村庄的过程中坚持高标准设计，高标准施工，才能积累丰厚的"自然资本"，以农产品生产经营为根基的一二三产业融合发展才能具有可持续的活力。

三、培育"绿水青山"的价值增殖途径

由前述内容可知，"绿水青山"属于公共产品，只有使用价值，即给公众带来福利，而没有市场交换价值。但培育和利用"绿水青山"要有投入并创造价值，又必然是市场行为，需要资本介入。

这样，马克思提出的资本流通公式（G—W—G′）就会在培育"绿水青山"的过程中发生作用。这个公式中的 G 代表货币，在我们讨论的问题中，意味着培育或利用"绿水青山"要准备好资金；W 代表由货币购买的生产要素综合利用后形成的商品，在我们讨论的问题中就是"绿水青山"；G′ 代表预付了货币的经营主体回收到了大于 G 的货币，即在经营活动中获得了利润。根据这个公式讨论实践层面的问题，就要回答预付货币资本从何而来以及如何赢利的问题。

"绿水青山"属于公共产品，培育它需要政府财政投入资金。据国家林业和草原局官方网站报道，2018 年，全国林业投资完成额达到 4817 亿元，其中财政投资达到 2432 亿元（中央财政 1144 亿元，地方财政 1288 亿元），比 2017 年增长 7.67%。社会资金占了将近一半，主要用于木竹制品加工制造、林下经济、林业旅游等林业的产业链延伸领域。这组数据大体反映了我国多年来围绕"绿水青山"投放资本的分布状态，即培育"绿水青山"主要靠政府投资，利用"绿水青山"主要靠企业投资。本文只讨论培育问题。

植树造林是培育"绿水青山"的重要组成部分，财政资金每年投入 2000 多亿元是否充足？按照现行逻辑（包括实际操作程序）准确回答这个问题也许很难，但马克思给出了资本流通公式（G—W—G′）及等量资本带来等量利润原则，依此考察现实，结论就不难得出：严重不足。据笔者在农村调研时得到的资料，北方丘陵地区荒山植树造林，国家确定的投资标准是，三年保证成活率达到 80% 以上，每亩 800 元左右。这个标准是很低的，主要表现在 G′ 所代表的利益诉求没有得到充分满足。据山西省大宁县委及相关部门提供的精确数据，营造 1 亩生态林，整地（挖树坑）、栽植、抚育、管护三年总计用工 5.4 个，劳务收入 586.4 元，平均每个工日劳务收入 108.6 元，由于农民积极性比较高，造林成活率达到 90% 以上。我们实地调研看到，大宁县农民对于这个收入是很满意的。但是，我们运用资本增殖观念来认识大宁这个案例，结论就会有很大不同。如果把资本增殖观念变成实际政策，农民植树造林的积极性会更高，培育"绿水青山"的速度和质量也将得到提升。首先，国家林业主管部门确定的劳务工资明显低于城镇职工工资水平。据国家统计局公布的数据，2018 年规模以上企业就业人员年平均工资 68380 元，去掉每年法定休息日 117 天，全年工作日 248 天，则每个就业人员每天劳务收入 275.7 元，为农民植树造林劳务收入的 2.54 倍。其次，大宁县农民的造林成活率超过了 90%，高于国家规定成活率十个百分点，从资本获利的角度看，这是"超额利润"，农民把它创造出来，却没有得到相应的利益回报。这一现象在我国山水林田湖草治理中普遍存在，是二元经济结构的现实反映。从宏观经济学的角度评价这一现象，相对于城市同类建设项目而言，可以称作由流动性不足造成的通货紧缩，要素贡献没有得到公正的市场评价。

按照城市同类建设项目核定农村山水林田湖草治理项目投资额度，这一观点如果能够被接受，在国家林业投资不变的情况下，建设项目就要大幅度缩减，这显然不符合"两山理论"和广大农民的利益诉求。如果建设项目不能减少甚至还要有所增加，就要大规模增加投资额度。前面我们只算了高标准农田整治和乡村居民住宅建设就达到每年 5 万亿元。这样，就产生了一个不容回避的问题：数以万亿元甚至 10 万亿元计的巨额资金从何而来？

从农村来。全国乡镇数量超过 34000 个。据笔者多次在农村调研得到的数据，平均每个乡镇范围内金融机构的存款余额超过 5 亿元，全国总计必然超过 15 万亿元，此外还有很多农民在城市银行网点开设了存款账户，没有计算在内。这表明，农民手中的闲置资金充分运用起来，培育"绿水青山"的资金需求即使超过 10 万亿元，也完全能够在农村内部筹措到。此外，据官方披露，2017 年中央财政投入的涉农资金有 1.7 万亿元，其中直接投放到农村的部分，最保守估计也会超过 5000 亿元。所以，农村发展不缺资金，真正缺少的是把农村的资金用于农村经济发展的体制机制。正因如此，全国乡镇范围内金融机构（不是农村商业银行等各银行系统）的存贷比很少有达到 20% 的，大部分金融资金通过商业金融系统流入城市了。不解决这个问题，"绿水青山"就难以转换出"金山银山"，即使有所转换，比如，单纯靠财政投资，"金山银山"的成色也会很差，即农民得到的不多。

农村体制机制创新的核心是把农民组织起来。农村巨额金融资金外流，是因为农村金融机构掌握在不属于农民的商业金融机构手中。面对小农户，商业金融机构吸收存款积极性很高，贷款的条件却极为严苛，甚至要求政府为它提供利息补贴。最糟糕的是，源于农户的存贷业务利差由作为农村商业金融机构股东的极少数富人获取。要改变这种局面，必须落实习近平总书记对中国农民合作社体制的顶层设计，即让"农村金融机构回归本源"，同供销合作社综合改革配套，加上农村集体经济组织及农业科技服务系统，在党的领导下，构建以农民为主体的生产合作、供销合作、信用合作融为一体的综合性农民合作社体系，简称"三位一体"农民合作社体系。

"三位一体"农民合作社体系有以下制度特征：一是以农村社区为单元组建农民合作社，将全部农户吸收为社员，而且乡镇以上社区成立联合社，形成庞大的农民合作社体系。二是把生产技术指导、供销、金融、保险等服务业务全部囊括在农民合作社体系之中，为小农户提供全方位的社会化服务，并通过民主管理机制，让尽可能多的经营利润由农民分享，排除少数商业精英独占经营利润的可能性。三是所有经营业务以金融为核心和纽带，既为所有涉农经营活动提供强大金融支撑，也将所有涉农经营业务的资金运转流程掌握在农民合作社手中。有了这样的农民合作社体制，十几万亿元乃至几十万亿元的巨额农村金融资源都掌握在农民手中，培育农村"绿水青山"所需的巨额资金就将源源不断，彻底破除农村经济发展面临的资金短缺障碍。

"三位一体"农民合作社体系在日本已经运作了上百年，其基本模式也被复制到了韩国和中国台湾地区。它们的农业农村现代化和城乡居民收入均等，主要依赖这套体制机制。农村的"绿水青山"主要是靠这个体系组织农民培育起来的。"三位一体"农民合作社体系要充分发挥制度优势，国家的政策支持必不可少。笔者建议，政策支持应主要体现在以下两个方面。

第一，所有支农惠农财政资金都通过农民合作社体系投放下去，实现国家财政手段与农民合作金融手段有机结合，形成合力推动农业农村现代化进程。比如，某个"绿水青山"项目需要资金，就由农民合作社信用部门提供贷款先行开工，有关部门认定符合政策目标后再由财政提供补贴支持。

第二，政策性金融与合作金融有机结合。农村"绿水青山"项目资金回收期比较长，并不适合合作金融提供长期资金支持。日本的做法是，农协即日本农民合作社信用部门用剩余资金购买政策性金融机构债券，然后再帮助农民从政策性金融机构获得中长期低息信贷资金，并为政策性金融机构管理信贷资金提供服务。比如，给农户提供的建设高标准农田的项目贷款期限为 25 年，植树造林项目贷款期限更长达 30 年。农民改善居住条件和建设其他现代农业生产经营设施，都可以获得政策性金融机构支持。

日本的这套支农政策框架值得我国借鉴。由于农民合作社体系掌握了充足的资金资源，马克思的资本流通公式中的 G 就可以得到充足的供给。又由于"绿水青山"直接就是公共产品，在确定建设项目建设资金时，就可以按照社会一般生产要素投入的利益回报水平（平均利润率）进行数量核定，确保 G′得到兑现。还由于项目贷款期限长，就使农民在通货膨胀的过程中不吃亏，甚至出于某种政策性考虑，让农民多得一些好处。总之，在剔除了私人所有权制度弊端后，代之以农民合作社体系，马克思的资本流通公式就能够对从"绿水青山"到"金山银山"的转化路径作出清晰的诠释。从而，城乡二元结构也就自然而然地成为历史。

把农民组织起来培育"绿水青山"，既可以提高财政资金使用效率，又可以提升"绿水青山"的质量。2018 年暑期，笔者在山西省大宁县看到，这个县改革过去招投标的造林项目管理办法，在七个行政村进行党支部领办综合性农民合作社试验。各合作社成立工程队，按照规定程序承接国家下达的植树造林项目，大宁县委称之为"购买式造林"。具体操作要点是，第一年财政只向合作社下拨 30% 项目资金，将工程启动起来，三年之后林木成活率超过 80%，再拨付剩余的 70% 项目资金给合作社。结果是，农民合作社科学管理，农民植树造林积极性空前高涨，造林成活率超过 90%，还安排了贫困户就业，增加了村集体经济收入，可谓一箭多雕。同时，我们也了解到，即使按照现行投资标准，大宁县培育"绿水青山"各种项目资金也严重不足，但金融系统有大量资金无法在本地利用。大宁县正在摸索如何通过建立"三位一体"农民合作社体系取得更大的改革与发展成果。

湖北省鄂州市梁子湖区张远村党支部领办农民合作社，预示着以金融业务为主导建立"三位一体"农民合作社的深厚群众基础及发展潜力。这个村原来也同其他村一样，衰败迹象明显。2013 年，村党支部在上级党委支持下（由财政投入 50 万元种子资金），成立多种经营的农民合作社，以资金互助（合作金融）业务为核心进行运作，既满足所有社员农户的生产生活贷款需求，又发挥金融杠杆作用，整治了七零八落的耕地和破败不堪的宅院。短短几年，村容村貌大变样，所有农田彻底整治了一遍。到 2018 年，张远村合作社的贷款总额超过 1000 万元，相当于合作社成立前从商业银行取得贷款的七八倍。张远村户籍人口 1400 人，在全国 69 万个行政村中属于中等规模。只要各个行政村都达到张远村这个经营水平，全国农村每年投入 10 万亿元资金培育"绿水青山"是完全可能的。

胡跃高

中国农业大学农学院教授

全域有机农业是乡村振兴的重要路径

　　乡村振兴是新时期我国社会经济的基础性战略建设任务。食品安全、粮食安全、乡村社会安全、生态环境安全和国际农业安全是乡村振兴需要解决的重要问题。全域有机农业就是统筹完成五项建设任务的基本路径。在这一理论指导下，中国农业大学课题组在山西省灵丘县红石塄乡车河有机社区进行了8年的"车河模式"与"灵丘实践"建设，形成了如下经验：（1）以全域有机农业思想指导建设；（2）将建设突破口选择在村庄；（3）将土地资源经营权流转给合作社；（4）合作社主导有机生产与有机社会的建设，企业侧重有机社区的建设与经营；（5）产业经营管理三级结构分层；（6）村党支部书记、村委会主任、合作社理事长三副重担一肩挑；（7）坚持党组织的坚强领导。

　　2020年10月29日，党的十九届五中全会通过了《中共中央关于制定国民经济和社会发展第十四个五年规划和二〇三五年远景目标的建议》（以下简称

《建议》)。《建议》总结发展成就、科学分析国际国内形势，对下一阶段国民经济发展作出了全面系统的布局。在乡村工作方面，提出了"优先发展农业农村，全面推进乡村振兴。坚持把解决好'三农'问题作为全党工作重中之重，走中国特色社会主义乡村振兴道路，全面实施乡村振兴战略，强化以工补农、以城带乡，推动形成工农互促、城乡互补、协调发展、共同繁荣的新型工农城乡关系，加快农业农村现代化"的战略定位、发展目标、基本原则，吹响了乡村振兴战略实施的进军号。接着在 2020 年 12 月 28 日到 29 日举行的中央农村工作会议上，习近平总书记发表重要讲话，对乡村振兴工作作出了全面部署，2021年中央一号文件进行了工作安排。国家乡村振兴战略实施正式拉开了序幕。

从城乡系统结构看，乡村振兴战略具有边界相对明晰、基础基本摸清、建设目标明确、任务阶段性强、外围环境格局相对稳定、建设工作直接涉及六七亿社会成员利益、效益波及全民的特点，是一项战略性建设任务、国家级战略工程。2021 年是乡村振兴工程建设元年。多年的实践经验表明，我们可以选择走全域有机农业路径启动这一战略工程，开创乡村振兴工程建设的全新局面。

一、有机农业是系统解决诸多问题的重要突破口

第一，乡村振兴亟须解决的五大农业安全问题。

乡村振兴的基础性工作需要关注五个方面的问题：一是食品安全，即解决每个人每顿饭吃什么最安全的问题，主要是食品的质量安全问题；二是粮食安全，解决我国连年进口粮食的问题，我国粮食年进口量连续多年超过亿吨，2020 年达到 1.4 亿吨，为世界第一大粮食进口国；三是乡村社会安全，解决乡村迅速老龄化、空壳化问题，动员部分进城务工人员返乡务农；四是生态环境安全，包括水资源总量不足与污染问题、土地荒漠化问题、生物多样性减少问题、空气污染问题与气候变暖问题；五是国际农业安全，指我国农业系统的国际开放度持续增大，世界发展中国家与发达国家普遍存在农业安全问题，当前全球处于农业安全问题爆发期，国际农业安全对国内农业安全影响大，必须重视。五大农业安全合称为农业安全任务。农业安全任务与乡村振兴的五大建设

目标（产业发展、生态宜居、乡风文明、治理有效、生活富裕），是统一的关系。只有完成任务，才能实现目标。

第二，五大农业安全问题并存的客观现实要求走"一箭五雕"的建设路径。

我国在应对粮食安全问题上积累了较丰富的历史经验与应对措施。农业安全问题中除去粮食安全问题之外，其余四个均为新出现的问题，即使粮食安全问题的形态与历史上相比，也有很大不同。因此，原有应对体系已经难以发挥作用。这意味着未来我国乡村振兴工程建设几乎无成例可循。唯有创新，才有出路。正因如此，我们必须在战略上对乡村振兴工程建设予以高度重视。现实中的五大农业安全问题，是完全混杂在一起的，彼此纠缠不清，弄不好，建设工作就会陷入摁倒葫芦起了瓢、久战不决、打疲劳战的境地。这意味着在战略层面同时解决五大农业安全问题的方法是稳步推进工程建设，即在原则上要求，投入乡村振兴工程建设的每项重大举措都能够"一箭五雕"，由此去一步步汇合力量，开辟出工程建设的基本路径。

第三，有机农业是系统解决五大农业安全问题的重要途径。

比较国内外现行的多种农业实践类型后我们发现，唯有有机农业在战略层面可望实现"一箭五雕"，同时解决五大农业安全问题。其理由为：其一，有机农产品最终可以从根本上保障食物质量，解决食品安全问题。其二，大量研究证明，用有机农业技术代替氮肥、农药、除草剂、激素等常规现代农业技术，可以保障谷物、豆类、蔬菜、水果亩产量和动物生产率与现有农业体系主要生产力指标持平，并且仍然有增产增效潜力。因此推断，有机农业可以在战略上解决粮食安全问题。其三，近期有机农业产值年增长率均在10%—20%，消费者愿意支付更高价格购买有机产品，有的价格比同类常规产品价格高5倍，甚至10倍。这在宏观总体上可通过市场力量来增加乡村板块的经济权重，从而有利于稳定乡村社会经济基础，吸引部分城镇人员流向乡村，形成城乡社会双向流动的良性循环局面，有利于解决乡村社会安全问题。其四，有机农业使用资源节约型、环境友好型、系统健康型的技术，不断改善技术体系，可望最终解决区域生态环境安全问题。其五，假如一地一国能够解决上述农业安全问题，就将为其他地区与国家解决农业安全问题铺平道路，为解决全球农业安全问题带来希望。由上述分析可得出结论，有机农业可以"一箭五雕"，完成乡村振兴工程建设基本任务。

二、全域有机农业是有效实施有机农业的重要途径

第一，目前有机农业不能有效实施的若干问题。

理论问题解决后，接着就要面对现实，即回答现有有机农业已有 100 年左右的历史，为什么实践中没有自然而然地解决农业安全问题，以至于五大农业安全问题泛滥至今呢？对此问题我们只要稍加分析，就可以发现以下几个基本原因。

一是现行有机农业建设者只重视农产品品质问题，也涉及生态环境保护问题，但是未能关注粮食安全问题，几乎忽略乡村社会安全问题，与国际农业安全问题没有建立明确联系和战略定位。乡村建设面临的五大农业安全问题，只关注前两项，忽略了后三项，事实上是忽略了有机农业发展的巨大战略潜力，缺乏战略自觉性。

二是有机农业源于发达国家，为知识分子、开明人士、先锋企业家所倡导，因价格原因，富裕阶层消费居多，实践中演化形成了有机农业属于精贵农业、高档农业、贵族农业的社会观念。这样的观念一旦形成，便在相当程度上压缩了有机农业大众化发展的空间。

三是发达国家中常规现代农业有先发优势，有机农业出现在后。在常规现代农业强势发展下，有机农业只能畸形发展。

四是第二次世界大战后，发展中国家纷纷独立，由于各国人口增长迅速，粮食安全问题凸显。发展中国家在向欧美国家学习时，更喜欢引进看起来解决粮食安全问题思路简洁、机械操作简单、规模化思路清晰的常规现代农业。如此这般，常规现代农业便顺势由发达国家导入发展中国家，强势发展，有机农业则难见踪影。

五是发达国家农业科学技术领域受资本效益影响大，常规现代农业科学是

显学，有机农业科学为隐学。发展中国家知识分子在向发达国家学习农业科技时，学到的多是常规现代农业科学。这些人学成回国后，大量传播学到的知识与知识体系，导致世界农业科学技术领域长期思想混乱，争论不休。

上述基本原因导致了有机农业不能正常发展，长期存在"孤岛现象"，成长过程困难重重。用历史发展的观点看，有机农业在现代世界农业领域"出身贫寒"，成长中屡屡经历艰难曲折，在偏见中生长，却是有着光明发展前途的农业类型。

第二，全域有机农业是有效实施有机农业的重要途径。

20世纪80年代，钱学森在研究国民经济发展战略时说，21世纪是地理系统建设的时代。他指出，地理系统就是地球表层系统，地球表层系统就是地面以上平均约10公里，地面以下平均约5公里，厚度为15公里的地表与地壳的部分，相当于地球半径的1/425。如果将地球比作一枚鸡蛋，地理系统就相当于鸡蛋壳。我们21世纪的任务就是将这个"鸡蛋壳"建设好。钱学森的这一思想给人直观、清晰的认识。随着近年来航天航空事业的发展及全球研究成果的大量取得，这一思想方法变得越来越具有生命力。

乡村系统属于地理系统，是它的基础组成部分。我们从地理系统意义上将全域有机农业定义为：乡村地理单元内每一户、每一块土地完全实行有机化的农业。按照这样的定义，全域有机农业可以是一个村庄，也可以是一个乡镇、一个县、一个地区甚至更大范围的全域实现有机农业。它在内容上则包括三个方面，分别为有机生产、有机社区与有机社会。中国农业大学教授吴文良称这样的有机农业为有机农业的5.0版本。

全域有机农业道路，是20世纪70年代以来近半个世纪中，世界与中国农业建设长期探索的理论成果与实践成果，是能够兼顾五大农业安全问题与产业内涵的现实发展道路，因此是乡村振兴的重要路径。

三、全域有机农业的"车河模式"与"灵丘实践"

2013年开始，中国农业大学课题组在国家级贫困县山西省灵丘县开展全域有机农业建设实践，开展"车河模式"与"灵丘实践"，进行"有机生产、有机社区、有机社会'三位一体'和同步建设"，践行"两山理论"并取得阶段性成果。车河有机社区作为全国第一个乡村有机社区闻名省内外，该社区所在的红石塄乡被确定为"中国有机农业发展示范乡"，灵丘县被确定为"全省有机旱作农业示范县"与"国家全域旅游示范区"。2021 年 2 月 25 日，在全国脱贫攻坚总结表彰大会上，原下车河村党支部书记王春获得脱贫攻坚先进个人荣誉，进行"车河模式"与"灵丘实践"科学研究的中国农业大学农学院获得脱贫攻坚先进集体荣誉。总结 8 年来的工作，具有以下经验。

第一，以全域有机农业思想指导建设。

2013 年，在中国农业大学主持完成规划，进行科学论证的基础上，县委县政府决定按照"有机生产、有机社区、有机社会'三位一体'和同步建设"的指导方针，进行县域有机农业试验示范建设。同时进行多方调研，寻找突破点，以便集中力量，深入探索，积累经验，进而在县域面展开建设。8 年时间，这一指导思想始终没有改变，并且随着时间的推进，灵丘县对这一指导方针与指导思想的选择越来越坚定。"车河模式"就是在这一指导思想下建立的全域有机示范村。灵丘县 2014 年启动有机生产，2017 年完成有机转换，持续至今。2021 年，全县有 65 种产品得到有机认证。

第二，将建设突破口选择在村庄。

最终确定以车河有机社区为基本单元，先行展开灵丘县全域有机农业的试验示范建设工作，树立全县样板，即先在点上启动建设，后在面上全域推进。今天，车河有机社区已经成为灵丘县有机农业园区建设的一面旗帜，全县建设工作在这一基础上有序展开。

村庄是地理系统的基础结构单元，是整个乡村社会的细胞，是基本功能单位，是千百年来形成的乡村地理系统的基层组织结构。我们只有解决了一个又一个村庄上的有机农业建设问题，才能让县域社会经济与生态建设步入全新发展状态。村庄是打开县域有机农业建设的机关所在。这是中国农业大学农学院通过车河有机社区建设实践真诚地奉献给中国乃至世界的重要启示。榜样的力量是无穷的。车河有机社区，是中国第一个有机社区。今天，车河有机社区已经成为灵丘县乡村建设的标本，影响山西，辐射国内多地。

第三，将土地资源经营权流转给合作社。

2013 年，车河有机社区成立了灵丘县道自然有机农业专业合作社，村民将承包地经营权流转给合作社，村委会代表村集体也将全部土地等资源经营权流转给合作社，从而克服了原有每个家庭承包的土地分散为几十块，企业要么进不去，要么进得去、厘不清、干不成、出不来的问题。用今天土地"三权分置"的观点看，车河在当时情况下进行的土地集中使用是必需的，也是正确的。

第四，合作社主导有机生产与有机社会的建设，企业侧重有机社区建设与经营。

这是连续 8 年实践摸索出的又一条基本经验。道自然有机农业专业合作社通过协商把村庄全部土地、宅基地等资源的经营权，与灵丘县车河有机农业综合开发有限公司共享。该公司利用自身资金优势、市场优势、信息优势进行社区建设与经营，新增经营项目与合作社协商推进。2017 年启动的车河旅游项目，2018 年启动的梦幽谷项目，都是按照这一方式管理的。

这一经验也是在运动中产生的。初期阶段，灵丘县车河有机农业综合开发有限公司将全部耕地的管理任务都承担起来，几年后，发现作业效率不高，管理成本大，随即协商先后将耕地与畜牧养殖等有机生产任务分步移交给合作社；合作社在充分讨论的基础上，分项启动有机生产项目，逐步展开养蛋鸡、养猪、种植等工作，探索发展，效益越来越好。8 年之后的今天，企业与合作社成为车河有机社区建设互相离不开的工作伴侣，在建设实践中比翼双飞。企业负责有机社区的建设与经营，合作社主导有机生产与有机社会的建设，两者相辅相成，荣辱与共。这是车河有机社区试验示范建设取得的重要建设经验。

第五，产业经营管理三级结构分层。

车河有机社区是新组建的社会经济结构。有机社区由上车河村与下车河村两个独立的建制村合并而成，成立了统一的车河村党支部。在产业经济管理方面，形成了三级结构分层体系。第一级：决策层。由灵丘县金地有限公司与车河有机社区联合组建灵丘县车河有机农业综合开发有限公司，作为管理与决策机构，负责车河有机社区所有重大产业建设项目的决策，是园区产业建设的领导核心。第二级，组织执行层。分为两部分，灵丘县车河有机农业综合开发有限公司项目部负责车河有机社区建设与管理，车河村道自然有机农业专业合作社负责组织有机生产。第三级，执行经营项目组。在组织执行层下面负责具体项目的实施落实。其中，有机社区建设与经营部分包括有机餐厅、旅游接待、梦幽谷项目与食用菌项目小组；有机生产部分负责蛋鸡养殖、生猪养殖、耕地种植管理等项目组。车河有机社区产业经济"三级管理结构体系"的逐步形成与完善，保证了8年建设中每项建设任务都分工明确，落实到人。这是"创造美好家园，实现产业兴旺"车河奇迹的重要组织保障。

第六，村党支部书记、村委会主任、合作社理事长三副重担一肩挑。

上下车河两个建制村合并，大量城市资本进村，数十项国家项目落地，旧村落全部推倒待垦，上百名村民先后重新回归家园，建立新的有机生活秩序。如此天翻地覆的建设局面背后，是巨大的物质建设任务与思想建设任务。可想而知，要平稳地完成海量规模的建设任务，对于边远山区的车河村困难会有多大。实践证明，车河有机社区组建合作社，让村党支部书记、村委会主任兼任理事长，这是在特定历史时期作出的正确决定。车河村党支部书记王春就是三副重担一肩挑的人。王春作为村庄当家人，就是一个"定盘星"，在车河有机社区建设中发挥了稳定投资者信心、安定村民人心的作用，他指导相关方面工程建设，大事作长计划、小事作短安排，知根知底，是像时钟一样准确可靠的核心人物，是"车河模式"成功的一等功臣。

第七，坚持党组织的坚强领导。

"车河模式"成功的前提是党组织的坚强领导。车河有机社区建设工作始终是在灵丘县委县政府的直接领导与支持下进行的。车河党支部严格按照上级指示精神办事，动员、组织、领导村民社员按时按质按量完成任务，不断增强全体村民建设的信心。在这一过程中，车河村党支部是有机农业建设的中心、主心骨。党支部在宅基地房屋变动、土地流转、项目工程建设与有机生产等日常事务管理中，工作细致，大公无私，先人后己，做到了对每一户村民耐心细致的关心，包括外出打工者甚至已搬离村庄多年的村民，充分发挥了党员、党组织密切联系群众，领导群众，凝聚人心的核心作用。事实再一次证明，我们党培养的乡村老党员、老干部是经得起历史考验的宝贵财富，是乡村快速发展的"压舱石"。因此，乡村党组织在乡村振兴建设中，完全可以发挥领导与核心作用。

持续建设带来了巨大变化。车河有机社区 2013 年人均年收入 2350 元，2019 年提高到 18500 元，增长了 6.9 倍。2013 年时，上下车河村常住人口有老弱病残共 40 多人，一天天地走向空壳村，2020 年车河有机社区有村民 81 户，常住人口 182 人。新来的 100 多人为乡村振兴增添了力量。村里建起了幼儿园，在外打工的年轻人也开始回家乡搞建设。以"车河模式"为示范，灵丘县先后推进建设了龙渠沟、烟云崖、御射台、沙岭台、花塔 5 个有机社区，10 个有机家庭农场，有机农业企业、有机农业专业合作社、有机村庄在各乡镇成长壮大，带来了灵丘县全域有机农业下的乡村欣欣向荣的发展局面。

总之，乡村振兴是我们党在新的历史时期，审时度势，又一次作出的重大战略抉择。在 21 世纪的全球系统中，中国作为世界第一的人口大国、最大的社会主义国家、世界第一工业制造业大国、世界第二大经济体，决定在现有建设基础上，用 21 世纪上半叶剩下的 30 年时间，去进行乡村振兴工程的建设，这是对工业文明时代的超越，预示着生态文明时代的到来。我们面临的将是一个更加开放的时代，一个大交流的时代，一个进一步融合的时代，也是一个充满挑战的时代，因而就是一个全面创新的时代。历史已经将当代中国人推送到了乡村振兴的前线，全域有机农业的前进道路已经开辟。让我们坚定信心，谦虚谨慎，认真学习，开放交流，紧密团结，在以习近平同志为核心的党中央领导下，排除千难万险，以乡村振兴工程建设的实际行动，去迎接中华民族的伟大复兴，迎接生态文明时代的到来。

蒋高明

中国科学院植物所研究员，中国科学院
大学教授

宋彦洁

英国华威大学博士研究生

绿色革命呼唤生态农业

当今世界很多环境、社会、经济乃至军事冲突问题与农业密不可分。全球变暖、环境恶化、生物多样性减少、人类健康质量下降、人类繁殖力降低，与传统农业变为现代农业有很大的关系。人类发起的第一次绿色革命并非"绿色"的，反而带来了严重的环境与健康问题，古巴和朝鲜正反两方面的例子都验证了现代农业的不可持续性。本文介绍了现代农业的环境与健康问题、朝鲜与古巴发展现代农业与生态农业的教训与经验，简要介绍了生态农业的特点，并以山东弘毅生态农场为例，阐述了发展生态农业的必要性。

一、现代农业模式不可持续

现代农业是温室气体的一个重要来源。2001—2010 年，林地、农业用地等土地利用格局变化产生的温室气体占全球温室气体排放的21%，其中单纯农业排放量就占11%，而适宜耕种的土地仅占地球陆地覆盖面积的10%。农业温室气体排放比例之所以如此之高，主要是由于现代农业依赖化石能源输入，严重依赖化石燃料，生产和运输化肥、农药和地膜等化学物质，释放了大量温室气体。

现代农业造成的环境问题非常严重。根据联合国粮农组织（FAO）报告统计，2017年全球化肥使用量为1.922亿吨，过量施用化肥，尤其是氮肥，导致土壤酸化严重，过量使用化肥，还会导致土壤板结、耕地质量下降、生产力降低、土壤侵蚀、土壤有机质流失等，每年仅与土壤侵蚀有关的公共和环境健康损失就超过450亿美元。

现代农业模式下，全球每年约有460万吨化学农药被喷洒到环境中，其中99%被释放到土壤、水体和大气中。研究者甚至在格陵兰岛冰盖和南极企鹅体内检测到高农残量，中国西藏的南迦巴瓦峰的雪中也检测到了有机氯农药。在美国，每年治理由于使用农药而造成的环境和健康问题需要花费120亿美元。

现代农业中，塑料薄膜的使用问题越来越严重。2011年中国的塑料薄膜覆盖面积达到了2000万公顷，总重量从1991年的32万吨增加到125万吨，增加了近3倍。塑料薄膜的广泛使用产生了大量覆盖物残留，污染了农田环境，造成"白色污染"和作物减产。

人类寿命降低与传统农耕方式改变密不可分。根据世界卫生组织（WHO）和联合国环境规划署（UNEP）的报告，全世界每年有2600万人农药中毒，其中22万人死亡，美国每年有67000人农药中毒。农药的使用加剧了多种癌症的发生，如肺癌、直肠癌、骨髓癌、乳腺癌以及白血病等，农药导致的癌症病人占全部癌症病人的10%。另外，很多研究表明，农药残留增加了患帕金森综合征的概率。农药还严重影响儿童智力发育，孕期接触最大剂量和最小剂量农药的产妇，孩子出生后在7岁时智商相差7分，而在孕期接触多氯联苯的浓度每增加1ng/g（十亿分之一），孩子出生后智商就会降低3分。在中国，不孕不育患者高达4000万人，捐精者精子合格率已下降到2015年的18%，生殖障碍已对全球人口最多的大国提出了挑战。

为追求经济效益，现代农业农畜分开，集约化的养殖业给食品安全和人类健康带来威胁。最具有代表性的是用牲畜和动物内脏制成的肉骨粉作为饲料喂牛，使动物内脏中的致病菌进入饲料并最终进入人体，从而导致疯牛病的发生。

现代农业过于重视作物的产量和口感，在世代耕作中忽略了其营养性能，从而导致很多作物营养品质的下降。戴维斯等人研究发现，1950—1999 年这将近 50 年间，43 种不同的水果和蔬菜在蛋白质、钙、磷、铁、维生素 B 和维生素 C 的含量上有明显下降。很多研究表明，小麦的铁、锌、硒含量也明显下降。作物营养品质的下降，加剧了隐性饥饿问题。微量元素缺乏导致的隐性饥饿威胁着世界上 20 多亿人口，隐性饥饿能够引起大量慢性疾病和其他健康失调，如最常见的铁、碘和维生素 A 的缺乏，最易受隐性饥饿威胁的人群是生育年龄的妇女、儿童和老人。

现代农业是生物多样性的最大威胁。农业活动的集约化导致生态环境破碎、土地利用改变、农药和化肥使用量增加、机械化强度增加等，从而造成了生物多样性的损失。以蜜蜂为例，蜜蜂作为全球生物多样性的一个关键组成部分，能为农作物提供重要的生态系统功能，但受生态环境破碎和农药等因素影响，其数量近年来严重下降，美国在 1947—2005 年失去了 59% 的蜜蜂群落。除非农业足迹能够可持续性地发展，否则农业系统和现存的自然生态系统将受到进一步破坏，世界上面临灭绝的物种比例将进一步增加。

二、朝鲜与古巴正反两方面的经验

现代农业不可持续的一个教训来自朝鲜。朝鲜国土面积仅 12.3 万多平方千米，在中苏两大国的支持下，朝鲜迅速提升了农业现代化装备水平，仅用了 17 年（1953—1970 年）时间就实现了农业机械化。20 世纪 60 年代，基本完成水稻灌溉；70 年代中期，完成了灌溉和农村通电项目；1975 年，野外作业如翻耕、插秧、磨粉全面实现机械化；增加化肥生产，到 1980 年，化肥的施用量已经增加到 1000 千克 / 公顷。据世界银行的报告，1985—1988 年，朝鲜人均收入是 2000 美元。一般认为，1979 年的朝鲜已成为一个准现代化国家。

遗憾的是，由于苏联解体，石油停供，农机配件短缺，农业机械全面瘫痪，迫使朝鲜动员城里人重新回农村当农民，并且是使用锄头、铁锹和镰刀种地。这种对城市化的"逆转"异动，显然有悖于人的天性，因而遭遇诸多阻力。报告指出，20 世纪 90 年代初朝鲜 80% 的农业机械和设备由于缺少燃料和配件而无法使用，由于找不到运输卡车，已收割的粮食被长期堆放在地里。这段时间，朝鲜城里人遭遇了饥饿痛苦，朝鲜残存的运输能力甚至不能让城市居民吃饱饭。

当年受苏联解体影响的不仅有朝鲜，还有加勒比海北部岛国古巴。但令人意外的是，古巴的农业并没有像朝鲜那样彻底崩溃。相反，它在经历了第一波打击之后及时调整政策，终于化险为夷，顺利实现了由现代石油（化学）农业向绿色生态农业的转型，该国通过发展有机农业摆脱了粮食危机。自 1991 年以来，古巴已建立了 280 个在不同地区及省市层面设立的虫害生物防治中心，用半工业或手工生产生物控制和预防虫害的材料，被认为是一个名副其实的基本控制害虫的革命。

古巴生态农业的发展，得到了农民、多个机构、大学和研究中心的支持，已成功地找到替代短缺的燃料、肥料和农药的方法，正如畜力牵引替代拖拉机和燃料使用；轮作、多种作物间作等丰富作物种植的多样化；绿肥、堆肥、蚯蚓养殖、豆科作物种植，生物肥料如菌根、根瘤菌和生物质等快速地增加土壤肥力；种子保护和生物防控替代化学农药。到 1999 年，古巴的农业生产已经恢复，并在某种程度上达到了历史性水平。

与朝鲜不同，古巴人应对上述农业危机的思路很清晰，那就是果断放弃"石油农业"，广泛动员民众，迅速恢复传统生态农业。1991—2010 年，在有机肥获取、土壤保持、作物与禽畜管理等方面取得一系列重要进展，古巴实现了生态农业的顺利转型，从而扭转了粮食短缺的被动局面。

以上两个截然相反的例子充分说明，严重依赖石油化工的现代农业是不可持续的，而建立在生态循环原理基础上的生态农业才具有抵抗各种风险的强大能力。

三、当代人类需要以生态农业为主导的第二次绿色革命

20世纪50年代以来，人类开展了水稻等作物由高秆变矮秆，并辅助农药、化肥、农业机械等的第一次绿色革命。这场革命解决了19个发展中国家的粮食自给自足问题。但是，其间全球人口同步激增，环境污染加剧。之后39年，世界人口将从现在的72亿增至90亿，这样，第一次绿色革命的成果，就难以继续满足庞大人口对食物和生态环境的需求。而要解决农业化肥污染和温室气体排放问题，政府和各种农业组织应积极探索更生态的耕作方式，即人类发起以生态学为主导的第二次绿色革命。

生态学的解决方案，不是将眼光直接盯在提高粮食产量上，而是将人们废弃的50%以上的光合产物（以秸秆为主），高效循环利用起来，通过植物生产（太阳能）、动物生产（收获肉奶等食品）、微生物生产（生产饲料和肥料）等，使单位土地面积升值，既增加了食物又增加了肥料。有机肥增加后，将大量的中低产田改造，反过来可提高粮食产量，即实现循环农业。在英国，持续了150年以上的桑德农业实验场进行的试验发现，施用有机肥的小麦比施用化肥的小麦平均产量高。

人口就地城镇化，发展高效生态农业产业。优质优价，将在家从事农业的人群收入提高到比进城打工还要高。培养专职农民，专门为人类生产安全的食物，其中主粮约2亿吨，同时生产约1亿吨的蔬菜。留守的农村居民，优先享受有机食品供应，加上城市的高消费人口，全国消费有机食品的人口比例将达到60%，超过目前发达国家20%—30%的比例。经过合理规划，中国只需利用全国耕地约4亿亩。在主粮和主要果蔬有机生产系统中，利用现代生态农业技术，每年可满足2亿吨粮食、3.25亿吨蔬菜和1.04亿吨水果的需求，其余的耕地可生产动物的饲料或有机农业的肥料，将人与动物消耗的粮食分类生产，实现自给自足，以减少进口压力。

四、弘毅生态农场：生态农业的成功实验

位于中国山东省平邑县的弘毅生态农场，来自中国科学院的科学家发展了一种产量与经济效益共赢的高效生态农业模式。

他们首先用有机肥取代化肥。将作物秸秆加工成饲料养殖肉牛，再将腐熟牛粪作为肥料还田。其中，秸秆饲料的加工与储备是关键，该农场自主研发了大型遮雨式分室青贮池，每年加工"微储鲜秸草"1500 吨。这种循环的生态模式最大限度地利用了每种产品的副产物，不仅减少了环境污染、改善了土壤，还增加了土壤的生物多样性，使有机果园的蚯蚓数量约是普通果园的 20 倍，并且提高了作物产量，使冬小麦和夏玉米在 8 年内产量提高了 65%，同时实现了生态和经济效益。

害虫控制，以"物理 + 生物"的方法取代杀虫剂。即通过脉冲式杀虫灯、鸡、野生鸟类、天敌昆虫、人工除草控制越冬害虫。杂草控制，以"人工 + 机械"的除草方式取代除草剂，聘请经验丰富的农民承包除草工作，在果园杂草控制方面，采取"以草治草"的策略，种植一些高覆盖且有固氮固碳功能的本地草本植物，形成单优种群，占据杂草生态位。另外，停用地膜、人工合成激素、转基因种子，生产优质安全产品，进行线上线下销售，增加经济效益，平均每公顷效益是普通农田的 3—5 倍。

通过科学配比生物肥料，添加适量矿物质，如磷矿石、虾蟹壳粉等，添加益生菌起到抗生作用，堆肥 3 个月或经过蚯蚓处理，形成有机肥。该有机肥保温保墒，微生物活性高，实现由低产田向高产田转变。系统阐明了农田土壤碳固定、释放规律，明确了固碳型生态农业模式的有机肥施用量，建立了精准施肥固碳增氮技术，加上深翻耕技术，暖温带农田耕地固碳潜力实现了一公顷农田一年 11.5 吨二氧化碳的当量。该成果为我国退化农田恢复和土壤改良、生态农业产量提高和农田碳减排等提供了科学理论和可靠的技术保障。

该成果已经在内蒙古、山东、河南、浙江、贵州等地区 60 多个基地或农场进行了技术推广，开展了高效生态农业种植技术的集成应用，累计推广面积

达 55 万余亩。

这种生态农业模式解决了现代农业带来的环境、人类健康等问题，实现了可持续发展，同时带来更高的经济效益，如果按照这种模式，中国只需要 2 亿亩耕地即可满足主粮需求。

这种模式的推广，还需要政府的努力。政府应加强对该种植模式的补贴，扩大规模；在当地建立研究、技术和教育部门，研发更多生态农耕技术和方法；增加基础设施建设，如农民培训学校、通信技术等，加强技术的传播；完善生态产品的贸易、补贴机制，增加农民收入；完善知识产权机制，对开发新技术的农民的研究成果进行保护；同时加强对禁用非生态技术的管理等。中国成功的生态农业，或将为人类可持续农业指明方向。

张孝德

中共中央党校（国家行政学院）教授，
原国家行政学院经济学教研部副主任，
中国乡村文明研究中心主任

分布式、再造循环的
零污染乡村建设之路

目前，我国的垃圾处理模式，基本是学习西方发达国家的大集中、规模化、专业化的处理方式。实践证明，这是一种成本高、再污染、中断人与自然循环的不可持续的处理方式。这种垃圾治理模式中断并破坏了人与自然间的能量循环，是造成土壤污染、空气污染、大量慢性病的根源之一。在生态文明建设思想的指导下，我们需要探索，基于重建人与自然循环的"分布式、资源化、再造循环的系统集成"的解决之道。从乡村生态文明建设的高度，探索以零污染乡村、全域生态村为目标的农村垃圾治理，是实施分布式、再造循环垃圾治理之道的重要突破口。乡村与城市相比，实施分布式、再造循环的新治理模式，具有三大优势：一是组织优势，乡村是小规模社会，容易动员组织；二是动力优势，把实施有机农业与有机垃圾微肥化结合，具有内生动力；三是利用微生物技术成本低。

我国政府高度重视垃圾处理问题，从源头将垃圾分类到中端垃圾收集、转运，再到末端的垃圾处理均出台了相关政策进行指导。但是目前的垃圾处理方式，农村垃圾的收、运体系以及城乡衔接的垃圾处理模式都存在着弊端，成为我国生态文明建设领域的治理难题，是"十四五"期间生态文明建设领域需要重视和解决的重要问题。

针对目前我国垃圾处理模式的困境和弊端，笔者在推进生态文明建设战略思想的指导下，创新治理思维，提出重建人与自然循环的"分布式、在地化、资源化"的垃圾治理新模式，并给出对策建议，以期为我国走出垃圾治理困境提供参考。

一、垃圾治理模式弊端：中断循环、末端治理

在城镇化和工业化时代，自然界已经越来越难以消化人类生活的附属产品。为此，西方发达国家一方面向包括我国在内的发展中国家大量出口转移垃圾，另一方面主要利用填埋、焚烧等方式在本国内处理难以回收垃圾。这是一条不可持续的垃圾治理之路。无论是垃圾焚烧、垃圾填埋还是向其他国家出口垃圾，都是一种头痛医头、脚痛医脚的面上治理，属于末端治理。

目前，我国国内广泛采用的生活垃圾处理方式与西方国家大体相同，主要有卫生填埋、高温堆肥和焚烧等。卫生填埋处理量逐年下降，高温堆肥处理量占比很小。2015 年住建部等 10 部门出台的《全面推进农村垃圾治理的指导意见》就明确指出，农村垃圾通过"村收集、镇转运、县处理"的模式接入城市垃圾处理体系。现有的城市、农村垃圾治理模式，普遍采用了集中式、规模化的治理思路，存在治理成本高、可持续性差、负外部性明显等诸多弊端。

（一）集中化、规模化的垃圾治理，是高成本、再污染的治理

目前，城市的集中化、规模化垃圾处理方式的本质是垃圾转移。垃圾填埋场内垃圾几乎很难分解，而且很容易填平，造成土地资源的浪费和再污染。填埋场内部的垃圾经微生物、化学反应产生的二次污染物，主要包括垃圾填埋气和渗滤液。垃圾填埋气中含有有毒气体，危害人体健康，妨碍作物生长；垃圾渗滤液中的大量有毒物质和各类病原菌、病毒等很容易通过地下水或地表水进入食物链。焚烧生活垃圾也会带来二次污染，尤其是产生的二噁英具有环境毒

性和健康危害性，并且有些垃圾焚烧厂为了达到所需要的温度而增加煤炭等化石能源的消耗，从而增加碳排放。

（二）农村垃圾"村收集、镇转运、县处理"模式的弊端

目前，农村垃圾处理的"村收集、镇转运、县处理"模式比城市垃圾处理方式的弊端更大。其一，乡村采用的是高度分散的居住方式，将乡村垃圾集中到县城统一处理，在人口密集的县域还可以，在许多地域广阔、人口密度小的县域，垃圾集中到县处理是一种成本很高的做法。如内蒙古、青海等地，农村与县城的距离有几百公里，集中难度大、成本高。其二，农村本来与土地是一种生命能量的循环关系。农村生产和生活的代谢物，恰恰是返回土地的肥料。而在现代生产方式下，农村垃圾却要集中到城市处理。一方面，中国土壤中的有机物逐年下降；另一方面，将有机垃圾返回城市集中焚烧是一种典型违背人与自然和谐相处的逆自然循环的做法。

（三）中断人与自然循环的垃圾处理模式造成土壤污染、身体疾病

无论是垃圾填埋还是垃圾焚烧，都属于集中式处理的方法，是一种造成二次污染的垃圾搬运和转移的处理。集中填埋，是将分散的污染变成集中污染的做法，最终形成垃圾围城的困境。焚烧垃圾，是将污染从大地转移到天空的做法。这些有缺陷的垃圾处理模式没有从根本上解决垃圾问题，造成碳排放增长和土壤、水的污染，需要继续寻找一套新办法，但这样会耗费更多的人力物力，而且成效缓慢。这样非但不能从根上解决问题，还在解决一个问题的同时，导致一系列新问题，陷入不断解决问题的困境。

同时，这种垃圾治理模式中断并破坏了人与自然间的能量循环，是造成土壤污染、空气污染、大量慢性病的根源之一。目前，中国进入慢性病、癌症的高发期。慢性病的根源，是食物中滋养生命的矿物质越来越少。食物中矿物质减少的原因，是土壤中的矿物质在减少。科学检测结果表明，我国农田中的钙流失了50%—83%，铁流失了40%，锌流失了81%，人体需要的30多种生命元素的流失在50%以上。而土壤中矿物质减少、有机质减少与目前的垃圾处理方式密切相关。食物中的矿物质，应通过植物秸秆、人类和动物的排泄物回田的循环，实现土壤有机质和矿物质的回流。但现在的垃圾处理模式中断和破坏了

这种循环。破坏这种循环的后果是，食物中的矿物质不能回到土地，人类就用人工合成的化学肥料来补充土壤的矿物质。化肥可以补充土壤中的矿物质，但不能补充土壤中的有机微生物。缺乏有机质参与的土地，土壤中的大量矿物质无法合成到植物中，使植物的生命力大幅下降，抵抗病虫害的能力下降，导致的结果是农药的用量大幅增加。这种缺乏生命力的植物导致人类患上各种慢性病。总之，这种中断人类与自然循环的垃圾处理模式，给今天的社会带来了一个恶性循环。

二、新垃圾治理模式：再造循环的分布式治理

无论是垃圾填埋还是垃圾焚烧都是把垃圾集中到一定区域内进行统一处理，这是用工业文明的思维来处理垃圾，是用更大的污染来治理污染。爱因斯坦讲过：用造成问题的思维来解决问题，一定无效。要从根本上解决我国当前垃圾治理失灵的问题，就要打破工业文明的思维模式，主动用习近平生态文明思想引领垃圾治理，创新垃圾治理思维，探索重建人与自然循环的"分布式、在地化、资源化"的垃圾治理新模式。

（一）走出"就垃圾治理垃圾"的思维，探索垃圾系统治理的新模式

从表象上看，垃圾治理问题是通过焚烧、填埋等手段处理既有的垃圾。这是工业文明思维指导下的垃圾处理思路，属于末端治理，追求短期内解决效果。但是垃圾治理从源头看，本质是生产方式、生活方式、文化理念出现了问题，导致了终端废物在自然系统内难以自主消化，从而出现了环境危机。按照"五位一体"总体布局推进生态文明建设的战略思想，走出西方式就环境治理环境的思维，把环境问题纳入"五位一体"总体布局，按照系统思路来解决。

落实生态文明建设的战略思想，在城市和乡村垃圾治理上，就是要走出"就垃圾治理垃圾"的思维，从生活生态、生产生态、文化生态、环境生态"四生态"建设的系统解决方案中，探索垃圾治理之路。生活生态要按照社会生活生态化的要求，培育支持生态系统的生产能力和生活能力，从消费行为、住宅建筑、交通方式等多方面进行变革，创建有利于生态环境和子孙后代可持续发

展的生活方式。生产生态是改变当下的发展方式，按照产业生态化和生态产业化，发展绿色生产力。文化生态是要不断健全人民对于生态的认识，弘扬中华传统文化中的生态理念，培育生态文明、伦理道德意识，树立人与自然和谐发展的自然观。环境生态是结果，是通过源头的生产生活方式变革、生态文化教育和终端生态问题的治理结出的果实。

（二）走出二元对立思维，重构城乡能量循环新关系

目前来自西方的环境治理思路，是用造成环境危机的思路来治理环境危机。我国正在进行的集中式垃圾填埋、焚烧，就是这种思维的产物。中断人与自然能量循环、中断城市与乡村能量循环的做法，是造成人与自然对立的二次污染的根源。未来中国垃圾治理，要在分类的基础上，坚持走有机垃圾无害化处理，回归土地、回归乡村的重建人与自然循环的治理之路。要做好这件事，就不是简单的垃圾分类，而是要大力推进利用现代微生物技术，进行有机垃圾资源化工程，让有机物回到土地。从城乡关系的角度来看，目前的垃圾处理是一种城乡之间的互害模式。农村垃圾集中到城市，土地失去滋养，农村为城市提供有害食物。按照重建人与自然循环的要求，要做的不是把农村垃圾往城市集中，而是要将有机垃圾资源化处理之后，再度回农村，支持农村的有机农业发展，为市民提供安全的有机食品，形成城乡之间的互利模式。

（三）走出工业化思维，探索分布式、微循环再造的治理之路

自然系统的整体均衡，是建立在多元化、无数个局部的自我循环和平衡的基础上形成的整体协调。就像一个人的生命健康，是建立在每个细胞健康的基础上。目前采用的大集中、规模化、专业化的垃圾处理方式，不仅中断与破坏了人与自然的能量循环，而且破坏了自然系统微观层面上的自我循环，导致宏观系统失衡。一个有生命力的生态城市，应该是每一个局部和单元都能完成自我能量循环和给养的城市。

按照分布式、在地化的要求，中国的垃圾治理，在城市要走以小区、机关、企业等为单元的化整为零的垃圾处理体系，特别是让有机垃圾就地资源化处理。资源化处理的垃圾，除满足在地化的资源需要外，剩余的有机垃圾返回郊区农村，其他非有机垃圾分类回收。农村垃圾以村为单位进行在地化循环，其他有

害垃圾，可以采取县集中回收处理。这样一种化整为零的分布式处理方式，不仅可以修复人与自然的循环，而且可以减少垃圾治理成本，降低集中填埋和焚烧造成的二次污染。

（四）走出垃圾集中转移治理的误区，探索以微生物科技为突破口的垃圾资源化、无害化处理之路

上述重建人与自然循环的最大瓶颈，就是如何实现有机垃圾资源化、无害化处理。目前对于污水、垃圾的处理技术路径，主要是依靠化学科技。而值得我们关注的是正在兴起的微生物技术。目前中国民间已经发展起来的微生物技术，不仅是有效解决垃圾转化为有机肥的重要技术，而且已经是一个覆盖到生活洗涤、污水治理、有机农业、微生物养殖、微生物防治等领域的新技术。特别是由民间环保组织推动的环保酵素技术，是一项技术门槛低、成本低、效果好，个人、家庭和社会都可以参加的大型公益科技。目前，环保酵素在民间发展速度很快、潜力巨大，对于解决环境污染问题的贡献不可低估。微生物技术不仅可以解决固体垃圾资源化处理，也可以从源头上治理生活污水。如果一个小区的生活洗涤能够用没有污染的微生物洗涤品，那么小区排放的生活污水就可以再度使用。

三、推进"分布式、循环再造"垃圾治理模式

推进化整为零、资源化、微循环再造的垃圾治理模式，是一个系统工程，是对来自西方垃圾治理模式的改革，是落实中央提出的生态文明建设的重要内容之一，也是探索基于中国智慧的中国方案的重要内容。垃圾治理是整个环境治理的基础性工程，如果化整为零、资源化、微循环再造的垃圾治理模式在中国能够落地，其带来的效应和深远意义是重大的。这个模式是真正重构人与自然和谐关系、重构城乡关系、从根源上解决环境污染的重要探索。

（一）以系统思维探索中国特色农村垃圾治理之路

要有效实施新垃圾治理模式，需要转变认识和思维，需要研究先行。国家相关部门要提高关注，特别是要深入调研在民间已经形成的符合分布式、在地

化、资源化治理模式的有效做法。最近几年在中国城市的一些小区和农村许多民间机构所采用的治理方法，是值得研究的案例。例如，一些民间机构已经在乡村进行了垃圾不出村的零污染乡村的实验，一些小区进行了小区有机垃圾在地资源化的实验。把探索中国特色的化整为零、资源化、微循环再造的垃圾治理模式纳入生态城市、生态乡村建设的规划中。

（二）探索以零污染乡村、全域生态村为目标的农村垃圾治理之路

乡村推行垃圾治理，具有城市无法比拟的优势。一方面，乡村相比城市而言，地广人稀，可以提供在地化垃圾治理的相关场地，垃圾终端治理可以与有机农业相结合，村民可以直接看到垃圾变废为宝的过程，加上有机农业相比化肥农业可以不减产、收益可观，村民容易接受，并形成自觉行为。另一方面，乡村属于小规模社会、熟人社会，垃圾分类的监督成本低，在强有力的村庄带头人引领下，村内义工或者志愿者开展相关的教育较为容易，村民容易接受。近几年，民间组织与村委会合作推广零污染乡村的垃圾治理模式，在数十个村庄被证明适用于乡村，实现了垃圾源头上的分类与减量，并带来了村庄团结和文化复兴，农田生态系统也得到了修复。

要根据乡村实际情况，大力推进以零污染乡村、全域生态村建设为目标的"四生态村建设"，即以乡土文化传承为灵魂的乡村生态文化建设、以垃圾分类为抓手的乡村生态环境建设、以全域有机农业为基础的生产生态建设、充分利用新能源的乡村生态生活建设。农村垃圾治理要教育先行，通过乡土文化教育和中华美德宣传，树立良好的村风民风。在此基础上，召集成立全村垃圾治理义工或志愿者团队，通过义工或志愿者的宣传引导全村村民积极参与垃圾分类。配合垃圾分类，在终端垃圾处理上，针对有机垃圾或其他可还田垃圾，实现大部分垃圾本地化处理，并通过环保酵素等媒介建立与生态有机农业的联系，实现生产生态的变革。加上新能源技术和互联网技术在乡村的大范围应用，可以形成由生态住宅、生态消费、生态景观、生态耕读组成的全景生态生活模式。

（三）充分发挥社会组织的作用，支持"零污染"乡村建设

酵道孝道公益环保团队是一个以环保酵素推广走向全国的教育服务类公益团队。自2013年底至今，团队全程指导了几十个村庄和城市社区的"零污染"

277

村庄（社区）建设。课题组选取河南东沁阳村、毛庄村和浙江箭岭村作为典型
案例。三个村的生活垃圾源头减量高达 80%，毛庄村实现垃圾总体减量 99.7%，
实现了生活垃圾在地化、资源化处理。主要做法是，由村民做好第一道垃圾分
类，再由志愿者把有关生活垃圾进行二次分拣，将其细分为 15—20 类，最后
由家庭或村集体制作环保酵素、堆肥，就地消耗（见表 7-1）。

表 7-1   "零污染"村庄建设中的村民参与

参与环节	具体做法
发起阶段	（1）东沁阳村党支部第一书记、挂职干部张某，毛庄村的返乡能人、村主任张某，箭岭村返乡退休教师刘某，分别于 2015 年前后接触环保酵素，参观北京辛庄村并认同"零污染"村庄理念 （2）发起"零污染"村庄建设的带头人初期或自投资金或整合外部资源，完善村庄基础设施、购置垃圾分类配套容器、酵素桶、红糖等设施和材料 （3）三个村庄搞"零污染"建设的方案都获得了村干部的认可、支持，村"两委"干部、党员带头示范。并结合酵道孝道团队的大学生下乡服务团提供示范和指导
动员过程	（1）组建起覆盖全村的志愿者队伍，义务提供宣传发动、分类指导、集体制作酵素、堆肥等服务 （2）三个村的志愿者前期都参加了传统文化教育活动并且深受影响，这项"抓人心"工程为垃圾治理夯实了基础 （3）志愿者参与激励主要来自价值信念动力，受利他、荣誉驱动
参与机制	（1）村庄定期或不定期进行正向奖励，开展"积分兑换"，组织外出考察 （2）环保酵素是关键技术，提供了一个系统的家庭垃圾源头分类与减量的落地方案 （3）村民参与环境治理有畅通可行的渠道，定期召开代表会议或举办环保集市等各类集体活动
长效机制	（1）持续不断地完善基础设施，带动公共财政和其他外部投入 （2）村民参与有短期可见的收益，酵素产品自销和外销相结合，收益分配相对公平 （3）村庄知名度提升后，环境治理结合产业规划，发展生态文化旅游等新业态，提高村集体和村民经济收入水平

主要经验体现在五个方面：一是村庄精英的引领作用。三个村庄均由精英带头开展建设。带头人可以是村"两委"干部、党员代表、驻村干部，也可以是返乡的经济或技术能人、退休教师等新乡贤代表。二是文化教育的基础作用。三个村最大的特色是以文化教育为抓手，培育了村民志愿者，提升了村庄凝聚力。例如，组织传统文化学习的夏令营、亲子班、大讲堂，举办孝亲大会、传统文化婚礼等。三是志愿组织的带动作用。志愿者队伍在知识、观念等方面发挥着多重带动作用，一方面，示范分类操作、编制宣传画册、入户指导监督；另一方面，无偿投身垃圾收集、分拣、堆肥、制作酵素等集体活动，感化并带动村民参与。四是环保酵素的支撑作用。环保酵素的制作门槛低、成本也不高（以红糖为主），普通村民一学就会，且酵素用途广、效果佳，很容易从参与中获得成就感。环保酵素可以家庭或村集体为单位制作，如东沁阳村发展集体酵素农业种植，并结合经济扶贫车间对外销售酵素制品。五是激励平台的长效作用。激励村民的长效参与，要采取正向激励与负向约束相结合的手段。如箭岭村的环保集市，毛庄村、东沁阳村的"积分超市"，可以通过垃圾获得积分以兑换日用品。

（四）重构城乡共生关系，开展郊区生态乡村共建工程

一个适宜人居的生态城市，应该是一个城市与乡村协调发展、食物供应尽量在地化、城市与乡村能够形成能量交换和均衡的城市。但过去几十年，为满足城市发展需要的大城市扩张，使大量肥沃的郊区土地用于房地产开发，大量的郊区乡村消失，这是一种反生态、有弊端的城镇化。当前，城市食物供应是一个跨地区、长距离、逆季节的供应体系，是一个不利于市民生命健康的体系。按照满足健康的城市生态生活的需要，按照一方水土养一方人的需求，城市食物供给要尽量向郊区化、本地化方向发展。国家要以重构城乡共生关系为动力，开展郊区生态乡村共建工作。郊区生态乡村建设，是解决城市垃圾资源化、重建人与自然能量循环的重要工作。生态城市建设必须和城郊的生态乡村协调进行，要按照生态城市建设的新思路，重新规划定位城郊乡村，要把城郊乡村作为城市生态产品的重要供给地来建设，要鼓励城市机关、学校、企业与郊区农村互利共建生态城市、生态乡村。

第八章

深化改革
制度制胜

孔祥智

中国人民大学农业与农村发展
学院教授，中国合作社研究院
院长，农村发展研究所所长

构建农业农村优先发展的体制机制

党的十九大报告提出农业农村优先发展战略要求，2021年中央一号文件又对此进行了具体部署。从历史上看，国家以多种"剪刀差"的形式从农业汲取工业化所需资金，造成了农业农村自我发展能力的丧失。21世纪以来，通过实施农产品价格支持政策、农业补贴政策、农业基础建设补贴政策调整了国民收入分配格局；通过实施农村人居环境政策、提升农村公共服务水平政策、建立农村社会保障制度，初步建立了城乡统一的政策和制度体系。但总体上看，农业农村的差距依然很大，必须在"四个优先"的大格局下，重点抓好粮食安全和重要农产品供给，加快农业供给侧结构性改革，补齐农村基础设施和公共服务短板。

党的十八大以来，习近平总书记多次强调"坚持农业农村优先发展"问题。2017年10月，习近平总书记在党的十九大报告中又明确提出："要坚持农业农村优先发展，按照产业兴旺、生态宜居、乡风文明、治理有效、生活富裕的总要求，建立健全城乡融合发展体制机制和政策体系，加快推进农业农村现代化。"为落实党的十九大精神，2019年中央一号文件提出了坚持农业农村优先发展的总方针，这是以习近平同志为核心的党中央从党和国家事业发展全局出发作出的重要决策。从党的十九大报告提出"坚持农业农村优先发展"，到2019年中央一号文件将这一原则进一步明确为做好"三农"工作的总方针，解决好"三农"问题的方略更加清晰，全党工作的重中之重更加突显。党的十九届五中全会明确了"十四五"期间直到2035年的重要任务之一就是"优先发展农业农村，全面推进乡村振兴"。可以肯定，在未来相当长时期内，农业农村优先发展将会是中国农业农村政策的基本点。因此，从长远看，构建农业农村优先发展的体制是至关重要的。

一、改革开放以来：农业农村优先发展的政策与制度

（一）惠农政策演变：从中央一号文件看

中国农业农村发展的落后，实际上是政策和体制因素造成的。正因如此，在1979年9月召开的党的十一届四中全会设计的农业政策中，提高农产品收购价格占据了极其重要的位置。这次会议提出了发展农业生产力的25项政策措施，其中之一就是国家对粮食的统购价格从1979年夏粮上市起提高20%，超购部分再加价50%。《中国统计年鉴（1979年）》的数据显示，1979年粮食收购价格比1978年实际提高了130.5%。此后多次提高收购价格，最大幅度是1994年提高了146.6%。毫无疑问，几乎每一次提价都陷入了"农产品收购价格上涨—物价总水平上涨—农产品成本上升—农产品利润水平下降"的恶性循环之中。21世纪以后，政府吸取了单纯提价的教训，在取消"农业四税"的基础上，实施了一系列农业支持保护政策，基本形成了完整的政策体系。

第一，农产品价格支持政策。价格支持依然是农业支持保护的重要内容。当然，在WTO框架下，价格支持不再是单纯的提价，而具有更加丰富的内涵。主要包括：其一，2004年和2006年，分别实施了稻谷和小麦的最低收购价格制度。其二，从2009年起，逐步实施玉米、大豆、油菜籽、棉花、食糖等重

要农产品的临时收储价格。按 2014 年中央一号文件精神，国务院于当年取消了大豆和棉花的临时收储政策，并对新疆棉花、东北和内蒙古大豆实施目标价格政策。同时取消了食糖的临时收储政策，改为企业收储，并由财政给予一定的贴息补贴。按照 2015 年 6 月相关文件精神，国家于当年起取消油菜籽的临时收储政策，改为由地方政府负责组织各类企业进行油菜籽收购，中央财政对主产区予以适当补贴。2016 年，国家改革了玉米临时收储制度，按照"市场定价、价补分离"的原则，将以往的玉米临时收储政策调整为"市场化收购"加"定向补贴"的新机制。2017 年 3 月 23 日，国家发布消息，2017 年国家将在东北三省和内蒙古自治区调整大豆目标价格政策，实行市场化收购加补贴机制。其三，2009 年 1 月 9 日，经国务院批准，国家发改委等 6 部门制定了《防止生猪价格过度下跌调控预案（暂行）》，规定当猪粮价格比低于 5 : 1 时，要较大幅度增加中央冻肉储备规模。其四，2015 年中央一号文件指出，"积极开展农产品价格保险试点"，并在山东省及其他一些省市开始了试点。例如，2015年山东省部分市县试点了大蒜、马铃薯、大白菜、大葱等产品的目标价格保险制度；2016 年安徽省在部分市县开展了玉米价格保险试点工作。上述试点都取得了比较好的效果，有效保护了农民的利益。

第二，农业补贴政策。主要是农民直接补贴。包括 2004 年开始实施的种粮农民直接补贴、良种补贴、农机具购置补贴，2006 年开始实施的农业生产资料价格综合补贴，合称"四大补贴"。2016 年，在 2015 年试点的基础上，国家发布了《农业支持保护补贴资金管理办法》，改革除农机具购置补贴之外的三项补贴为"农业支持保护补贴"，主要用于支持耕地地力保护和粮食适度规模经营，以及国家政策确定的其他方向。此外，中央还于 2005 年起陆续出台了奶牛良种补贴、生猪良种补贴等一系列畜禽养殖补贴政策，有力地促进了养殖业的健康发展。

第三，农业基础建设补贴政策。例如，根据 2005 年中央一号文件精神，当年启动了测土配方施肥补贴项目，对农业等部门开展的土壤成分检测和配方施肥工作予以经费补贴。这项政策扩大了测土配方施肥补贴的范围和规模，有力推动了农产品产量的提高和品质的改善。2005 年中央一号文件提出认真组织实施"科技入户工程",扶持科技示范户。此后,"农业科技入户示范工程"的组织实施,对农业先进适用技术的推广起到了重要作用。2005 年中央一号文件还提出设立小型农田水利设施建设补助专项资金,对农户投工投劳开展小型农田水利设施建设予以支持。此后,这一专项资金补贴的范围不断扩大,有效支撑了十几年的农业发展。此外,生态效益补偿机制的建立健全也是 21 世纪以来农业支持政策的重要方向。2006 年中央一号文件要求建立和完善生态补偿机制。2007 年中央一号文件提出完善森林生态效益补偿基金制度,探索建立草原生态补偿机制。2008 年中央一号文件要求增加水土保持生态效益补偿。2010 年中央一号文件要求提高中央财政对属于集体林的国家级公益林森林生态效益补偿标准。2012 年中央一号文件提出研究建立公益林补偿标准动态调整机制。2014 年中央一号文件提出建立江河源头区、重要水源地、重要水生态修复治理区和蓄滞洪区生态补偿机制。2015 年中央一号文件提出落实畜禽规模养殖环境影响评价制度,大力推动农业循环经济发展,继续实行草原生态保护补助奖励政策,开展西北旱区农牧业可持续发展、农牧交错带已垦草原治理、东北黑土地保护试点。2016 年中央一号文件提出加强农业资源保护和高效利用、加快农业环境突出问题治理、加强农业生态保护和修复。2017 年中央一号文件提出加强重大生态工程建设,推进山水林田湖整体保护、系统修复、综合治理,加快构建国家生态安全屏障,全面推进大规模国土绿化行动。2018 年中央一号文件提出坚持人与自然和谐共生理念,严守生态保护红线,以绿色发展引领乡村振兴。可以说,上述的中央一号文件基本构建了 21 世纪以来农业生态环境保护的政策框架。

总体来看,21 世纪以来,以 15 个中央一号文件为核心内容的一系列农业支持保护政策的出台,调整了国家财政支出的结构,不断加大了财政对农业投入的力度,初步建立了财政支农稳定增长机制,改变了国民收入分配的格局。政策调整的结果,使农业由 21 世纪初的粮食总产量下降、农民收入不稳定到粮食综合生产能力稳定在 6 亿吨以上、农民人均可支配收入增长水平连续 11 年超过城镇居民,为农业可持续发展奠定了坚实的基础。

（二）乡村建设政策："以工补农、以城带乡"

21世纪以来，随着政策的确立，各级政府促进农村发展、改善农民生存环境的政策不断出台，初步扭转了"倾斜发展战略"的制度惯性。主要表现在三大方面。

第一，农村人居环境政策。2005年10月，党的十六届五中全会通过了《中共中央关于制定国民经济和社会发展第十一个五年规划的建议》，提出要按照"生产发展、生活宽裕、乡风文明、村容整治、管理民主"的要求，扎实稳步地推进社会主义新农村建设。会议把"村容整洁"作为五项要求之一，对于此后的乡村建设起到了极大的推动作用。2006年中央一号文件对村庄规划、乡村基础设施建设、农村人居环境治理、农村社会事业等都作了具体部署。此后的多个中央一号文件都对上述工作进行了详尽安排。例如，2008年的中央一号文件要求继续改善农村人居环境，提出增加农村饮水安全工程建设投入、加强农村水能资源规划和管理、继续实施农村电网改造等。2009年中央一号文件要求加快农村基础设施建设，提出了加快农村公路建设。2010年底基本实现了全国乡镇和东中部地区具备条件的建制村通油（水泥）路的具体目标。2010年中央一号文件要求加强农村水电路气房建设，搞好新农村建设规划引导，合理布局，完善功能，加快改变农村面貌。2015年中央一号文件要求加大农村基础设施建设力度，提出确保如期完成《全国农村饮水安全工程"十二五"规划》任务，推进城镇供水管网向农村延伸，加快推进西部地区和集中连片特困地区农村公路建设。2016年中央一号文件强调要把国家财政支持的基础设施建设重点放在农村，建好、管好、护好、运营好农村基础设施，实现城乡差距显著缩小，已经具有了优先发展的含义。

第二，提升农村公共服务水平政策。2005年的中央一号文件提出要落实新增教育、卫生、文化、计划生育等事业经费主要用于农村的规定，用于县以下的比例不低于70%。2006年中央一号文件提出加快发展农村社会事业，重点是农村义务教育、卫生事业、文化事业等。2007年中央一号文件提出在全国范围内，农村义务教育阶段学生全部免除学杂费，对家庭经济困难学生免费提供教科书并补助寄宿生生活费；建立农村基层干部、农村教师、乡村医生、计划生育工作者、基层农技推广人员及其他与农民生产生活相关服务人员的培训制度，加强在岗培训，提高服务能力。2008 年中央一号文件用一个部分篇幅强调要逐步提高农村基本公共服务水平，包括农村义务教育水平、基本医疗服务能力、稳定农村低生育水平、繁荣农村公共文化等内容。2009 年中央一号文件提出建立稳定的农村文化投入保障机制，提高农村学校公用经费和家庭经济困难寄宿生补助标准，2009 年起对中等职业学校农村家庭经济困难学生和涉农专业学生实行免费。2010 年中央一号文件提出继续实施中小学校舍安全工程，逐步改善贫困地区农村学生营养状况。2014 年中央一号文件强调城乡基本公共服务均等化，提出要加快改善农村义务教育薄弱学校基本办学条件，适当提高农村义务教育生均公用经费标准；有效整合各类农村文化惠民项目和资源，推动县乡公共文化体育设施和服务标准化建设。2016 年中央一号文件提出把社会事业发展的重点放在农村和接纳农业转移人口较多的城镇，加快推动城镇公共服务向农村延伸。2017 年中央一号文件提出全面落实城乡统一、重在农村的义务教育经费保障机制，加强乡村教师队伍建设。

第三，农村社会保障制度的建立和逐步完善。这一制度具体包括三大部分。

——新型农村社会养老保险制度。2009 年 9 月，国务院颁布了《关于开展新型农村社会养老保险试点的指导意见》，标志着中国农村社会养老保险制度的建立。文件要求建立新型农村社会养老保险制度（简称"新农保"），从 2009 年开始试点，覆盖面为全国 10% 的县（市、区、旗），2020 年之前实现对农村适龄居民的全覆盖。2014 年，国务院颁布了《国务院关于建立统一的城乡居民基本养老保险制度的意见》，提出在 2020 年之前建立"新农保"与城市居民社会养老保险制度（简称"城居保"）合并实施的城乡居民基本养老保险制度。至此，中国农村养老保险在政策上从"老农保"到"城乡居民养老保险"的过渡，完成了养老保险的城乡统筹发展。

——新型农村合作医疗制度。2002 年 10 月，中共中央、国务院发布《关于进一步加强农村卫生工作的决定》，提出"逐步建立新型农村合作医疗制度"，要求"到 2010 年，在全国农村基本建立起适应社会主义市场经济体制要求和农村经济社会发展水平的农村卫生服务体系和农村合作医疗制度"，即"新型农村合作医疗"（"新农合"）。2003 年 1 月，国务院办公厅转发卫生部等部门《关于建立新型农村合作医疗制度的意见》，正式开展"新农合"试点工作，并确立了 2010 年实现全国建立基本覆盖农村居民的新型农村合作医疗制度的目标。2016 年 1 月，国务院发布《关于整合城乡居民基本医疗保险制度的意见》，要求从完善政策入手，推进城镇居民医保和"新农合"的制度整合，逐步在全国范围内建立起统一的城乡居民医保制度。

——农村最低生活保障制度。2007 年 7 月，国务院颁布《国务院关于在全国建立农村最低生活保障制度的通知》，决定在全国建立农村最低生活保障制度，对符合标准的农村人口给予最低生活保障。随着经济发展水平的提高，农村低保标准从 2007 年的每月 70 元 / 人到 2017 年达到或超过国家扶贫标准。

总体来看，21 世纪以来，农村人居环境不断改善，公共服务水平不断提升，社会保障体制基本建立。尽管城乡之间依然存在着明显的差距，但城乡统一的政策和制度体系已经初步建立。

二、乡村振兴背景下农业与农村优先发展的新举措、新布局

（一）差距依然很大，必须优先发展

尽管经过 21 世纪以来的努力，农业自我发展能力有了很大的提升，农村基础设施建设取得了长足进展，农村社会保障体系初步建立，但总体上看，中国从农业大国向农业强国迈进的道路还很漫长，乡村和城市之间的差距依然很大。限于篇幅，本文仅从两个方面进行比较。

第一，农业发展的国际比较分析。表 8-1 给出了法国、德国、日本、韩国、美国五国的若干农业发展指标，并与中国进行比较。可以看出，尽管中、日、韩都属于东亚小规模经营农业类型，但中国的人均耕地面积分别是日本和韩国的 3 倍。而且，不同国家由于人口数量差异很大，农业所起的作用完全不一样。比如，日本和韩国不以粮食为主。因此，在单位耕地化肥施用量指标上，

中国大大高于日本和韩国，但它们又高于德国、法国、美国，这是由土地资源禀赋决定的。表 8-1 中，最重要的是两个指标，一是谷物单位面积产量，中国在 6 个国家中位于倒数第一。这固然与中国的地形复杂有关，但如何通过土地整理提高高质量耕地所占比重，是今后努力的重大方向。二是农业劳动力生产率指标，表 8-1 用单位劳动力的农业增加值来衡量，中国分别是法国的 7.9%、德国的 13.1%、日本的 19.1%、韩国的 26.2%、美国的 6.8%。这背后是农业现代化水平的差距。

表 8-1　2015 年 6 个国家主要农业指标比较

	中国	法国	德国	日本	韩国	美国
人均耕地面积（公顷）	0.09	0.28	0.15	0.03	0.03	0.47
化肥消费量（千克／公顷）	506.11	168.73	202.22	222.78	368.99	137.03
农业就业人员（占总劳动力总量百分比）	18	3	1	4	5	2
谷物产量（千克／公顷）	5981.50	7570.00	7497.80	6091.30	6814.80	7430.60
农业生产率（单位劳动力的农业增加值，以 2000 年的美元计算）	4839.16	61302.10	37052.80	25365.10	18455.10	71365.60

资料来源：世界银行数据库

第二，农民生活设施建设状况。中国城乡居民生活设施差距大，城市比较健全，农村处于建设过程中。因此，本文仅以《第三次全国农业普查主要数据公报》（截至 2016 年底，调查范围为全国 31925 个乡镇、596450 个村和 23027 万农户）为基础，考察农民生活设施建设状况。一是农村环境卫生方面。2016 年末，91.3% 的乡镇集中或部分集中供水；90.8% 的乡镇生活垃圾集中处理或部分集中处理，73.9% 的农村生活垃圾集中处理或部分集中处理，17.4% 的农村生活污水集中处理或部分集中处理，53.5% 的农村完成或部分完成改厕。从农户数据看，使用水冲式卫生厕所的有 8339 万户，占 36.2%；使用水冲式非卫生厕所的有 721 万户，占 3.2%；使用卫生旱厕的有 2859 万户，占 12.4%；使用普通旱厕的有 10639 万户，占 46.2%；无厕所的有 469 万户，占 2.0%。二是农村饮用水。在 23027 万农户中，10995 万户的饮用水为经过净化处理的自来水，占 47.7%；9572 万户的饮用水为受保护的井水和泉水，占 41.6%；2011 万户的饮用水为不受保护的井水和泉水，占 8.7%；130 万户的饮用水为江河湖泊水，占 0.6%；155 万户的饮用水为收集雨水，占 0.7%；67 万户的饮用水为桶装水，占 0.3%；96 万户饮用其他水源，占 0.4%。无须列举城市相关数据就可以知道，农民生活设施和城市差距很大。

党的十九大报告指出，从 2020 年到 2035 年，在全面建成小康社会的基础上，再奋斗 15 年，基本实现社会主义现代化。这个阶段的重要标志之一，就是城乡区域发展差距和居民生活水平差距显著缩小，基本公共服务均等化基本实现。2018 年中央一号文件规划，到 2035 年乡村振兴战略要实现的目标任务是农业农村现代化基本实现，城乡基本公共服务均等化基本实现，城乡融合发展体制机制更加完善。仅从上述两个方面的数据看，距离上述目标的差距很大，必须改变现行政策运行轨迹，实现农业农村优先发展。

（二）"四个优先"跳出原有政策定式

为了切实实现农业农村优先发展，2021 年中央一号文件提出强化农业农村优先发展投入保障，要求继续把农业农村作为一般公共预算优先保障领域。该文件还要求各地区各部门进一步完善统筹整合长效机制。尤其需要注意的是，2021 年的中央一号文件明确提出加快县域内城乡融合发展，这是抓住了农业农村优先发展的"牛鼻子"。可以预见，2021 年，农业农村优先发展将会变得具体化、指标化和可操作。根据近年来中央文件精神，"优先发展"主要包括以下内容。

第一，优先考虑"三农"干部配备。就是要把优秀干部充实到"三农"战线，注重选拔熟悉"三农"工作的干部充实地方各级党政班子。所谓干部配备，重点在于基层干部，尤其是乡村干部的配备，从目前的经验看，主要有三种方式：培养和选举那些返乡创业的青年农民担任村"两委"领导，这些人往往可以把在外打工学习到的外地经验用于本村经济社会发展；选举本地企业家担任村"两委"领导，他们经济实力雄厚，能够带领本村农民脱贫致富；留住大学生村官，使他们在农村"扎根"，这些人的观念新、思路多，相当一部分人已经在村级经济发展中起到了突出的示范带动作用。只要解决了干部配备问题，解决了乡村"谁来治理"问题，"怎样治理"就会迎刃而解。

第二，优先满足"三农"发展要素配置。就是要破除妨碍城乡要素自由流动、平等交换的体制机制壁垒，改变农村要素单向流出格局，推动资源要素向农村流动。要素配置的核心是劳动力要素的配置，前者主要是要实现自由流动，消除城乡壁垒，实现城乡劳动力同工同酬。通过劳动力市场的发育坚决杜绝对农村劳动力的歧视行为。改革开放以来，劳动力要素的流动主要体现为从农村向城镇的单向流动。随着农业现代化水平的提高，越来越多的城市退休职工、下岗工人、大中专毕业生选择农业农村作为再就业或创业的理想之地，越来越多的农民工返乡创业。要破除阻碍这种劳动力"反向"流动的种种制度壁垒，在用地、金融等各方面给予便利和优惠，吸引更多的人才（当然也会带着资金）流向农业农村。

第三，优先保障"三农"资金投入。就是要把农业农村作为财政优先保障领域和金融优先服务领域，确保县域新增贷款主要用于支持乡村振兴。地方政府债券资金要确保有相当比例用于支持农村人居环境整治、村庄基础设施建设等重点领域。政府财政资金投入要在基础设施建设、项目投资上优先向农业农村倾斜，只有这样才能使农业农村的基础设施建设逐渐赶上城市。目前，农村小微企业、家庭农场、农民专业合作社贷款难已经成为社会共识，要解决这一问题需要进行顶层设计，以税收和其他优惠政策为引导，鼓励金融机构向农业农村项目发放贷款。同时，鼓励具备条件的农民专业合作社兴办互助金融业务，解决成员的生产资金需求。

第四，优先安排农村公共服务。要推进城乡基本公共服务标准统一、制度并轨，实现从形式上的普惠向实质上的公平转变。当前，城乡公共服务的差距尤其大，要在资源的配置上优先向农村倾斜，逐渐补足农村公共服务不足的短板。首先，城乡公共服务供给要在制度上实现统一，即统一机构、统一规划、统一部署；其次，在资金分配和项目配置上，优先安排农业农村，在满足农业农村需求的前提下考虑城镇公共服务需求；最后，确保公共服务资金投入的增量部分主要用于农业农村领域。

（三）农业农村优先发展的重点领域

"四个优先"的实施，极有可能扭转由于惯性而造成的政策运行轨迹，真正把农业农村放在各项政策的首要位置。按照党的十九届五中全会和2021年中央一号文件精神，尤其要关注以下三个方面。

第一，切实保障粮食安全和重要农产品供给。2014年的中央一号文件提出了新的粮食安全战略："以我为主、立足国内、确保产能、适度进口、科技支撑。""任何时候都不能放松国内粮食生产，严守耕地保护红线，划定永久基本农田，不断提升农业综合生产能力，确保谷物基本自给、口粮绝对安全。"在此基础上，结合国内国际形势的变化，2021年的中央一号文件再次强调要提升粮食和重要农产品供给能力，这是对2014版粮食安全战略的重要补充。确保粮食安全和重要农产品供给的关键是"藏粮于地"，按照2021年的中央一号文件的要求，严守18亿亩耕地红线，采取"长牙齿"的措施，落实最严格的耕地保护制度，确保永久基本农田保持在15.46亿亩以上。

第二，深化农业供给侧结构性改革。促进农业发展由增产导向向提质导向转变，不断提高农业质量效益和竞争力。其一，优化农产品品质结构。农产品品质包括两大方面：基于安全标准的品质和基于营养成分标准的品质。前者即产品中有害物质含量，如化肥农药残留、重金属污染程度等，如果超过一定标准就达不到《中华人民共和国农产品质量安全法》的要求，就是不合格农产品，就不具备进入市场资格。2019年10月，根据有关部门例行总体监测的结果，市场上达到最低安全标准，即农业部门制定的"无公害农产品标准"的农产品为97%以上，但依然有小部分农产品没有达到标准，农产品安全问题仍然不容小觑。后者指某一种类农产品中某一种或几种营养元素的含量是否达到标准。这当然是市场标准，但改革开放40多年来，在产量导向下，相当多农产品的质量呈下降状态。因此，必须通过管制、政策、价格等多种手段，实现农产品供给由产量导向向质量导向转变。其二，优化农产品进口结构，尤其是进口国别结构，从过去单一依靠某一个或几个国家向多个国家转变，逐渐实现进口国别的多元化，并在这个过程中提高中国在国际市场上的话语权和控制力。

第三，加快补齐农村基础设施和公共服务短板。其一，要在农村人居环境整治"三年行动"成果的基础上继续推进"五年行动"。要全面提升人居环境水平，全面实现农村生活垃圾处置体系全覆盖，其中，东部和中西部有条件的地区实现垃圾分类处理全覆盖。其二，全面完成农村户用厕所无害化改造，厕所粪污全部得到处理或资源化利用，农村生活污水治理率达到100%。"十四五"期间，农村人居环境整治的重点领域包括：村庄规划，一村一规，通过实施规划，建立村庄长效管理机制；中西部地区的厕所改造全面完成；垃圾分类处理、资源化处理；农村污水处理集中化与分散化相结合，以分散处理为主；村容村貌整治，要强化特色、恢复传统；农村集市设施提升等。

陈文胜

中国乡村振兴研究院院长，中
央农办、农业农村部乡村振兴
专家咨询委员会委员、湖南师
范大学潇湘学者特聘教授

脱贫攻坚与乡村振兴的有效衔接途径

处在"两个一百年"奋斗目标的历史交汇期，探索全面巩固拓展脱贫攻坚成果与乡村振兴的有效衔接途径：一要实现行政配置资源"输血"与市场配置资源"造血"相衔接，推动发展方式从生产导向向市场导向的根本性转变。二要实现建立基础性制度体系与建立差异性政策体系相衔接才能形成充分发挥不同区域能动性的多元化、差异化制度，把整体层面与区域层面的现实、趋势、政策结合起来，建构不同区域、不同发展形态和不同发展模式的城乡融合发展基础性制度体系和差异性政策体系。

2021年2月25日，习近平总书记在全国脱贫攻坚总结表彰大会上的讲话中宣布，"我国脱贫攻坚战取得了全面胜利，现行标准下9899万农村贫困人口全部脱贫，832个贫困县全部摘帽，12.8万个贫困村全部出列"。"脱贫摘帽不是终点，而是新生活、新奋斗的起点"。"我们要切实做好巩固拓展脱贫攻坚成果同乡村振兴有效衔接各项工作"。站在"两个一百年"奋斗目标的历史交汇期,探索全面巩固拓展脱贫攻坚成果与全面推进乡村振兴有机衔接的有效途径,是当下中国社会的时代命题。

一、解决阶段性脱贫攻坚与解决长期性 "相对贫困" 相衔接

党的十九届四中全会公报要求坚决打赢脱贫攻坚战,建立解决"相对贫困"的长效机制。这是党的十八大以来党中央首次提出解决"相对贫困"问题,战略重点由解决"绝对贫困"问题为主,逐步向解决"相对贫困"问题为主转变。为坚决打赢脱贫攻坚这场输不起的"战争",集中全社会的力量尽锐出战,让农民同步进入全面小康社会,是社会主义集中力量办大事的优势,是阶段性战略目标的实现。但经济社会发展有着必然的客观规律,特别是中国区域发展不平衡、城乡发展不平衡,各个地方甚至处于不同的经济社会发展阶段,就不可能有同步的经济社会发展水平,具体到个体的人的时候,就更是千差万别。尽管中国已经发展成为"世界工厂",经济总量位居全球第二,但人均水平远落后于发达国家水平,还无法支撑14亿人口高水平共同富裕的生活。因此,党的十九大明确提出中国社会仍处于并将长期处于社会主义初级阶段,解决"相对贫困"问题不仅是未来乡村振兴的重要核心内容,更是乡村振兴的一项具有长期性战略任务。

按照习近平总书记的判断,城乡发展不平衡不协调,是中国经济社会发展存在的突出矛盾,是全面建成小康社会、加快推进社会主义现代化必须解决的重大问题,城乡二元结构是制约城乡发展一体化的主要障碍。时至今日,农业发展质量效益依然不高,农民增收后劲依然不足,农村自我发展能力依然太弱。特别是城乡差距依然较大,最突出表现在基础设施建设、基本公共服务、基本社会保障的差距上。因此,全面建成小康社会后,既要补齐发展短板以全面巩固脱贫攻坚成果,又要完善发展机制不断解决"相对贫困"问题。其一,必须在体制机制上实现社会公平,坚持农业农村优先发展,补齐乡村社会基本公共服务、基础设施建设、基本社会保障的短板,以缩小城乡差距,确保社会发展

成果城乡共享。其二，必须将"以工补农、以城带乡"作为主线，推进城乡融合发展来破解城乡二元结构，确保中国经济社会可持续发展或是高质量发展，在实现乡村振兴中有效解决"相对贫困"问题。

根据我的理解，所谓"以工补农、以城带乡"，就是要把工业发展带来的财富回报农业、农村、农民，主要是解决社会基本公共服务、基础设施建设、基本社会保障的"三基"问题。同时，要不断提高农产品价格，让农业获得社会的平均利润，让从事农业的农民能够不断提高收入，共享工业化、城镇化的红利。最关键的就是要加快城市基础设施、生活和生产的现代化信息平台、公共服务不断向农村延伸和覆盖，推动农民市民化，推进城乡产业对接，以破除资源要素单向流向城市的城乡二元结构，特别是要破除阻碍城乡要素流动的体制机制与政策障碍，促进城市发展的辐射力进入乡村，使城市的经济社会发展体系和乡村的经济社会发展体系由二元分割融合为一体化的发展体系。一方面，必须加快工业化、城镇化的进程，成为包括乡村在内的整个中国社会的发动机。另一方面，不仅不能以牺牲乡村为代价来获得城市的孤独繁荣，而且要依靠城市发展的动力引领乡村的现代转型，实现城乡融合发展而共同繁荣。

这就客观要求创新体制机制，激活经济社会发展的活力，以进一步推动中国工业化、城镇化进程。核心是破除城乡二元结构，建立城乡一体化的土地制度、户籍制度，城乡平等的基本公共服务、基础设施建设、基本社会保障，推进特惠性帮扶与普惠性民生相衔接。因此，要在着力补齐短板中，把特惠性帮扶工作与普惠性民生工程有机结合起来，既立足全面巩固脱贫攻坚的成果，又面向解决"相对贫困"问题，将提高人民生活水平纳入补齐区域民生短板的进程，推进教育、医疗、就业、养老、饮水安全、基础设施建设、公共服务等民生领域的城乡一体化改革创新，建立巩固脱贫攻坚成果与推进乡村振兴相衔接的新格局。

要特别提出的是，在解决"相对贫困"的问题上人们无疑会更多关注乡村，因为城乡差距仍然较大，农业农村应优先发展是毫无疑义的。但不能不看到一个重大的社会现实，就是中国有近3亿农民工，相当于美国全国人口规模的农民在城市就业，城市既有市民也有农民，既有本地人也有外地人，说明城乡二元结构问题还没有解决。如果近 3 亿农民工长期不能市民化，导致成千上万的农民工返乡已难又留城无望，就不仅仅是导致大规模返贫的问题，更可能导致中国现代化进程的逆转，这是必须高度警惕的。

二、行政配置资源"输血"与市场配置资源 "造血"相衔接

全面巩固拓展脱贫攻坚成果，必然要求政府以行政力量在短期内集聚大量资源投入贫困地区，强力推进以进行必要的"输血"。曾经的深度贫困地区基础设施和公共服务欠账较多，"三保障"还存在一些薄弱环节，群众内生动力激发不够，区域经济发展能力有待提升。如何确保政策的有效性、经济社会发展的连续性，成为各地关心的问题。当下中国经济社会发展的主题是推进高质量发展，而国民有效财富与有效制度的累积是高质量发展的客观要求。因此，需要对政策进行全面梳理，处理好常量政策、增量政策、变量政策的关系，即对教育、医疗、住房、饮水、社会保障等涉及民生领域和实践证明行之有效的政策，要作为常量政策实行下去，确保巩固脱贫成果；对于乡村基础设施建设、农村人居环境治理、生态建设保护等方面的支持政策，要随着经济社会发展水平的提高作为增量政策，加大政策的实行力度，及时满足人民群众的需要；对产业扶贫以及涉及基础性工作的政策，要作为变量政策，根据形势的变化进行适时调整，增强政策的针对性、科学性。同时，加强对各地区探索全面巩固拓展脱贫攻坚成果与乡村振兴衔接的经验总结，将成效明显、具有普遍性的改革创新经验上升为制度，为探索全面巩固拓展脱贫攻坚成果与乡村振兴有机衔接提供制度支撑。

同时，随着发展阶段性的变化，必然要求增强巩固拓展脱贫攻坚成果与推进乡村振兴的内在动力，充分发挥市场配置资源的决定性作用，加快政府职能归位，以破解某些地区群众内生动力不足、扶贫产业持续性差等问题。因此，新进贫困地区要建设高质量全面小康社会，必须向改革要动力，向创新要活力。主要是在创新发展活力上，由产业扶贫向产业兴旺推进；在破解增收压力

上，由单一种养向创业就业推进；在提升主体能力上，由依靠帮扶向自我发展推进；在激活内生动力上，由阶段性攻坚向可持续发展推进；充分发挥市场机制的"造血"功能，使区域要素在市场经济中得到激活，让区域经济发展顺应市场规律。

因此，不是大包大揽去干预农民具体的经营行为和生产行为，而是找准有为政府与有效市场的黄金结合点，优化制度供给、政策供给、服务供给，把不该管的"放"给市场，推动有效市场的形成与完善。其一，需要把农民的经营行为和生产行为"放"给市场。主要是减少产业选择的直接介入，从引导与激活要素上着力，在要素集聚平台打造、科技创新推广、品牌创建、标准化监管等层面优化制度供给、政策供给、服务供给，推动有效市场的形成与完善，为新进脱贫地区撬动和引进外部资源提供支撑，激发乡村发展的内在动力。其二，需要建立规范乡村产业发展的正面清单与负面清单。按照党中央提出的供给侧结构性改革要求，明确扶持有市场前景的企业和专业大户发展生产、加工和营销，培育迈向乡村振兴的主导产业和特色产业，形成产业扶贫的长效机制，而不扶持缺乏市场前景的企业和专业大户，避免质量效益和竞争力偏低的低端产业、低端产品继续扩大生产，以推动发展方式实现从生产导向向市场导向的根本性转变，形成从行政推动为主逐步走向政府引导下市场驱动为主的良性发展机制。

三、基础性制度体系与差异性政策 体系相衔接

在全面建成小康社会的背景下，巩固脱贫攻坚的成果，不断提升小康水平，促进区域协调发展，推进全面现代化进程，从而实现第二个百年奋斗目标，将是全面建成小康社会后的战略任务。党的十九届四中全会要求，实施乡村振兴战略，完善农业农村优先发展的制度政策，健全城乡融合发展体制机制。而中国幅员辽阔，地区间由于地理位置、资源禀赋、历史基础、政策取向等多方面原因，经济社会发展不均衡，发展呈现多元形态，不可能一个目标、一个模

式同步发展，迫切需要有自上而下的国家整体制度安排与自下而上的因地制宜的地方探索相结合。这就要求我们超越碎片化的问题意识，建立尊重历史、立足现在、面向未来的新型城乡关系，探索破除中国城乡二元体制的基本路径，形成充分发挥不同区域能动性的多元化、差异化制度，把整体层面与区域层面的现实、趋势、政策结合起来，建构不同区域、不同发展形态和不同发展模式的城乡融合发展基础性制度体系和差异性政策体系。

从整体看趋势，工业化使人口不断向城市集聚，然后对整个农村农业按照城市的要求加以全面改造，这个过程一直就是人类现代化的历史进程。改革开放推进的中国城镇化难以逆转，人口向城市集中难以逆转，这是中国现代化进程中对经济社会发展的阶段性必然要求与发展趋势。马克思在资本主义早期就发现，城乡关系以对抗的形式发生而不是以和谐的形式发生成为普遍现象，而且随着工业化、城镇化的推进，城市对农村、工业对农业不断提出新的要求。不可否认，随着改革开放的深入推进，在工业化起始阶段这个过程无疑有一定程度上的对抗形式，其中区域分化、城乡分化和贫富分化是突出表现。中央采取了较多的和谐措施，比如，把"三农"工作作为全党工作重中之重，农业农村优先发展、新农村建设、扶贫攻坚、乡村振兴等，包括从中央对地方财政转移支付到对口援建、财政投入向农村倾斜，从取消农业税、粮食补贴、农机补贴到农村医保与低保、乡村公路建设、农电改造、危房改造、农村信息化等，极大地缓解了城乡矛盾，但只要社会主义现代化还未完成，推进工业化、城镇化就必然是全社会的战略任务，就必定会在每一个新的阶段对整个农业农村的发展提出新的要求。

就全国发展状况而言，东部发达地区已经高度现代化或高度城镇化了，走过了西方发达国家20世纪二三十年代的发展阶段。比如，上海、浙江、江苏等地区就特别突出，具有高水平"以工补农、以城带乡"的能力，基本上补齐了乡村短板，开始进入城乡融合发展阶段。因此，补齐城乡发展不平衡、乡村发展不充分的短板，主要是初步城镇化和尚未城镇化的中西部地区，全面建成小康社会的城乡融合发展要在这样一个历史背景下来推进。也就是说，东部地区、中部地区、西部地区以及城市与乡村、工业与农业处于不同的经济社会发展阶段，乡村振兴也好，城乡融合发展也好，不可能同步推进。

从区域看差异，各个地方存在的主要问题不尽相同，经济社会发展水平不一，处于现代化进程中的发展阶段不一，发展的目标和历史任务、发展形态和发展方式就必然不同。那么，全面建成小康社会后的乡村振兴、城乡融合发展就要按照不同的经济社会发展水平分类推进。那些工业化水平、城镇化程度较高的区域，可作为"先行区"，引导其以城乡融合发展为取向，构建高质量发展的现代产业体系，全面实现基础设施一体化与公共服务均等化。那些经济发展水平一般的区域，尤其是传统农业区域，可作为"推进区"，引导支持其加快新型工业化进程，打造带动力强的工业支柱产业、农业特色优势产业，推进产城融合，加强基础设施建设，加快农业农村现代化步伐。那些已经脱贫摘帽而原来属于贫困地区特别是深度贫困区域，可作为"巩固区"，加强巩固提升脱贫攻坚成果的后续扶持，补齐乡村基础设施与公共服务短板，巩固脱贫攻坚成果与乡村振兴、新型城镇化有机结合，增强自我发展能力。应该看到，能否巩固脱贫攻坚的成果，是全面建成小康社会后中国经济社会发展最大的现实与最大的挑战，不仅决定着中国高质量发展的成败，更决定着全面建设社会主义现代化与中华民族伟大复兴的成败。

总而言之，遵循"人民对美好生活的向往，就是我们的奋斗目标"的要求，按照习近平总书记提出的"美丽乡村"到"美好乡村"的发展逻辑，可以把"美好社会"作为全面建成小康社会后更高一级的社会形态与发展目标，推动中国社会从"小康社会"向"美好社会"的方向迈进。可以给予美好社会三条定义：城乡共享发展的社会生产，城乡公平发展的小康生活，城乡持续发展的绿色生态。为此，巩固脱贫攻坚成果与乡村振兴有机衔接的全面现代化的中国道路，必须建构在社会发展高级阶段的城乡融合发展上，就是推动城乡关系从对立与二元走向融合发展，才能实现从"小康社会"到"美好社会"跨越，建立中国特色社会主义现代化的全新社会形态。

这就需要在"五位一体"总体布局和"四个全面"战略布局中，将工业与农业、城市与乡村、城镇居民与农村居民作为一个整体纳入社会发展的全过程，将制度建构落实到既促进城市与乡村、工业与农业、政府与市场、国家与社会双向互动的城乡融合发展，又维护和发展好城镇居民和乡村居民公平公正的经济权益、政治权益、社会权益、文化权益、生态权益上来，真正落实"以人民为中心"的发展思想，探索实现人的全面发展和社会的全面进步这样一个全新的发展道路。

孙 君

中国城镇化促进会城乡统筹委副会
长，北京绿十字发起人，农道联众
（北京）城乡规划设计研究院院长

鞠 利

河南农道乡村振兴研究院院长

"一宅两户、一房二门"之
经营权探索

乡村"三权分置"与乡村宅基地改革已成为农村改革最大的阻力。经过
十几年的乡村实践，证明符合乡村实际的"三权分置"与农村宅基地改革最
简单方法就是"还权于村委会，项目资金直接落村，扬农民之长，避企业之
短，政府帮忙不添乱，只做监督与审核"。具体来说就是"四共"，即一房二
门，城乡共养；一宅两户，田院共享；一村多业，金融共赢；一农三产，保
本共利。通过"四共"把土地的所有权、承包权、经营权这些复杂问题简
化。最终实现让农民房产规范化，让城市人下乡租赁合规，让农村资产经营
权逐步与城市房产交易形成交汇，打通乡村资产与城市金融下乡通道，激活
农村大量闲置房产与闲置劳动力，缓解城市人下乡的需求，让"三权分置"
与农村宅基地改革顺利落地。

关于乡村的任何一个文件与法则,第一思维要站在农民的角度,要从村干部角度思考。但从 2006 年开始进行新农村建设至 2021 年,乡村振兴依旧迷茫,文件与论坛飞舞。政府部门的文件与法则不要总想是不是合规,而要首先想到如何合规合法。所谓"为人民服务"而不是为政策与制度服务。这些年本质上的"三农"问题依然如故,尤其是"三权分置",缺少方法,落地甚远。

2021 年 1 月 28 日,习近平总书记在中共中央政治局第二十七次集体学习时指出:"促进全体人民共同富裕是一项长期任务,也是一项现实任务,必须摆在更加重要的位置,脚踏实地,久久为功,向着这个目标作出更加积极有为的努力。"

近几年,笔者与众多专家学者一直在谈论,乡村振兴与"三权分置",究竟何去何从?

一、"三权分置",突破在即

乡村的特点是自治,工作应该自下而上,从齐家治国,由乡至城。不然百年乡建怎么会成了"百年孤独"。而今天乡村振兴基本是从上而下,都是"文件改革",论坛新颖、文章与论文创新,形式主义严重。十几年下来,乡村建设越做越难。

众所周知,乡村是自然经济,城市是科学技术,城乡之间南辕北辙。乡村最适合的路径是先生活后生产,先道德后法制,先集体后农户,先治理后产业,先金融后市场。

"三农"问题横刀立马,眼下的农民离村进城,土地荒废与流转,宅基地空置率约占农村住房的 76%。通过近十几年的乡村实践与分析,结合全国各地案例,我们提出尽可能落地的方法。在我们看来,"三权分置"与农村宅基地改革最简单的方法就是"还权于村委会,项目资金直接落村,扬农民之长,避企业之短,政府帮忙不添乱,只做监督与审核"。具体来说就是"四共",即一房二门,城乡共养;一宅双户,田院共享;一村多业,金融共赢;一农三产,保本共利。通过"四共"把土地的所有权、承包权、经营权这些复杂问题简化。

乡村振兴要走正道，农务田，家有业，老有养，少有学。以乡愁、生态、温度、采菊、东篱作为市场经济的基础，让农民生活方式成为城市人的梦想。不要总想做二产三产，以为仅仅搞民宿、做农家乐、流转土地，农民上楼就叫乡村振兴，要鼓励所有人重视一产，这才是正道。

所谓农民主体，尽量让主体听得懂愿意做，提高村干部的积极性，把权责利还给他们，能感受中央一号文件是希望与发动机，知情才能明理，明理才能参与。乡村振兴唯有此道。

二、政策有据，提速细则

"三权分置"是继家庭联产承包责任制后农村改革又一重大制度创新，是农村基本经营制度的自我完善，也是符合生产关系适用生产力发展的客观规律。而2014年12月中央全面深化改革领导小组第七次会议审议的相关意见则是新一轮土改大幕的开启标志。

2014年11月，中共中央办公厅、国务院办公厅印发的《关于引导农村土地经营权有序流转发展农业适度规模经营的意见》中最早提出"三权分置"的政策概念。2016年11月，中共中央办公厅、国务院办公厅印发了《关于完善农村土地所有权承包权经营权分置办法的意见》（以下简称《"三权分置"意见》）。《"三权分置"意见》提出，要"积极开展土地承包权有偿退出、土地经营权抵押贷款、土地经营权入股农业产业化经营等试点"，还要"研究健全农村土地经营权流转、抵押贷款和农村土地承包权退出等方面的具体办法"。同时，关于印发《"三权分置"意见》的通知则要求各地区结合当地实际落实。

但"三权分置"与农村宅基地改革在实践中是极为困难的。有最新文件而没有实施细则，不创新、不作为，怕承担责任，已成为农村改革最大的阻力。目前，全国各地都有农民直接把房产租赁给市民或企业，出现了很多纠纷以及违规现象，如大棚房、小产权房、民间买卖等一直在发生。这是市场需求造成的。

为此，在中国城镇化促进会城乡统筹委建议下，由北京绿十字生态文化传播中心（简称"北京绿十字"）与农道联众（北京）城乡规划设计院（简称"农道联众"）提出以下实施方案，建议以乡镇为单位，下设"村农民住宅与农田经营权租赁中心"。农民有土地所有权和经营权才是天经地义。不然，农村有金山银山，也不是农民的。

乡村振兴一定要主体清楚，产权清晰，责任明确：一是让农民房产规范化；二是让城市人下乡租赁合规；三是让农村资产经营权逐步与城市房产交易形成交汇；四是打通乡村资产与城市金融下乡通道；五是激活农村大量闲置房产与闲置劳动力，满足城市人下乡的需求；六是让"三权分置"与农村宅基地改革顺利落地，所谓落地是要合法、可操作、能获利。

前有小岗，后有大寨，知商鞅，齐文景；学袁家，有郝堂。这是今天政府部门最应该温故而知新的改革之路。关键是县政府与村集体遵规不违法，城市人踏实合规，村集体操作不难还有收益，农民有收益又能激活闲置房屋与田地。

三、一房二门，城乡供养

2019 年 4 月，中国社科院农村发展研究所基于全国调查发布的《农村绿皮书：中国农村经济形势分析与预测（2018—2019）》显示，2018 年农村宅基地空置率为 10.7%。在调查样本村庄中，宅基地空置率最低为 0.3%，最高达到 71.5%。

激活农村宅基地成为盘活土地经营权的有效方式。其实，一个房子原本只有一个门，可以再给城市人开设一个门，主要用于城市人下乡从村集体租赁空置房，出租人需要时还给他们，出租人不使用时，村集体将其投入市场，把投资、养老、旅居、民宿、再租赁融为一体。原宅基地是合法的，使用权归农户，在此基础上，把多余的房子经营权交给村委会，村委会要成立一家集体所有制的公司建设投资（简称村投），确保"三权分置"落地。怎么有效推动"三权分置"，农民与城市人又能听懂还能操作？

第一，城市人下乡建房不合法，买房没产权，同时农民 70% 的房子空置。一头需求，一头空置；一头买违法，一头超盖面积浪费；一头是农民资产闲量，一头是村集体无资产；一头是城市人渴望田园养老，一头是农民无业无收入。

第二，乡村目前空房与闲置的房子极多，盘活闲房，增加农民资产收入，可以让城市人养老，未来乡村将有众多新村民，这一块巨大的市场应该是城乡互养。养老也是养房，养房也是就业，就业也是产业，可以委托村投管理与运营，增加村集体收入。

第三，所谓城乡共养，就是农户分出 2/3 的房子，1/3 的院子，1/10 的菜地交给村集体，村投负责运营。赚钱了，分给农民；不赚钱，房子与地还在。共养的房子，由村投或农民自己投资简装，也可由外来资本投资，运营交给专业团队。

第四，城乡融合，以最小的干预、最简单的方式进行农村宅基地改革，以市场经济推动乡村治理，村集体通过物业与托管再次与千家万户发生关系，实现"城乡联姻"，让房不空、人不闲、人有业、村治理。这就是"一房二门，城乡共养"。

例如，2005 年浙江杭州"联众模式"：以休闲异地养老促进城乡融合，渐渐地形成模式。2013 年雅安大地震后，北京绿十字参与的宝兴县雪山村重建，就是"一房二门"，为以后的民宿与乡村旅游提供了有力的支持。

四、一宅双户，田院共享

一宅双户，即一户人家再划分一个户头。比如，一层是农房，二层另开一个门，用于经营（可卖经营权），称为"双户农宅"。宅基地所有权归集体，产权归农户，经营权交村投，运营有专业团队。在合法的基础上增设"小户权"，小户由县级政府出示经营权的使用权年限，确定经营权与使用权的法律边界；由村委会贯彻落实。简单地说，宅基地是集体所有制，宅基地上的房子农民拥有使用权，房子的一层是农民户头。二层以上为城市人的经营权，属小户头，经村委（村投）会确认，由县级政府监管，也让一穷二白的村集体拥有了资产经营权。

中国城镇化率从改革之初不到 20% 提高到 2019 年的 60% 以上，这背后就是大规模的人口迁徙，这部分"新市民"大约有 3.36 亿。偌大的不确定"半熟人社会"的人口流动注定给发展中的中国城市带来土地、宅基地、社会稳定、就业、经济、交通、房地产、教育等高速发展，也伴随着乡村社会的重构，其首要的体现就是乡村由农耕文明步入工业文明。乡村社会的构成已摆在我们面前。

有人进城就有人出城。新冠肺炎疫情发生以后，中国大约有 1.6 亿"老市民"返乡（县），成为"新村民"，加上城市老龄化人口希望过田园生活的有 4000 万人，城市小资人群有 3000 万人，中国约有 2.3 亿人口涌入乡村。

2015 年，"隐居乡里"民宿机构的陈长春及其团队开发的民宿品牌"山楂小院"把多余、荒废的闲置房改成民宿，发挥农村优势，村里的山水田、庙堂戏成为城市人的奢侈品。陈长春与安徽农道建设规划公司乡建项目"小岭南"跨出了与农民和村集体"三产融合"的致富之路，可以再继续往前探索与改革。

北京绿十字运营的甘肃武威天梯山"大隐"民宿，在当地政府文旅平台支持下，把多余的农房改造成农庄、民宿、农家乐等均属于这类情况。

五、一村多产，金融共赢

要实现产业振兴，建议每个村构建"村投公司"。用"一宅两户、一房二门"，以及现有农房与田地资产坐实村集体股份经济合作社（现在大量合作社形同虚设）。所谓村投，是全体村民所有的公有制集体企业。对等的央企、国企、城投、旅投均属于国有资产，村投未来是中国乡村的"国企"。中国一个普通的行政村，人口 3000 人，人均一亩地，户均存款 3 万元。我们估算它的资产规模在 2.6 亿元以上，现金流有 2700 万元。一个乡镇成立"镇投"，每个乡镇平均 10 个村，就有 26 亿元有价资产，2.7 亿元现金流。

由于合作社是依据 2017 年 12 月 27 日十二届全国人大常委会第三十一次会议修订的《中华人民共和国农民专业合作社法》管理的合作经济组织，提倡"入社自愿、退社自由"。需要在村集体股份经济合作社基础上，依据《中华人民共和国公司法》成立一个村级资产管理公司，由城投或文旅公司延伸传导信用参股村级资产管理公司（村投），把每一家农户看成一家小微企业。把宅基地、小户、农田等村域生态资源，通过定位、定量、定权、定价、定股入账至村投公司，与金融机构打通。把过去多年来各级政府投入乡村基础建设的"沉默资产"激活，村集体资产一并归入村投。

同时，用"5G+导航+遥感+勘探"的数字手段进行评估定价，引入"京东农场"，发展以市场为导向的数字化农业。在保护宅基地与耕地红线下，保护农民财产性收益，在资产增殖中激活经营权。

很多人认为这是天方夜谭，那是因为他们不懂农业，更不懂农村。2020年，在中国城镇化促进会城乡统筹委建议下，由北京绿十字助力，农道联众实践，在现行法律法规的框架下，在中国发行第一张"两山卡"，真正让金融下乡，资源变资产、变资本，实践落地。村投正式运营。

广西桂林市临桂区、江苏省宿迁洋河新区、河南省林州市等都是以资产管理、信用内化等形式推动运营前置，盘活三资、激活乡村。通过"两山卡"推动村庄内人、钱、地从要素小循环到县域三资融通大循环，为农村生产生活、公共服务提供"线上线下一体化"综合支付解决方案。

六、一农三产，保本共利

现在所谓"三产融合"其实是不可能实现的，一产二产三产放在一起，几乎所有人都选择二产与三产，放弃一产。农民也不愿意选一产，城市人更不会，一产又苦又累又不挣钱。问题是，没有一产，二产与三产就不成立。城市经济的自私自利少了人文与博爱。福布斯全球亿万富豪都出在城市，利润归个人。乡村如滕头村、华西村、永联村、袁家村、南街村等，利润全部归大家所有，原因是"三产融合"。今天说乡村"三产融合"，除非是乡贤或者公益活动，否则不符合市场规律。

要想"三产融合"，唯一可能性就是在村集体领导下，三产联合经营，实现闭环经济。村干部发展产业首先要有"三产融合"的思维，村干部做乡村振兴一定先想到乡村自治与稳定，否则就做不成，也一定是破坏乡村，这是因为乡村干部与专家、学者或领导的水平有差距。偌大的中国，唯有乡村才能显示"三产融合"，城市的性质决定了三产之间是竞争，而绝不是融合。

如何让三产之间相互融合呢？我们期待以做二产三产赚钱来补贴一产，让资本与企业拿出利润来补贴一产，一万年也不可能。

保本共利，把一产做好，以耕者有其田，"一房二门""一宅双户"，引入城市人下乡消费，提供服务与闲置房屋，鼓励小农经济，做农民会做的事，村里提供物业，村集体委托专业运营，在二三产中产生利润，做好内部平衡，补贴一产，这叫保本。也就是说，一产做好了，二产三产才能有利润，用二产三产利润补一产，叫共利，才能赚钱。用城市资本下乡经营，要做成"三产融合"，那绝对是不科学的。

安徽省农道"小岭南"项目做了重要的突破，以村委会、合作社、新村民计划，二产三产的综合经济平衡一产，目前快速在安徽省各县区推广完善，成为安徽省乡村振兴的一面旗帜。

浙江省义乌何斯路村、河北省涞水县南峪村、四川省宝兴县"雪山村"、山西省昔阳县大寨、陕西省礼泉县袁家村等，都是三产平衡，保本共利。

七、"三权分置"探索之路

全国各地一直在宅基地与耕地关系上积极探索，乡村改革一直是农民自己创造的模式。比如，大寨、小岗村、华西村、袁家村等，类似"三权分置"的经验已经出现。第一，浙江省"联众模式"。乡村原来新旧不一、凌乱不堪的上坯房，现在统一按照三星级宾馆的标准建成砖混结构的4层楼房。楼房底层使用权仍归房主，由农民自己居住，其他3层由联众（中国）休闲产业集团有限公司（简称联众）统一对外经营（出租或销售）30年。到期后，所有使用权"物归原主"，这就等于30年后农民拥有了一栋4层楼。联众获得农居使用权后，将其出租给城市老年人。

第二，上海将农民集中到城镇居住，耕地向种田能手集中，工业向园区集中，简称"三个集中"。

第三，成都"双流模式"，双流区积极探索"1+4"项目引领，即"项目＋主体""项目＋配套""项目＋新村""项目＋农民"发展新模式，有效促进了乡村产业蓬勃发展、农民增收致富。

第四，成都"星星对月亮"。原来的房子星星点点，单个看起来占地不大，但合起来占地多，集中起来的新区像月亮，看起来占地大一些，但集中起来反而占地面积小。

第五，浙江莫干山民宿，最初因南非人高天成建的"裸心谷"、英国人马克投资的咖啡馆、法国人司徒夫的"法国山居"而为人所知。近十年的兴起则主要是国人带来的，包括西坡的投资人钱继良、大乐之野的投资人吉晓祥和杨默涵、后坞生活的王旅长、原舍的朱胜萱等，引导城市人加快进入乡村的脚步。

第六，河南省信阳市平桥区郝堂村的"夕阳红内置金融模式"，以村为半径，实行对土地、农宅、运营、就业、产业、合作社等作了内循环经济的探索。

重庆的"地票"，深圳的"城市更新"，北京慕田峪长城下的民宿等，都作了各种实践。最值得一提的是2015年北京的"山楂小院"，本质上是带着村民，依靠村"两委"，激活乡村原有资产，以最小的干预激活乡村，这也是农民、村干部、资本市场、政府都想做的事，属于乡村振兴范围。

早在2017年，成都市就出台了《成都市农户自愿有偿退出宅基地使用权试点指导意见（试行）》，农民宅基地自愿有偿退出，在符合规划的前提下，将原址宅基地的用途变更为集体经营性建设用地。经过农村产权交易所招标拍卖后，用于工业、商业、旅游业、服务业等经营性用途，发放40年不动产权证书。

八、上山下乡，城乡融动

当下，我国社会的主要矛盾已经由人民日益增长的物质文化需要同落后的社会生产之间的矛盾转化为人民日益增长的美好生活需要和不平衡不充分的发展之间的矛盾。所以，党的十九大提出"三权分置"确实有道理，保护农宅与耕地是千年大计。2016年，实际耕种的耕地面积为16.8亿亩，其中流转面积3.9亿亩，占实际耕种面积的23.2%。可见，76.8%的耕地仍然是由承包者自家在经营。

乡村振兴一定与"三农"问题相适应。所以,"三权分置",一定要系统性考虑政策、初心、农民参与、市场融入、壮大村集体,以实现生态平衡、保护土地、传承传统等。

农村土地与宅基地改革可能会随"四共"逐步完善,这样乡村才能振兴。正如陈锡文所言:对农民土地承包经营权实行确权、登记、颁证后,农户流转承包土地的经营权才能踏实、放心。同时,农民承包土地的经营权是否流转、怎样流转、流转给谁,只要依法合规,都要让农民自己做主,任何个人和组织都无权干涉。在这个基础上讨论市场经济与乡村金融,就是"不忘初心"。

如何处理好宅基地与土地"经营权"?这是一个系统工程,处理不好,金融与市场很难"不忘初心"。

"2020年中国康养城市排行榜50强"位列前15名的城市为海口市、深圳市、三亚市、广州市、雅安市、长沙市、福州市、成都市、昆明市、贵阳市、杭州市、南京市、攀枝花市、重庆市、青岛市。

从未来发展方向来看,市场之大,消费下沉,需要紧迫。同时,我们要注意,北京、上海、郑州、武汉、合肥渐渐地失去了生态文明的价值。在城市退休与养老并不是市民最幸福的选择,他们需要再次回到社会,而不是被社会抛弃。城市养老从感情上来说就是"精神上的集中营"。60—75岁是市民人生最完美的阶段,孩子长大了、家庭稳定了,才退休下来的身体很好,社会经历与经验丰富,也有一定的消费能力,辛苦了一生,此时他们的梦想刚刚开始。

"诗与远方"成了老年市民的追求,乡村、乡愁、田园、小农、民俗、生态、温度、四世同堂等,才是老年市民的期待,而不是天天在养老院里待着。乡村有孩子、有春天、有活生生的生活、有菜园,能以"新村民"的身份参与乡村生活,这才是老年人需要的生活。乡村,是未来中国人的奢侈品。

从温饱步入小康社会,生态文明与传统回归来临,渴望乡村是城市人的反思,也是社会发展与经济规律。所以,中国的改革也从城市正式转入乡村,回归常识,助力乡村振兴。